DICTIONNAIRE DES PHARAONS

collection tempus

PASCAL VERNUS
JEAN YOYOTTE

DICTIONNAIRE DES PHARAONS

Perrin
www.editions-perrin.fr

ISBN : 2-262-02230-5

tempus est une collection des éditions Perrin.

Sommaire

Préface

Et si nous arrachions à Toutânkhamon son masque d'or ? Qu'y a-t-il derrière le formalisme, le hiératisme et la majesté des monuments pharaoniques ? À vrai dire, nous apercevons peu de choses ; ces rois, comme Chéops, Akhenaton, Ramsès II, dont les noms sont passés dans la culture générale et qui ont inspiré des livres, voire des compositions musicales, demeurent pour l'historien bien diaphanes. Quelle différence entre les apparats somptueux dont les vêt l'imagination à leur seule évocation et les lambeaux de faits acquis que peut leur consentir l'égyptologue ! Superficielle déception qu'il faut savoir surmonter. Après tout, les Égyptiens, à commencer par leurs pharaons, ont vécu individuellement et collectivement une pleine réalité humaine, mais les destructions opérées au long des siècles par les gens et les agents naturels n'ont épargné qu'en proportion infime les produits de leurs activités. Encore ce reliquat est-il mal partagé : subsiste essentiellement ce que les Égyptiens avaient façonné, de fait, pour subsister, c'est-à-dire les monuments de pierre, temples, tombeaux, stèles, statues... monuments certes esthétiquement prolixes, mais historiquement bien plus réticents. En revanche, ce qui nous est parvenu des sépultures privées ou des lieux d'habitat ne nous informe qu'indirectement, le plus souvent, sur les pharaons. Au total, les actes et les correspondances sur papyrus, et relatifs à la pratique du gouvernement, aux camarillas de la cour et aux factions politiques, et, *a fortiori*, à l'intimité de la famille royale, sont rarissimes ; ainsi, en tout et pour tout, une inscription autobiographique d'un fonctionnaire, deux passages d'œuvre littéraire, et un dossier judiciaire incomplet permettent d'entrevoir trois conspirations... sur deux millénaires (voir l'article Conspiration).

Donc, pas assez d'archives pour fréquenter, au jour le jour, la personne de tel pharaon. Cependant, les temples et les monuments officiels exhibent d'abondance, avec les noms du souverain régnant, une image idéale. Le pharaon, étant le seul médiateur entre le supra-humain et la société, dédie les temples et accomplit les rites en image ; il multiplie sa présence par ses effigies, il narre protocolairement certains de ses actes et formule certaines de ses décisions en textes hiéroglyphiques. Partout prévaut la tendance à dissoudre sa personnalité dans l'image stéréotypée qu'impose l'idéologie. À l'historien, par une critique appropriée, de dégager sinon l'individualité des rois — ce qui n'est possible que dans des cas exceptionnels —, du moins la manière dont chaque époque, parfois chaque règne a réalisé une politique. Puisque l'érection à son nom de monuments sacrés qui concourent à la stabilité et à la prospérité universelle est pour le pharaon une tâche primordiale, au même titre que la gestion des activités économiques et la politique extérieure, l'abondance des constructions et la prolixité des inscriptions reflètent globalement les « performances » d'un règne. Compte tenu de ces limites et des possibilités d'analyse, nous nous sommes efforcés de caractériser objectivement les règnes et les personnalités des « grands pharaons » (Thoutmosis III, Akhenaton, Ramsès II), et de faire le point sur le plus grand nombre possible de souverains moins connus. En situant les uns et les autres dans leurs époques et dans les processus historiques pour rendre compte de ces dernières, était indispensable une série de notices consacrées aux périodes — Empires et Périodes Intermédiaires — et à chacune des dynasties qui se sont succédé. Pour élargir le « paysage culturel », de brefs articles traitent de certaines personnalités saillantes de rang non royal. Afin d'aider le lecteur à situer les pharaons à l'intérieur des représentations et des pratiques propres à l'Égypte ancienne, d'autres articles définissent des notions essentielles (pharaon, corégence, etc.) et certaines réalités monumentales ou institutionnelles significatives. En outre, les villes qui, à un moment ou à un autre, ont rencontré l'Histoire sont considérées individuellement. Un tableau chronologique a été dressé p. 320, qui organise les grandes périodes de l'histoire égyptienne et rappelle les noms royaux les plus illustres de chacune de ces périodes ; les dates fournies dans ce tableau, comme celles qui sont portées dans les notices, sont à prendre comme des approximations, valables à coup sûr en termes de chronologie relative, mais valables *grosso modo* seulement pour les durées des règnes et des époques ; elles ne sauraient prétendre fixer scolairement et imprescriptiblement les moments saillants et les événements majeurs. À cette humilité — sinon à cette humiliation — nous condamnent les données des textes et de l'archéologie.

Depuis la première édition de cet ouvrage en 1988, les fouilles, les éditions de documents et les discussions savantes ont apporté peu de données vraiment inédites et assurées, mais beaucoup d'interprétations nouvelles. Tenir compte dans le détail de toutes ces idées nous est apparu prématuré. Néanmoins, les découvertes récentes faites sur les sites prédynastiques éclairent les problèmes de la naissance de l'État pharaonique et justifient une notice consacrée à la dynastie *Zéro*, une autre à la problématique de l'*Unification*.

ADORATRICES

Ce titre désigne certaines prêtresses attachées à la déesse Hathor, l'Aphrodite égyptienne, ou placées au service d'Atoum, de Min, d'Amon ou de Sobek. Ces dames ont pour rôle d'éveiller la pulsion sexuelle des dieux créateurs. Lorsque s'organisera le culte d'Amon, la présence de « l'épouse du dieu et main du dieu » sera requise dans l'accomplissement de divers rites thébains.

Sous Amosis, cette fonction — dont l'appellation « divine adoratrice d'Amon » aura cours dans la langue parlée — est conférée à la reine Ahmès-Néfertary. Elle est assumée ensuite par une brillante série de filles royales dont certaines deviennent épouses de rois (parmi elles, le futur « pharaon » Hatchepsout).

À cette époque, le mariage mystique avec Amon n'exclut pas, au contraire, le mariage avec un roi et la maternité (bien que la fonction, quoi qu'on en ait cru longtemps, n'ait rien à voir avec le mythe de la théogamie, un des fondements de la légitimité dynastique). Le sacral se mêle ici au politique, comme le suggèrent les évolutions inexpliquées de la fonction. La connexion entre ce sacerdoce féminin et la famille régnante se relâche après Thoutmosis IV : aucune adoratrice d'Amon sous Aménophis III. La mère de Ramsès II, Taousert, et Tity sous Ramsès III sont « épouses du Dieu ». En revanche, aucune des nombreuses femmes et filles de Ramsès II ne l'est. Des princesses adoratrices apparaissent à Thèbes sous la XXe dynastie.

Sous la XXIe, avec Maâtkarê, fille de Pinodjem I, l'institution connaît une transformation de haute portée théocratique. Désormais, l'épouse d'Amon, dotée d'un cartouche-prénom (formé sur le nom de Mout, compagne d'Amon), reste célibataire toute sa vie durant. Pendant plus d'un demi-siècle, des reines mariées au seul dieu suprême, entourées de chanteuses vierges et servies par une riche maison que dirigent les opulents « majordomes de l'adoratrice », participeront en associées du pharaon à l'embellissement des sanctuaires thébains. Elles se succèdent de « mère » en « fille » par voie d'adoption, les Chechanquides, les Kouchites et les Saïtes imposant à leur tour une princesse de leur sang comme titulaire de cette corégence morale. Les adoratrices de la XXIIe dynastie sont enterrées autour du Ramesseum (dont Karomarna, célèbre par sa statue de bronze). Celles des XXIIIe-XXVIe dynasties, à Médinet Habou : Chapenoupet I, Amenirdis, Chapenoupet II, Nitokris, Ânkhnesnéferibrê, leurs grands majordomes plaçant leur tombe à l'Assassif.

Les Perses abolirent le statut royal de l'adoratrice, mais des vierges issues de familles locales continueront à épouser Amon. L'appellation de « pallacides de Zeus » que les Grecs leur ont donnée, qui ferait croire à une prostitution sacrée, est mal venue.

AHMÈS, FILS D'ABANA

Originaire d'El Kâb, fils d'un soldat de Séqenenrê nommé Beb, Ahmès doit sa célébrité à ses exploits, chez les Égyptiens ; à son autobiographie très détaillée, chez les égyptologues. À peine avait-il fondé un foyer qu'il fut engagé, comme soldat de marine, dans la guerre de libération contre les Hyksôs menée par Amosis ; il se distingua pendant le siège d'Avaris et celui de Charouhen, la dernière place forte des Hyksôs en Palestine. Ensuite, il suivit les campagnes de Pharaon en Nubie, et participa à la répression d'une révolte en Égypte, conduite par Tétiân.

Aménophis I, le successeur d'Amosis, eut, lui aussi, à guerroyer en Nubie ; la bravoure d'Ahmès lui valut d'accompagner le roi sur son bateau même, et, au retour de l'expédition, d'être nommé « combattant du souverain ».

Faut-il dire qu'Ahmès fut encore brillant quand Thoutmosis I mena une nouvelle expédition en Nubie ; il y gagna d'être promu « chef d'équipage ».

Derechef la guerre, en Syrie cette fois, contre l'empire du Mitanni, derechef un exploit d'Ahmès, qui était à la pointe de l'armée égyptienne : la capture d'un char.

Vint alors une vieillesse prospère et chargée d'honneurs. Ahmès avait été récompensé six fois de l'or de la bravoure ; au fil de l'épée, il avait acquis des terres et des esclaves, dont il afficha l'inventaire minutieux à la fin de son autobiographie ; son aisance lui permit enfin de faire creuser et inscrire sa tombe. Il représente fort bien un nouveau type social, caractéristique du Nouvel Empire : le militaire parvenu.

Lalouette C., *Textes sacrés et profanes de l'ancienne Égypte. Des Pharaons et des hommes*, Gallimard, Paris, 1984, p. 175-178.

Cf. Aménophis I, Amosis, Avaris, Hyksôs, Thoutmosis I.

AHMÈS-NÉFERTARY

Épouse et probablement sœur ou demi-sœur d'Amosis, premier pharaon de la XVIIIe dynastie : elle lui survécut, traversant tout le règne de son successeur Aménophis I, et mourant au début du règne de Thoutmosis I. Son association à certaines réalisations de son époux est si étroite qu'il est clair qu'elle exerça une manière de corégence, d'autant plus que celui-ci avait été longtemps occupé par la guerre de libération et ses séquelles. De même, elle dut disposer de pouvoirs quasi régaliens durant la minorité d'Aménophis I. Outre ce rôle politique, Ahmès-Néfertary fut la première reine à assumer la fonction sacerdotale d'« épouse du dieu », pour l'exercice de laquelle fut constitué un ensemble de biens mobiliers et immobiliers, grâce à un complexe artifice juridique (attribution à la reine de la charge de deuxième prophète d'Amon que le roi racheta aussitôt en sous-estimant ce qu'il apportait en contrepartie).

En tant qu'« épouse du dieu », et, par là, partie

prenante dans un complexe de cérémonies, elle réorganisa le culte et y intégra un grand nombre d'ustensiles ou d'objets cautionnés par son nom. Le prestige qu'elle y gagna, et celui d'édifices funéraires consacrés à elle et à son fils Aménophis I lui valurent de devenir une sainte patronne de la nécropole thébaine, représentée souvent en compagnie du pharaon dans des oratoires ou dans des tombes privées, mais aussi dans les temples divins durant tout le Nouvel Empire ; la plus populaire de ses images était une statue en bois bitumé, ce qui explique que le corps de la reine soit fréquemment peint en noir ; sa barque sortait en procession à l'occasion des grandes fêtes, tandis que leur cérémoniaire comprenait des haltes à son temple funéraire. Après elle, et grâce à elle, un important complexe de biens-fonds et de revenus demeura attaché à la fonction d'« épouse du dieu », et d'« adoratrice du dieu ».

Gitton M., *L'Épouse du dieu Ahmès Néfertary* (Centre de recherches d'histoire ancienne, volume 15. Annales littéraires de l'université de Besançon, 172), Les Belles Lettres, Paris, 1981.

Cf. Adoratrices, Aménophis I, Amosis.

A Ï

~1326 ~1323, XVIIIe DYNASTIE

Carrière d'un homme de sérail, d'un renégat devenu pharaon au terme d'une période dramatique. On distingue trois étapes :

1. Parmi les ministres qu'Aménophis IV/Akhenaton a instruits de sa doctrine, le chef de la charrerie, Aï, sans doute originaire d'Akhmim. Il a le rang de « père divin », car son épouse Tiyi est la nourrice de la reine Néfertiti. Sa tombe à Amarna exprime son entière adhésion à l'atonisme et sa dévotion au couple inspiré.

2. Sous Toutânkhamon, un des vizirs n'est autre que le

même « père divin », participant à la restauration de la religion normale.

3. Le « père divin Aï » — titre et nom inclus dans un cartouche est devenu roi et, comme tel, il conduit les obsèques de Toutânkhamon. Il n'aura guère le temps en quatre années de faire une grande œuvre monumentale (spéos d'Akhmim, architraves associant le vieux roi et son prédécesseur à Karnak, vaste temple funéraire à Médinet Habou et hypogée de la vallée des Singes mis en chantier).

Les images et noms d'Aï furent martelés, son sarcophage fracassé, sa momie n'a pas été retrouvée. Horemheb qui lui succéda et la tradition postérieure s'appliquèrent à extirper sa mémoire.

Cf. Amarna, Horemheb, Toutânkhamon.

ALEXANDRE LE GRAND
~331 ~ 323

Entraînant ses sujets macédoniens et les cités grecques à l'assaut de l'Empire perse, Alexandre conquiert l'Anatolie, la Syrie, la Phénicie et, en ~331, pénètre sans coup férir dans une Égypte qui avait mal accepté sa récente reconquête par les Perses. Cet Horus libérateur, venu de loin, devient d'emblée « Pharaon d'Alexandros », successeur de « Pharaon Darius », passe par Memphis et, poussant jusqu'à l'oasis de Siouah, s'y fait reconnaître pour fils par le dieu Amon. Au retour, il fonde Alexandrie, cité grecque et port méditerranéen, en marge du royaume égyptien.

À l'intérieur, le régime prolonge, somme toute, celui des Perses. Ayant implanté gouverneurs militaires et garnisons et laissé la gestion des affaires civiles à des nomarques égyptiens, sous la supervision d'un Grec d'Égypte, Cléomène de Naucratis, le génial Macédonien repart conquérir l'Orient où il mourra, à Babylone (~323), à la fois héros grec et despote de style achéménide... « Aimé de Rê » et « fils d'Amon » — et plus tard transformé en fils charnel de ce dieu (voire de Nectanébo II) selon le mythe de la théogamie royale —, Alexandre a obtenu aussitôt de ses sujets égyptiens les attributs des pharaons. Le sanctuaire de Louqsor, restauré sous son règne, conserve ses cartouches. Le dernier sanctuaire de Karnak est semblablement signé par son demi-frère, Philippe Arrhidée (~323 ~317), et l'hypostyle du grand temple de Thot à Hermopolis est décorée au nom d'Alexandre Aigos, son fils, troisième et dernier pharaon macédonien (~317 ~311).

Le corps d'Alexandre sera plus tard transféré de Babylone à Memphis puis inhumé à Alexandrie par les soins de Ptolémée I, ancien capitaine dans les armées du conquérant et fondateur d'une dynastie alexandrine.

Cf. Nectanébo, Ptolémées.

ALEXANDRIE

Deuxième ville d'Égypte de nos jours, cette cité plus que jamais illustre ne fut fondée qu'en ~332/331, la plus occidentale des onze *Alexandreia* dont le grand conquérant fut le héros éponyme. Son nom, par suite des remarquables développements de ce port méditerranéen et de ses institutions culturelles durant l'époque gréco-romaine, symbolise communément la naissance et l'épanouissement de la civilisation hellénistique, au point qu'on peut se demander en quoi ce territoire des hellénistes concerne les pharaons et relève des égyptologues.

De fait, avant l'intervention d'Alexandre, le mince cordon rocheux qui, au coin nord-ouest du Delta, sépare de la mer le vaste lac Maréotis n'était occupé que par un poste de garde-côtes, tandis que le lac et ses marais étaient hantés par des bouviers sauvages. Le nom qui allait continuer à désigner en égyptien démotique et en copte la ville d'Alexandre était *Rakoté* (Rhacotis), littéralement *La Construction*, soit au sens de « bâtiment en dur » en contraste avec les cahutes des bouviers, soit que, selon une hypothèse récente, il ait désigné le « chantier de construction » lancé par les Gréco-Macédoniens. À environ 800 mètres au large, un îlot, Pharos, où Ptolémée II fera élever le phare, servait de point de relâche aux navigateurs venus de la mer Égée, avant de longer la côte vers l'est pour se présenter à la douane de Pharaon, à l'entrée de la branche occidentale du Nil, les bouviers se chargeant de dissuader les pirates de s'infiltrer en terre égyptienne.

Sur ce quasi-*no man's land* est installée une cité moderne, géométrique à la grecque, résidence de la dynastie, siège du gouvernement et d'une administration centrale dont la langue principale est le grec. Pour la première fois, l'État égyptien dote ses stratégies navales et commerciales d'un port de mer. Élèves des philosophes grecs, amateurs de littérature grecque, les Ptolémées font de leur capitale un conservatoire et un centre de développement du patrimoine hellénique : le Musée, sorte de séminaire permanent, est créé et la fameuse Bibliothèque. Celle-ci engrange, collationne, enrichit la littérature et les œuvres scientifiques du savoir grec, mais, contrairement à une idée qui court encore, rien n'indique qu'elle ait accueilli les papyrus hiéroglyphiques, hiératiques et démotiques qui contenaient les savoirs de tradition indigène, pas plus qu'il n'est fondé que les œuvres des penseurs et savants alexandrins, Ératosthène et autres, aient procédé de la science sacrée des hiérogrammes de Memphis, Thèbes et Héliopolis.

Ce n'est point, pourtant, qu'on puisse imaginer sans plus une parfaite « base de vie » grecque, au bord de l'Égypte (*ad Aegyptum*), une colonie presque totalement fermée aux personnes, aux croyances et aux pratiques des natifs. Différentes données amènent à reposer le problème de l'égyptianité de cette cité hellénique, d'évaluer en quoi l'héritage pharaonique y était présent, visible, vécu.

1. Indéniablement, dès le départ, les premiers Ptolémées élisent comme patron d'Alexandrie l'Osiris-Apis que les habitants de Memphis, colons de souche grecque compris, vénéraient comme la forme ici-bas et dans l'autre monde du dieu suprême, à la fois Rê, Ptah et Osiris. Si, dans le Sérapeum qui fut construit sur la colline dominante, Bryaxis créa de ce Sérapis une statue qui le rendait semblable à Zeus, à Hadès et Asclépios, des dépôts de fondation typiquement pharaoniques montrent que certaines chapelles furent conçues et consacrées selon le rituel indigène, leurs inscriptions hiéroglyphiques impliquant la participation de prêtres égyptiens.

2. Depuis le XVIIIe siècle, les voyageurs européens, puis les autorités archéologiques locales et nationales et les citoyens d'Alexandrie et, plus récemment, les explorations menées dans les parties immergées par le Centre d'études alexandrines et l'Institut européen d'archéologie sous-marine ont collecté par toute la ville, mêlée à des vestiges de style et langue grecque, une quantité remarquable de monuments et de fragments de style pharaonique portant souvent des inscriptions hiéroglyphiques. Ces *aegyptiaca* d'Alexandrie consistent en de gros monuments mobiliers — statues, sphinx, obélisques (dont les deux « aiguilles de Cléopâtre », une paire d'obélisques du Nouvel Empire, aujourd'hui répartie entre Londres et New York), etc. — et en quelques fragments d'architecture : colonnes, morceaux de parois, encadrements de portes et, notamment, les sept singuliers murets d'entrecolonnement des Psammétiques et de Nectanébo I finalement dispersés entre les musées de Bologne, Alexandrie, Vienne et Londres (où ils passent à tort pour provenir de Rosette !). Beaucoup de ces monuments royaux datent des anciennes dynasties mais on ne saurait aucunement les invoquer pour affirmer que les pharaons d'avant avaient fondé en leur temps une

ville portuaire ornée de vastes sanctuaires. Les inscriptions attestent qu'ils ont été prélevés dans des temples de l'intérieur du pays, principalement d'Héliopolis comme il est reconnu depuis plus d'un siècle. D'autre part, nombre de pierres errantes portent des traces montrant qu'elles ont été, au long des âges gréco-romains, retaillées et remployées, parfois plusieurs fois, comme matériau de construction.

Il convient de distinguer les œuvres de style pharaonique qui datent de l'époque des Ptolémées de celles qui datent des rois antérieurs à Alexandre et ont été importées d'autres sites. Parmi les premières, les fameux colosses de rois lagides et de reines isiaques retrouvés au pied de Qaït-Bey et dans le faubourg d'Eleusis ou encore le groupe des Philadelphes découvert dans Pharos démontrent que les souverains macédoniens se plurent à exhiber leur toute-puissance divine sous l'apparence des pharaons au sein même de la cité hellénique. De belles statues égyptiennes de dignitaires égyptiens sont, comme ailleurs, des images votives que ceux-ci avaient installées dans des temples de la capitale. Or on sait de mieux en mieux que, dès le courant du IIIe siècle, des personnages de condition sacerdotale, originaires des nomes, fréquentaient la Cour et qu'aux IIe-Ier siècles, certains d'entre eux, à la fois traditionnels et hellénisés, occupaient dans la capitale de hautes fonctions gouvernementales, jusqu'à celle, prédominante, de ministre de l'Économie.

La question se pose de déterminer dans quelles circonstances, à quelle fin et à quelles dates, les antiquités datant des Sésostris, des Ramessides, des Saïtes et des Sébennytiques furent importées à Alexandrie. Selon toute vraisemblance, les sphinx comme les images de rois accomplissant des gestes d'offrande furent simplement intégrés dans le mobilier rituel du Sérapeum et d'autres temples où ils matérialisaient la présence et l'action de

Pharaon, tout en affirmant la prestigieuse et immémoriale continuité de la royauté divine. Les éléments architecturaux amovibles tels que les huisseries, murets et les colonnes monolithes furent peut-être semblablement intégrés aux mêmes fins dans les nouvelles architectures, avant d'être remployés brutalement lors des remaniements d'époque romaine.

Principale source de gros monuments de pierre, Héliopolis avait apparement décliné en importance au début de l'époque lagide. Dès ~30, quand sa décrépitude était patente, l'empereur romain décidait d'en transporter des obélisques jusqu'à Rome, en hommage au Soleil et en témoignage de sa domination achevée sur le monde. Faut-il ou non imputer aux Romains les démolitions ultérieures des sanctuaires héliopolitains ? En bien des points, l'histoire compliquée de ces *pharaonica* d'Alexandrie demandera à être méthodiquement précisée afin de déterminer la place des pharaons, des hiéroglyphes et des égyptologues dans l'archéologie alexandrine.

Cf. Alexandre le Grand, Ptolémées.

AMARNA

Ou plus exactement El-Amarna (en arabe, « les gens de la tribu Amane » qui a peuplé le site), l'appellation Tell el-Amarna, pour vulgarisée qu'elle soit, étant toponymiquement incorrecte. Le nom d'Amarna est communément employé pour parler de la capitale créée *ex nihilo*, vers ~1349, par Aménophis IV, devenu Akhenaton. L'adjectif « amarnien », par voie de conséquence, qualifie volontiers la religion dont Akhenaton fut l'instaurateur très personnel et le style insolite de statuaire et de dessin qu'il fit prévaloir. On préférera le terme « atoniste ». En effet, la révolution en question n'est pas sortie d'Amarna. La ville a été le manifeste, relativement tardif, de cette révolution.

C'est seulement quatre ans après la proclamation de sa doctrine et du nouveau goût que le roi, inspiré par son dieu Aton, décide de réserver, un peu en amont d'Hermopolis, un vaste domaine s'étendant d'une montagne à l'autre, dont les bords sont jalonnés par une douzaine de stèles rupestres relatant la première visite faite au site (an IV), la prise de possession (an VI) et la confirmation (an VIII) de cette fondation définitive qui prend le nom d'*Akhet-Aton*, « l'Horizon du Disque ». Les habitants, le sol et toutes les ressources seront au service du soleil unique.

Dans un grand cirque de la rive droite, une cité nouvelle dont les dispositifs ont été définis par le souverain lui-même est expéditivement bâtie. Elle sera le *home* de la sainte famille royale et le centre moral et politique de l'Empire. Les principaux ministres et services du gouvernement s'y installent. Il faut cependant révoquer l'idée qu'Akhenaton ait voulu s'y enfermer dans son utopie (il stipule que lui-même, sa Néfertiti et leur aînée, s'il leur advenait de décéder hors d'Amarna, devront être rapportés et inhumés dans l'hypogée qu'il fait creuser dans la montagne orientale).

Abandonnée sous Toutânkhamon, la capitale ne dura pas beaucoup plus longtemps que l'hérésie. La cour partie, l'établissement déclina vite. Les temples furent démantelés et les matériaux remployés à Hermopolis et à Assiout sous le règne de Ramsès II. Les demeures désertées s'effondrèrent et ne furent pas dégradées par des occupations ultérieures. Amarna est un témoin presque exhaustif de l'habitat urbain dans une ville nouvelle. La cité royale proprement dite occupe le centre du cirque, assez compacte et un peu anarchique. L'immense « maison d'Aton », communiquant par un pont avec l'immense « maison du Roi », en forme le noyau. D'autres sanctuaires de l'Aton et les principaux bâtiments de service (y compris le fameux bureau des archives diplomatiques) se répartissent alentour. Deux quartiers, aux extrémités nord et sud du cirque, contenaient d'autres édifices officiels, notamment, au sud, le *Marou-Aton*, lieu de culte solaire et familial et aimable résidence-jardin.

Grâce à l'exceptionnelle conservation des habitats, on a pu reconstituer les plans des spacieuses maisons des nobles, les demeures des « ouvriers de la Tombe » et des fonctionnaires. La maison du sculpteur Thoutmosé a livré une célèbre collection d'œuvres achevées ou ébauchées. Les scènes et inscriptions gravées dans les hypogées des courtisans, dans le dgebel oriental, constituent la principale source qui permette de reconstruire la doctrine atoniste et fournissent maintes images animées des temples, des palais et des activités religieuses et profanes, au temps où l'Horizon du Disque était la splendide résidence de Pharaon.

AMASIS

~570 ~526, XXVIe DYNASTIE

Ce qu'on sait de lui par ses nombreux monuments et par Hérodote illustre les succès et les tensions de l'Égypte saïte. Grecs et Cariens implantés avaient été les instruments des victoires remportées par les Psammétique. Se prétendant sacrifiée, sous Apriès, au sortir d'une désastreuse campagne en Libye, la caste militaire indigène porta Amasis au pouvoir et écrasa sous le nombre les auxiliaires étrangers. « Amasis roi, disait fort bien Maspéro, oublia les injures d'Amasis prétendant. » Ce général issu d'un petit bourg du nome saïte, devenu « fils de Neith », comprenant que l'avenir technique se trouvait du côté des cités grecques, fut résolument « philhellène » : alliance avec Cyrène, cadeaux à Delphes et à Samos, développement du comptoir de Naucratis, transfert à Memphis des colons militaires ioniens et cariens. Sa seule expédition fut la conquête de Chypre (où l'art égyptien exerça son influence). Vers ~570, l'Égypte avait échappé de justesse à une invasion babylonienne. Pourtant, le prudent Amasis se contenta, en Asie, de ne pas intervenir, tandis que Cyrus de Perse annexait l'Anatolie puis le domaine babylonien.

Amasis aurait inventé la déclaration obligatoire des revenus. Les documents semblent confirmer son rôle de législateur en matière de réglementation fiscale et douanière. Ils attestent l'ampleur de ses programmes monumentaux (le lac sacré de Saïs ; les naos de Saïs et de Mendès). L'introduction d'un pagne à la mode dans la représentation statuaire des grands dénote peut-être le modernisme du maître. La personnalité d'Amasis devint légendaire (conte démotique, anecdotes grecques). Ce roi aurait été un scandaleux buveur et un farceur pas très délicat, mais les inscriptions nous le révèlent instaurant un culte durable de ses statues et étendant sa divine protection sur ses ministres. « C'est, dit-on (écrira Hérodote), sous Amasis que l'Égypte fut plus florissante que jamais, tant grâce aux dons du Nil pour le sol que grâce aux dons du sol pour les populations. »

Le conquérant perse eut beau faire marteler les cartouches de l'usurpateur, le peuple conserva du parvenu xénophile une image exactement conforme au modèle théologique du pharaon.

Hérodote, Livres II et III, cf. Hérodote, *L'Enquête*. Livres I à IV, éditions A. Barguet, Paris, Gallimard, 1984. Index p. 565 ; Amasis.

Cf. Apriès, Saïs, Saïtes (dynasties).

AMENHOTEP, FILS DE HAPOU

Né sous le règne de Thoutmosis III, mort octogénaire en l'an XXXI d'Aménophis III, ce provincial, fils d'un modeste scribe d'Athribis (dans le centre du Delta), connut l'une des plus belles destinées auxquelles pouvait prétendre un simple particulier dans l'Égypte pharaonique, grâce à son talent et à la faveur du roi. En effet,

Aménophis III, qui avait discerné ses qualités, se l'attacha comme scribe royal, en l'affectant tout d'abord aux écrits religieux. Puis il en fit un « scribe royal des recrues » ; Amenhotep avait à gérer le nombreux personnel des différentes institutions qui composaient l'État. Il eut aussi bien à régler le changement de statut des serfs du domaine royal, transférés définitivement au domaine d'Amon, qu'à veiller à l'entretien et au déplacement des troupes qui patrouillaient sur le littoral du Delta ou le long des plateaux des déserts orientaux et occidentaux, ou encore à lever et organiser un corps expéditionnaire chargé d'une opération de pacification en Nubie.

Le pharaon fut si satisfait de ses services qu'il lui confia une très lourde responsabilité : celle de superviser, en tant que « directeur de tous les travaux », les nombreuses constructions entreprises à Thèbes ; ainsi Amenhotep fit extraire des carrières d'Héliopolis, puis transporter les colosses de Memnon et le colosse du dixième pylône du temple de Karnak. Ces bons et loyaux services reçurent de justes récompenses : le pharaon lui accorda de nombreuses statues, placées dans le temple, et par l'entremise desquelles Amenhotep s'érigeait en intercesseur entre les visiteurs et la divinité ; il lui confia la gestion du domaine d'une de ses filles, Satamon ; il le chargea d'organiser son jubilé, lui permettant même de jouer un rôle d'officiant dans le cérémonial. Enfin, Amenhotep eut le droit de se faire construire un temple funéraire, situé près du temple funéraire du roi, et dont le personnel bénéficiait d'un statut immunitaire, encore réaffirmé après le Nouvel Empire. Par ailleurs, il fut gratifié, à titre de prébende, de la fonction de « directeur des prophètes de Khentykhéty », le dieu de sa ville d'origine, Athribis.

À coup sûr, la tombe d'Amenhotep devait égaler celles de ses contemporains comme Ramosé et Khâemhat ; elle n'a pas encore été dégagée, bien que son emplacement soit vaguement circonscrit : en tout cas, il est certain qu'elle fut pillée et gravement endommagée à en juger par les vestiges qui en subsistent dans les musées ou les collections privées.

Une si éclatante carrière valut à Amenhotep de passer à la postérité non seulement comme intercesseur ou saint patron, mais comme divinité. Considéré comme fils du dieu Apis (en raison du nom de son père *Hapou*), associé à Imhotep, autre homme divinisé, on lui dressa des sanctuaires ou des oratoires. S'y pressaient, encore à l'époque ptolémaïque, une foule de suppliants venus chercher la solution de leurs difficultés ou la guérison de leurs maux auprès de son oracle ou dans le silence de l'incubation. Il fut même identifié à Asclépios par les Grecs.

Varille A., *Inscriptions concernant l'architecte Amenhotep, fils de Hapou* (Institut français d'archéologie orientale, bibliothèque d'étude, t. XLIV), Le Caire, 1968.
Wildung D., *Egyptian Saints. Deification in Pharaonic Egypt*, New York, 1977.

Cf. Aménophis III, Imhotep.

AMÉNOPHIS

Il est de tradition, dans l'égyptologie, de considérer la forme grecque Aménophis comme l'équivalent du nom égyptien *Amenhotep*, qui signifie « Amon est satisfait ». Cette tradition sera suivie ici pour désigner les pharaons nommés en égyptien *Amenhotep*. Toutefois, il convient de mentionner qu'elle repose sur une confusion : le grec Aménophis transcrit, en réalité, le nom égyptien *Amenemopé*, « Amon est dans Opé » ; la véritable transcription grecque d'Amenhotep se trouve être, en fait, *Aménothès*.

AMÉNOPHIS I

~1514 ~1493, XVIIIe DYNASTIE

Deuxième pharaon de la XVIIIe dynastie, fils et successeur d'Amosis et de Ahmès-Néfertary. Régna vingt ans et sept mois (~1514 ~1493). Il eut à poursuivre la politique de restauration et de fondation qu'Amosis avait à peine pu entamer. Il mata encore des rébellions en Nubie où l'occupation permanente égyptienne s'étendait désormais jusqu'à la Deuxième Cataracte, et qui était placée sous la juridiction d'un administrateur particulier, le vice-roi de Kouch ; ainsi l'extraction de l'or local se trouvait-elle systématiquement organisée. En Égypte, l'effort d'Aménophis I se porta surtout sur les villes qui avaient participé au cartel constitué par les pharaons thébains, en particulier El Kâb, où il construisit un temple. Dans le temple de Karnak, il bâtit, en albâtre, une chapelle reposoir pour la barque divine. D'une manière générale, Aménophis I revivifia la culture : sous son règne, on suit, dans l'art et les inscriptions hiéroglyphiques, la liquidation progressive du legs de la Deuxième Période Intermédiaire, et le retour à un classicisme inspiré par le Moyen Empire.

Il donna l'impulsion à une politique d'inventaire et de recopiage des œuvres anciennes qui fut poursuivie par ses successeurs, en particulier Thoutmosis III. Il n'hésita pas à innover, séparant pour la première fois la tombe royale du temple funéraire, et fondant l'organisation chargée de creuser et de décorer cette tombe ; aussi devint-il par la suite le saint patron des ouvriers de Deir el Médina qui créèrent, autour de certains de ses monuments ou de ses images, des lieux de culte où se pratiquaient des consultations oraculaires. Qui plus est, le septième mois du calendrier s'appela « celui d'Aménophis » depuis le Nouvel Empire, par référence à la fête d'Aménophis I divinisé. Dans la plupart de ses cultes posthumes, il était associé à sa mère Ahmès-Néfertary, considérée, elle aussi, comme fondatrice de nouvelles pratiques.

Cf. Ahmès, fils d'Abana, Ahmès-Néfertary, Amosis.

AMÉNOPHIS II
~1428 ~1401, XVIIIe DYNASTIE

Septième pharaon de la XVIIIe dynastie (en comptant Hatchepsout). Fils de Thoutmosis III et de la reine Mérytré-Hatchepsout. Régna vingt-huit ans (~1428 ~1401), dont trois ans comme corégent de son père. Dès le début de son règne comme seul pharaon, il dut défendre l'hégémonie égyptienne dans le Levant, si brillamment consolidée par Thoutmosis III. En l'an VII, il mena une expédition contre une coalition de chefs de la région de Takhsy (entre l'Oronte et l'Euphrate) ; sept d'entre eux furent exécutés par Aménophis II lui-même, et leurs corps pendus aux murailles de Thèbes et de Napata. Toutefois, il n'est pas certain que sa victoire ait été totale ; on soupçonne même que l'Égypte abandonna certains territoires aux alliés du Mitanni. En l'an IX, une seconde expédition, conduite au nord du Carmel, obtint de meilleurs résultats : le Mitanni, Babylone et l'Empire hittite envoyèrent des propositions de paix.

Aménophis II acheva les travaux entrepris par son père dans le temple d'Amada, poursuivit l'embellissement des sanctuaires de Thèbes et de sa région, sans négliger le reste du pays. Il édifia son temple funéraire au sud de celui de Thoutmosis III. Dans sa tombe de la Vallée des Rois, assez succinctement décorée, fut retrouvée sa momie.

Avec le règne d'Aménophis II s'opère un profond changement : alors que Hatchepsout et Thoutmosis III s'étaient efforcés d'instaurer dans l'art et la culture un néoclassicisme très fortement inspiré par le Moyen Empire, voici que désormais l'idéologie s'ouvrit à son siècle, prenant en compte ses nouveautés. L'impérialisme égyptien au Levant ayant comme conséquence l'ouverture de la civilisation à l'Asie, la phraséologie royale accueillit des métaphores mettant en jeu des divinités asiatiques. Une nouvelle topique décrivait les qualités physiques du pharaon : Aménophis II se passionnait pour les chevaux qu'il dressait et faisait évoluer avec maestria ; il dirigeait un bateau avec la dernière habileté, grâce à son maniement expert de l'aviron ; ses flèches perçaient d'épaisses plaques de cuivre. Derrière l'évidente rhétorique de telles proclamations se manifeste un authentique état d'esprit : la plupart des hauts dignitaires de son règne furent choisis non parmi les descendants de puissantes lignées, mais parmi les compagnons de jeunesse ou de combat du pharaon.

Lalouette C., *Thèbes ou la naissance d'un Empire*, Fayard, Paris, 1986, chapitre VI.

Cf. Sport, Thoutmosis III, Thoutmosis IV.

AMÉNOPHIS III
~1391 ~1353, XVIIIe DYNASTIE

Neuvième pharaon de la XVIIIe dynastie, fils de Thoutmosis IV et de la reine Moutemouia ; régna trente-huit ans et sept mois (~1391 ~1353). Sa principale épouse fut la reine Tiyi qu'il associa étroitement aux manifestations officielles de son règne, et dont l'influence pesa sur la conduite des affaires, et d'autant plus quand la maladie diminua les capacités du pharaon à la fin de sa vie. Elle lui donna au moins deux fils, dont le futur Aménophis IV / Akhenaton, et quatre filles, dont Satamon, qui exerça les fonctions rituelles d'une reine, ce qui ne signifie pas qu'Aménophis III l'ait réellement épousée, comme on le tient souvent avec un goût du spectaculaire quelque peu superfétatoire.

Car les hauts faits de son règne, à eux seuls, suffisent à susciter étonnement et admiration, sans qu'il soit nécessaire d'en rajouter. De fait, s'il existe un pharaon proche du stéréotype du potentat oriental, c'est bien Aménophis III, par ses évidentes propensions au raffinement, à l'ostentation, et peut-être à l'indolence. Finies, désormais, les grandes expéditions guerrières ; certes, il y eut bien une opération de police menée en l'an V en Nubie, dans les parages de la Quatrième Cataracte, mais, en Asie, Aménophis III préféra assurer l'hégémonie égyptienne par la diplomatie, en réaffirmant et consolidant sans cesse d'amicales relations avec le Mitanni, la grande puissance du moment ; en l'an X, il épousa Giloukhépa, la fille du roi de Mitanni, Chouttarna ; plus tard, il épousa la sœur de Touchratta, un autre roi de ce pays, et celle du roi de Babylone, puis, derechef, leurs filles et celle du roi d'Arzawa. Comble de bons procédés, Touchratta envoya à Aménophis III malade l'image de la déesse Ishtar de Ninive, dont les pouvoirs guérisseurs étaient réputés. Mais la diplomatie a ses limites : elle n'empêcha pas le roi d'Amourrou de former une coalition de petits États, bien décidés à se soustraire à la mouvance égyptienne.

Ce revers ne se produisit qu'à la fin d'un règne qui, par ailleurs, marque le faîte de la puissance et de la richesse de l'Égypte, grâce à l'afflux de l'or nubien et d'énormes quantités de matières premières ou de produits finis livrés par les contrées placées, à quelque degré que ce soit, sous la sujétion du pharaon. Avec les biens venaient les idées, les coutumes, les croyances, et aussi les hommes. De ce fait, la société égyptienne devint fortement cosmopolite, et se trouva opéré un changement de style déjà perceptible sous Aménophis II. L'art en fournit un excellent exemple — sans renoncer le moins du monde aux conventions traditionnelles, voici que le hiératisme vigoureux s'infléchit vers la finesse et la sensibilité : qui n'a pas admiré les reliefs des tombes de Ramosé ou de Khâemhat ? Le vêtement et la parure se transforment, tandis que l'écriture hiéroglyphique s'ouvre de plus en plus à la langue vernaculaire, jusqu'alors véhiculée par les cursives. La religion évolue, elle aussi, non seulement par un large accueil aux divinités étrangères, mais aussi en se tournant vers une conception plus concrète du culte solaire : le disque lui-même, sous le nom d'Aton, devient l'objet de la dévotion ; on sait jusqu'à quelles extrémités Akhenaton développa cette tendance. Le règne même d'Aménophis III est bien à la mesure de l'évolution de la civilisation. À coup sûr, les fastes et la pompe avaient toujours marqué les faits et gestes du pharaon, mais celui-ci porta encore plus haut l'éclat de sa fonction. Jugeant que chacune de ses actions méritait une publicité plus large que celle assurée par les moyens traditionnels, il fit émettre des séries de scarabées, diffusés aux quatre coins de l'empire, pour les scander : ainsi furent commémorés son mariage avec Tiyi, son mariage avec Giloukhépa, ses exploits cynégétiques de l'an II contre les taureaux du désert, le total des lions par lui massacrés durant ses premières années, ou encore la navigation sur un gigantesque *hod* (bassin d'irrigation), ménagé dans la région natale de Tiyi.

Quant à l'activité monumentale d'Aménophis III, elle porte en elle-même sa propre publicité ; outre une série de temples érigés en Nubie, tel celui de Soleb, dont les reliefs illustrent le jubilé royal, la transformation de la petite chapelle de Louqsor en un temple aux colonnades élégamment élancées témoigne encore maintenant de la splendeur d'une époque, sans compter les nombreuses constructions, réfections ou additions apportées à maints sanctuaires d'Égypte. Aménophis aménagea son palais à Malgatta, au sud de Médinet Habou ; à ses pieds fut creusé un lac artificiel (*Birket Habou*), d'environ 988 m sur 2 500 m. De son temple funéraire, les touristes ne peuvent guère admirer désormais que les statues colossales, les fameux colosses de Memnon, ce qui n'est déjà pas rien ; au début de l'époque romaine, l'un d'eux émettait une vibration au lever du jour, mais un séisme mit tôt fin au phénomène. La tombe d'Aménophis III fut creusée dans un diverticule de la Vallée des Rois ; son décor, peint sur stuc, est maintenant très endommagé. On n'est pas assuré de l'identification de sa momie.

Lalouette C., *Thèbes ou la naissance d'un Empire*, Fayard, Paris, 1986, chapitre VII.

Cf. Aménophis, fils de Hapou, Aménophis IV, alias Akhenaton, Tiyi.

AMÉNOPHIS IV alias AKHENATON
~1353 ~1336, XVIIIe DYNASTIE

Pour la plupart, les spécialistes de chronologie jugent que l'hypothèse, longtemps de mode, selon laquelle le gouvernement du fastueux et classique Aménophis III fut contemporain, durant plus de onze années, du gouvernement de son fils, le non moins fastueux mais très peu classique Aménophis IV, se fondait sur des données illusoires et forçait, contre la masse des évidences, à imaginer une situation ahurissante : deux rois censés amicalement solidaires, vivant dans deux univers parallèles (deux cours, deux administrations, deux religions incompatibles régissant le même royaume en s'ignorant réciproquement). En réalité, il y eut, lors du changement de règne, une formidable rupture. À son avènement, Aménophis IV se comporte à la manière d'un prophète, révélant son dieu unique : « Rê-Horakhty qui vibre joyeusement dans l'Horizon — en son nom de Chou (Lumière) qui est dans le Disque (Aton) », formulation inédite inscrite dans un double cartouche pour professer la souveraineté du soleil. En petits blocs calibrés (*talatates*), de vastes édifices sont rapidement dressés dans Karnak, maison du culte d'Amon, roi des dieux et premier patron de l'Empire. Les cultes de province subsistent encore, servis nominalement par le roi, mais chargés de fournir des offrandes à la divinité nouvelle.

En l'an IV, ayant pris le nom d'Akhenaton (« le

profitable au Disque »), le souverain fait aménager en Moyenne-Égypte, dans une zone vierge de tout temple, un vaste territoire, « l'Horizon d'Aton » (*Akhet-Aton*) où s'érige une vaste cité (Amarna). En l'an VI, il y transporte sa personne, sa mère Tiyi, son épouse Néfertiti, ses filles, sa cour et le gouvernement. Des temples d'Aton seront bâtis dans différentes cités (Sédeinga au Soudan, Gourob, Memphis, Héliopolis).

Les hymnes recopiés dans les hypogées des ministres amarniens prient Aton, moteur sans entraves du monde physique, dispensateur de la lumière et de l'air, providence de tout être vivant. Ce sont de belles effusions tournées en un style savant mais qui emprunte beaucoup à la langue vulgaire. L'existence y est chantée sur le mode optimiste ; le cosmos amarnien est toute sécurité, toute beauté. La dévotion des fidèles embrasse, avec Aton, les seules personnes du roi terrestre et de son épouse « en qui sont parfaites les perfections du Disque », manifestations charnelles du père-mère céleste. Ce tendre ménage mystique et modèle manifeste le dieu unique sur terre. Temples et tombes le représentent dans ses apparitions publiques comme au sein du palais, accompagné de ses fillettes, respirant, mangeant, circulant, jouant, offrant, adorant, sous l'immense soleil dont les bras rayonnent la vie. Ces épiphanies de la trinité sont le lieu commun de larges compositions qui font voir les jubilés fondateurs, les offrandes dressées dans des sanctuaires à ciel ouvert, les visites aux sanctuaires, la réception des tributs, la récompense des ministres, les enthousiasmes des fidèles et toutes les activités des sujets, images d'un graphisme mouvementé, diversifié en de pittoresques détails. Dans les maisons d'Amarna, les seules idoles acceptées figurent le trio : soleil, roi et reine. Invention de l'esprit ou exploitation symbolique de la conformation du roi, le souverain et sa souveraine sont dotés, en ronde bosse comme en dessin, d'un visage allongé, tendu au-dessus d'un corps androgyne, ce type étrange étant généralisé pour représenter toute figure humaine. La nouvelle iconographie pousse, au départ, jusqu'à un expressionnisme choquant, au rebours de l'esthétique mesurée du règne précédent (colosses de Karnak), mais sera traitée de manière subtilement retenue à Amarna (bustes de Néfertiti).

La doctrine évolue. Signe d'une épuration théologique, la titulature divine change : « Le Soleil, souverain empyréen, vibre joyeusement dans l'Horizon — en son nom le Soleil-Père (ou "Luminosité") qui vient en Aton. » Un moment arrive où le nom et les images d'Amon, le ci-devant Être suprême qui était encore trop présent dans le cœur de ses sujets, sont systématiquement effacés dans les temples anciens. Des velléités de censure s'exercent sur les mentions d'autres divinités et sur le mot « dieu » au pluriel. Les signes aberrants de ce qui n'existe pas doivent disparaître.

On sait par une poignée de documents qu'outre Néfertiti, Akhenaton posséda une femme secondaire, Kiya (qui pourrait avoir été la mère de Toutânkhamon). En revanche, on ne croit plus qu'une brouille ait séparé le grand ménage théologique. Quand Néfertiti disparaît en l'an XIV, Mérytaton, l'aînée des six filles qu'elle avait données au roi, puis la troisième, Ânkhesenpaaton, la remplacent formellement dans les représentations épiphaniques. Akhenaton décéda dans sa dix-huitième année de règne. L'hypogée familial qu'il avait creusé dans la montagne d'Amarna a été retrouvé saccagé. Partout, ses cartouches et représentations furent détruits au cours des règnes suivants. Les temples de l'Aton furent démantelés et les blocs remployés en bourrage dans les constructions nouvelles. Avec le temps on rétablira sur les murs les noms et figures d'Amon. Le mot *aton* redeviendra ce qu'il était : la désignation de ce qu'on voit du soleil et de la lune. Dieu et les dieux retrouveront leur mystère et la parole.

Le « roi ivre de Dieu » est de nos jours le meilleur des pharaons, un héros sympathique, inventeur lumineux du monothéisme. La rationalité positive et simplificatoire de sa doctrine, les expressions plastiques et littéraires originales qu'il en fit produire, l'émergence brusque d'un « ego » font moderne. Son œuvre passagère rompt avec le discours impersonnel et, pour nous, confus, des siècles qui précèdent et qui suivent. Celui qu'on appelait sous Ramsès II « l'ennemi dans Akhet-Aton » n'en fut pas moins de son temps un prophète incompris et un souverain négatif. Certaines histoires ont pu faire de lui un émancipateur luttant contre un obscurantisme idolâtre, un pacifiste aux visées œcuméniques, un anticlérical populiste combattant l'oppression exercée par Amon et ses sacristies, tous portraits démentis par les sources ou anachroniquement spéculatifs. La documentation n'autorise pas à discuter si sa révolution tranchait un conflit réel entre la couronne et un supposé lobby thébain, ni à identifier un présumé groupe de pression militaire sur lequel elle se serait appuyée. On retiendra du dossier l'image d'un autocrate — comme tout pharaon s'émancipant des représentations communes de sa nation. Sûrement pétri de sensibilité et de bonnes intentions, il dispose de son pouvoir, incontesté par essence, pour proposer à toute cette nation — pour lui imposer — tout aussi bien une théologie minoritaire, une sagesse à lui, entraînant une transformation radicale des rites, du langage lapidaire et de la plastique (mais sans toucher aux organismes administratifs profanes, bureaux, armée, police, dont la direction est simplement confiée à des disciples affichés).

Le roi avait jusqu'alors autorité divine pour entretenir les dieux et déesses implantés dans les terroirs et dans les âmes, en gestionnaire d'une religion dont les représentations et les pratiques, modifiées très insensiblement au cours des âges selon une logique commune, étaient vécues comme des évidences conformes à un ordre primordial et à une sagesse immanente. Ce n'est pas que l'individu n'ait point su faire appel à ses dieux en des termes confiants et affectueux. Ce n'est pas que, sous la XVIIIe dynastie, les prêtres professionnels chargés d'interpeller la divinité ne se soient pas interrogés sur les attributs des dieux ni sur leur fonction éthique, et sur la manière de structurer ce vieux monde de noms et de formes qui régissait ici-bas et au-delà... Les conquérants thébains, et toute l'Égypte à leur suite, avaient reconnu en Amon-Rê, patron de Thèbes, l'auteur de l'expansion impériale. Sa volonté oraculaire avait miraculeusement déterminé le cours de l'histoire dynastique. Un important temporel, un vaste clergé exprimaient une reconnaissance et corroboraient sa primauté bénéfique. Développant l'identité d'Amon et Rê, à force d'expliciter discursivement les fonctions démiurgiques et législatives du chef du panthéon, les théologiens thébains conçurent en Amon-Rê un modèle unitaire et totalisant de dieu (de Dieu). Recourant moins à l'imagerie mythologique, un nouveau discours insiste sur le seul soleil et décrit l'effet direct de sa course lointaine et de sa lumière omniprésente, son action naturelle, pour ainsi dire, sur tout l'univers connu et dans l'existence de chacun. Cette nouvelle théologie n'exclut pas pour autant les autres dieux et déesses dont l'existence reste compatible, par hiérarchisation ou homologie, avec celle de l'Être suprême, dans la diversité de leurs noms, idoles, mythes et lieux de culte. La faveur marquée à Amon par la dynastie n'avait donc aucunement nui aux autres divinités : le panthéon honoré par Aménophis III, lors de ses jubilés, durant les neuf années qui précédèrent sa mort, englobait tous les dieux et déesses d'Égypte. Dans cette culture polythéiste où toutes les formes crues et acceptées étaient normales, le roi n'avait pas à dire un dogme. C'est assez improprement que nous parlons de « retour à l'orthodoxie » pour définir la liquidation de l'intermède amarnien. C'est avec Aménophis IV qu'un choix (une hérésie) avait institué une « orthodoxie », son monothéisme étant négation dogmatique, totalitaire et intolérante de la religion une et multiple de ses contemporains.

Les préliminaires de l'atonisme sont difficilement saisissables en l'état de la documentation. Aucune influence d'une pensée venue de l'étranger n'y est décelable. Au contraire, les structures de l'élaboration théologique, le monopole de Pharaon en matière de culte, les éléments de la grammaire symbolique, les formes cérémonielles, les thèmes de la louange divine — l'idée, notamment, que toutes les races sont créatures de Dieu —, l'expression confiante de la foi y procèdent du fond commun de la culture égyptienne du temps. On peut voir le signe d'une promotion récente du disque physique comme idole royale dans le fait qu'Aménophis III s'était proclamé « Aton resplendissant », nom qu'il avait donné à son palais thébain, à sa grande barque de parade et à un de ses régiments. La réflexion sacerdotale avait touché à l'unité de Dieu, mais ne l'avait pas traduite en terme de contradiction. On imagine volontiers que c'est à Héliopolis que des penseurs franchirent ce pas. Mettant de côté les formules diverses, mythes et rites, qui servaient à traiter le mystère divin, ils ne retinrent comme évidence du créateur que le disque au souffle lumineux (Chou), accessible sans les ambages de l'imaginaire ancestral. Aménophis IV, en effet, nomme son dieu Rê-Horakhty, il considère comme ses théophanies le bétyle *benben* et le taureau Mnévis et il en intitule le prêtre majeur « grand des voyants » ; or ces quatre emprunts sont propres à la tradition d'Héliopolis. Peuvent être imputées au génie du prince la « trinité » où le couple royal partage la condition de Dieu, les innovations esthétiques (généralisant certaines tendances existantes) et les expansives ferveurs optimistes. L'enseignement d'Akhenaton consista donc à ériger en religion exclusive les conceptions de certains penseurs, développées par lui-même, et mises en œuvre par des artistes et des scribes instruits par ses propres soins. On ne possède aucun indice que ce despotisme ait provoqué des rébellions ouvertes ; la rapidité avec laquelle l'ordre normal revint sans de ravageuses guerres intestines fait penser que l'hérésie n'avait guère séduit les cadres lettrés ou les populations. Les noms théophores des paysans restent inchangés et les petites idoles découvertes dans les habitations d'Amarna prouvent une survie banale des habitudes polythéistes. La reine-mère Tiyi parle de feu son mari, l'*Osiris*-Aménophis. Un dignitaire provincial invoque sur son monument l'Aton unique, Osiris-Sokar et Khnoum. La logique de la doctrine, supportée pourtant par l'appareil d'État et la volonté enthousiaste de Pharaon, ne put rien contre la foi, ni contre une théologie non conflictuelle où humbles et savants trouvaient moralement et matériellement leur compte. Les sources amarniennes n'informent que sur les ressources des palais et lieux saints atonistes. Il est difficilement concevable que la révolution religieuse n'ait pas amoindri le temporel des temples classiques et mis leurs prêtres en disponibilité. Les restaurateurs constateront le dénuement des sanctuaires en biens et en desservants. Néanmoins, dix-sept ans de paranoïa théophanique ne paraissent pas avoir fait régresser la prospérité intérieure.

Si les textes où s'exprime la théologie n'évoquent guère les inévitables conflits du monde, certains thèmes iconographiques sont ostensiblement conservés, qui démontrent que le roi-prophète ne récusait aucunement en théorie l'habituelle fonction guerrière par laquelle Pharaon doit retenir et assujettir les peuples étrangers. Vers le milieu du règne, le vice-roi de Kouch réprime avec la brutalité ordinaire une insurrection nubienne. En Asie, l'Égypte triomphante avait été peu belliqueuse durant le règne d'Aménophis III, en dépit des visées expansionnistes des Hittites et du Mitanni, et des intrigues de certains roitelets vassaux. Les archives diplomatiques retrouvées à Amarna et les sources hittites montrent que la situation était déjà fort dégradée à l'avènement d'Aménophis IV. Sous celui-ci, de hauts-commissaires douteux et les mouvements trop limités des garnisons égyptiennes ne surent protéger la fidèle Byblos contre l'ambitieuse dynastie amorrite, ni empêcher le Khati d'éliminer l'allié mitannien et d'annexer la Syrie, ni réduire en Palestine l'agitation des bandes irrégulières. Expliquer cette impuissance par le fait que le souverain, enfermé dans sa pieuse utopie, ne s'intéressait pas personnellement à la défense armée et aux manœuvres diplomatiques est banalement plausible.

Aldred C., *Akhenaten and Nefertiti*, Brooklyn, 1973.
Lalouette C., *Thèbes ou la naissance d'un Empire*, Paris, 1986, p. 505-546.

Cf. Aï, Amarna, Aménophis III, Néfertiti, Semenekhkarê, Toutânkhamon.

AMMÉNÉMÈS, ou AMÉNÉMHAT
XIIe-XIIIe DYNASTIE

Ce nom, qui signifie « Amon est en avant », a été porté par plusieurs pharaons de la XIIe dynastie et de la XIIIe dynastie.

XIIe dynastie

AMMÉNÉMÈS I
~1991 ~1962

Fondateur et premier souverain de la XIIe dynastie. Auparavant sans doute vizir du dernier pharaon de la XIe dynastie, Montouhotep IV, dont le règne fut si troublé que l'historiographie égyptienne ne le reconnut point. Ces troubles étaient-ils la cause ou la conséquence de la tentative de changement dynastique ? En tout cas, une fois au pouvoir, Amménémès I marqua nettement l'avènement d'une ère nouvelle en installant la capitale à Licht (en égyptien *Itchtaouy*, « qui saisit les deux pays »), dans le sud de la plaine memphite. Il s'efforça de rétablir un ordre très compromis par la guerre civile, rétablissant les découpages du cadastre traditionnel, et favorisant le recrutement d'administrateurs ; il inspira dans ce but la rédaction de la « Somme » (en égyptien *Kémyt*), compilation de formulaires, et l'*Enseignement de Chéty*, satire noircissant à l'extrême la condition des professions autres que celle du scribe. Amménémès I consolida les frontières par des opérations en Nubie, en Libye et en Palestine, et surtout par la construction du « mur du Prince », un système de forteresses défendant l'accès du Delta oriental contre les infiltrations asiatiques.

Il est clair que ce grand effort de liquidation des séquelles de la Première Période Intermédiaire ne put être mené à son terme. Ainsi, en Moyenne-Égypte, les nomarques maintinrent les traditions aristocratiques et régionalistes qui avaient ruiné l'Ancien Empire. C'est que la légitimité de la nouvelle dynastie était fragile. Certes, le pharaon s'employa à la renforcer en inspirant une œuvre de propagande, la *Prophétie de Néferty*, œuvre dans laquelle, à l'époque gratifiante du bon roi Snéfrou, un voyant prédisait que l'Égypte serait tirée d'une période de chaos grâce à un sauveur venu du Sud et nommé *Ameny*, hypocoristique transparent d'Amménémès. Il tenta aussi d'assurer la succession en prenant son fils, Sésostris I, comme corégent dès l'an XX de son règne. Rien n'y fit ; à la suite d'un complot fomenté dans le harem, il fut assassiné en l'an XXX de son règne, et enterré dans une pyramide qu'il avait érigée à Licht. Sésostris I inspira alors la composition d'un apocryphe, l'*Enseignement d'Amménémès I*, testament politique, défendant l'œuvre accomplie, et prônant sa poursuite à travers son successeur.

AMMÉNÉMÈS II

~1929 ~1895

Troisième pharaon de la XIIe dynastie, régna trente-huit ans, une partie en corégence avec Sésostris I, son père et prédécesseur, une partie avec Sésostris II, son fils et successeur. Il multiplia les relations commerciales avec les comptoirs exotiques, Pount, la Syro-Palestine, et même Chypre ; un trésor d'objets en métaux précieux, or, argent, dont certains de type égéen, fut déposé dans les fondations du temple de Tôd. Amménémès II entreprit d'importantes constructions dans le temple d'Hermopolis, et édifia sa pyramide à Dahchour, au sud de Saqqara.

AMMÉNÉMÈS III

~1843 ~1796

Sixième pharaon de la XIIe dynastie. Sous son long règne culminent cette dynastie et, plus généralement, le Moyen Empire, dans la mesure où l'État pharaonique était parvenu à ajuster au plus près son contrôle sur les ressources et les forces productrices de l'Égypte et des contrées voisines.

De fait, grâce au dispositif mis en place sous Sésostris III en Nubie, le commerce avec le Sud se trouvait régularisé. Au nord se développèrent sur la côte libanaise, autour de Byblos, des principautés dont l'élite dirigeante, très égyptianisée, se faisait l'intermédiaire entre l'Égypte et le Proche-Orient (Syro-Palestine, Égée).

Au demeurant, une abondante main-d'œuvre asiatique commença à s'établir, de gré ou de force, en Égypte. Mines et carrières furent intensivement exploitées : diorite de Nubie, granit d'Assouan, pierre dure du Ouâdi Hammâmât, calcaire de Toura, et surtout turquoise et cuivre du Sinaï.

La réforme administrative entamée sous Sésostris III avait abouti ; d'où multiplication de nouveaux titres et émergence d'une couche moyenne de petits fonctionnaires qui parvenaient à une aisance suffisante pour ériger à leur bénéfice des monuments funéraires inscrits.

Grâce à son contrôle des biens et des forces de production, Amménémès III mena une intense activité de bâtisseur, assujettissant les techniques à l'expression d'un classicisme austère. Il édifia deux pyramides ; la première à Dahchour, la seconde à Haouaral dans le Fayoum. Le temple funéraire attenant et la ville associée formaient un ensemble si complexe que les Grecs en firent un Labyrinthe ; d'autres vestiges sont encore visibles à Biahmou. Au demeurant, le culte funéraire du roi perdura jusqu'à l'époque gréco-romaine, où il était adoré sous le nom de *Lamarès*, d'après son deuxième nom *Nymaatrê*.

AMMÉNÉMÈS IV

~1799 ~1787

Septième pharaon de la XIIe dynastie ; régna une douzaine d'années dont quelques années de corégence avec son oncle (?) et prédécesseur Amménémès III. Il en prolongea l'œuvre : maintien des relations intenses avec l'Asie, construction de temples, en particulier au Fayoum.

XIIIe dynastie

Le nom d'Amménémès est porté par plusieurs pharaons de la XIIIe dynastie — Amménémès V, VI, VII —, dont les règnes furent brefs et demeurent obscurs.

AMOSIS

~1539 ~1514, XVIIIe DYNASTIE

Amosis est la transcription grecque de l'égyptien Iâhmes, « la lune est mise au monde ». À distinguer de « Amasis », autre transcription du même nom, mais porté par un pharaon de la XXVIe dynastie.

On fait commencer la XVIIIe dynastie avec Amosis, bien qu'il n'y ait pas rupture avec la XVIIe dynastie, le roi étant le petit-fils de Tétichéry, le fils d'Anhotep, et le frère de Kamès. C'est que son règne est marqué par un événement majeur : l'expulsion des Hyksôs qui occupaient l'Égypte depuis plus d'un siècle. On entrevoit que l'achèvement des guerres de libération commencées par Kamès demanda du temps et de la peine ; Avaris ne tomba qu'au terme d'un long siège. Il fallut, ensuite, éradiquer les bastions hyksôs de Palestine, écraser des chefs nubiens, qui, épisodiquement, tentaient de reprendre pied en basse Nubie, que l'Égypte venait de récupérer, châtier, enfin, des rébellions menées par des Égyptiens, collaborateurs des Hyksôs, ou, au contraire, compagnons de route des pharaons thébains tentés par l'ambition. Comme Amosis semble être monté encore enfant sur le trône, pendant une partie de son règne (~1539 ~1514) sa mère, Ahhotep, exerça une manière de corégence. Quand la situation politique fut devenue saine, probablement vers la 20e année de son règne, Amosis commença les grandes entreprises de restauration dont l'Égypte avait besoin. On rouvrit les mines et les carrières (calcaire de Maâsara, albâtre de Bisra, turquoise du Sinaï), et on rétablit les échanges traditionnels avec Byblos. L'activité monumentale se concentra essentiellement en Haute-Égypte, dans les régions qui avaient fait partie du cartel nationaliste de la XVIIe dynastie ; l'édification d'un cénotaphe pour lui-même et sa grand-mère Tétichéry valut à Amosis de devenir un saint patron à Abydos. Parallèlement, on commença à réorganiser les domaines des temples, en portant une attention particulière sur la gestion des revenus céréaliers.

La tombe d'Amosis reste à découvrir ; en revanche, nous connaissons sa momie qui, comme beaucoup d'autres, avait été déposée dans la Cachette de Deir el-Bahri afin d'être soustraite aux profanations des pillards.

Cf. Ahmès, fils d'Abana, Ahmès-Néfertary, Hyksôs.

ANCIEN EMPIRE

On appelle Ancien Empire la période qui, succédant à l'Époque thinite, comprend les IIIe, IVe, V^e^ et VIe dynasties (~2635 ~2140). La caractérise une organisation étatique perfectionnée, contrôlant systématiquement les biens et les hommes du pays et capable d'assurer la sécurité des frontières comme les approvisionnements en produits exotiques. Désormais, les appareils mis en place, grâce à leur efficacité, drainent assez de ressources et mobilisent assez d'énergie pour permettre aux pharaons d'édifier ces immenses monuments que sont les pyramides et leurs complexes. À l'aune de leur coût en matériaux et en travail se mesure le perfectionnement du système.

Installé à Memphis, la capitale, le pharaon règne sur une Égypte unifiée, centre d'un univers où quelques régions entrent, à des degrés divers, dans la mouvance égyptienne : l'oasis de Dakhla est intégrée au tissu économique et social du pays ; la péninsule du Sinaï est régulièrement exploitée par des expéditions plus minières que militaires ; la basse Nubie reste sous surveillance sévère, tandis que les contacts avec le Sud se font de plus en plus profonds non seulement avec le comptoir traditionnel de Pount, mais même avec les principautés de Dongola ; enfin Byblos et la côte libanaise demeurent d'indispensables partenaires commerciaux. Point de politique d'expansion en Asie, seulement des opérations de police pour mettre au pas les Bédouins agités, comme à l'occident les Libyens. Il n'est pas encore venu le temps du pharaon conquérant les contrées de Syro-Palestine.

En fait, le pharaon se préoccupe essentiellement de régler les affaires intérieures, en s'appuyant sur une classe de hauts dignitaires, vizir, hauts fonctionnaires ou responsables locaux par lui dépêchés, et qu'il récompense par des donations, des prébendes, souvent constituées par un sacerdoce du culte funéraire royal, de dons en espèce ou en service, particulièrement celui des artisans royaux pour la prise en charge des monuments funéraires. Ces hauts fonctionnaires supervisent un abondant personnel d'encadrement, bureaucrates possédant les techniques de l'écrit, qui évaluent, enregistrent, décomptent, archivent la production et gèrent les forces laborieuses.

Cette organisation socio-économique est justifiée par un système idéologique évidemment centré autour du pharaon, en principe propriétaire des terres et des ressources. Les différents secteurs d'activité correspondent à différents aspects de sa personne : biens propres de la couronne, fondations funéraires, temples funéraires et « villes de pyramide », palais, personnel s'occupant de son entretien quotidien, etc. La gestion des temples n'échappe pas, non plus, à la surveillance des agents royaux.

Apparemment donc, avec l'Ancien Empire, culmine aussi haut que la pyramide de Chéops la puissance du pharaon. Toutefois, une double contradiction se développe parallèlement. Dans l'idéologie d'abord : alors qu'à l'Époque thinite, dans un monde borné à l'expérience sensible, la position suprême dans la hiérarchie était celle du pharaon, elle devient celle du dieu solaire démiurge, à l'intérieur d'une conception plus universaliste. Le pharaon est relégué dans un rôle évidemment prestigieux, mais néanmoins subalterne, de vicaire terrestre de ce dernier — son « fils », métaphoriquement et mythologiquement. Ce vicaire, le démiurge l'élit comme bon lui semble, quitte parfois à provoquer une rupture dynastique (ainsi dans le mythe, dégradé en conte, et qui explique l'origine de la Ve dynastie par l'union du dieu solaire avec la femme d'un simple prêtre de Sakhebou pour en procréer les trois premiers pharaons).

Ensuite, contradiction dans la pratique du pouvoir. La conception qui prévaut à l'Époque thinite exige que les détenteurs des hautes dignités appartiennent à la famille du pharaon, dans la mesure où leur exercice implique d'être dépositaire, par apparentement, d'une parcelle de la puissance incarnée par le pharaon. Cette exigence disparaît progressivement, et, dès la Ve dynastie, les hautes charges peuvent échoir à des particuliers sans lien de sang avec le pharaon. Plus encore, ceux-ci, faisant fonds sur la coutume de transmission héréditaire de la fonction, tendent à se constituer en lignées quasi propriétaires de telle ou telle haute dignité. La même tendance se manifeste à l'échelle des institutions locales (temples funéraires des rois anciens, temples divins) ou des responsables locaux (nomarques), au point que dès la VIe dynastie se trouvent déjà formés des pouvoirs régionaux avec lesquels le pharaon doit compter, et même composer, ne serait-ce que par des alliances matrimoniales. Ainsi, malgré la précarité des sources, on entrevoit la naissance et le développement d'un processus d'autonomisation par rapport au pharaon, qui finira par entraîner l'effondrement de l'Ancien Empire, à la fin de la VIe dynastie.

Que l'Ancien Empire soit l'époque classique de la civilisation égyptienne, les Anciens eux-mêmes en étaient conscients pour l'avoir postérieurement érigé en modèle, tant bien que mal imité, et plutôt mal que bien. C'est à coup sûr à cette époque que les éléments fondamentaux de la culture furent sinon tous inventés — nombre affleurent déjà à l'Époque thinite —, du moins systématiquement codifiés et élaborés, et surtout hypostasiés dans des œuvres avec une perfection qui ne sera plus guère égalée. Car quel complexe monumental supporterait la comparaison avec celui de Djoser ou ceux des grandes pyramides ? Des pyramides, le Moyen Empire en construira encore, mais de moindres dimensions et de conception moins soignée. De même, les sculptures en ronde bosse ou en bas-reliefs reflètent, à l'Ancien Empire, une maîtrise insurpassable ; certes, des pièces plus tardives touchent parfois davantage grâce à leur légèreté : le buste de Néfertiti piquera la sensibilité épidermique, mais l'appréciation réfléchie du connaisseur se portera plutôt sur la statue de Rêhotep. De même, les objets d'orfèvrerie, les bijoux, les produits d'art mineur qu'un heureux hasard a soustraits aux dommages des millénaires proclament tous, au-delà d'une sobriété apparemment compassée, un savoir-faire auquel nulle autre époque ne saurait prétendre. Certaines techniques, comme les vases de pierre, s'étioleront après l'Ancien Empire.

Par ailleurs, au-delà des lacunes de la documentation, on devine que cette époque a produit des œuvres littéraires (sagesses) et aussi des traités religieux ou scientifiques (médecine) qui ont nourri la culture pharaonique jusqu'à son extinction. Seule la littérature d'imagination devra attendre le Moyen Empire pour ses classiques.

Aldred C., *Les Origines de l'Égypte ancienne*, Paris-Bruxelles, 1965.

Roccati A., *La Littérature historique sous l'Ancien Empire égyptien* (Littératures du Proche-Orient), Le Cerf, Paris, 1982.

Cf. IIIe dynastie, IVe dynastie, Ve dynastie, Pyramides.

ANKHOU

Vizir de la première partie de la XIIIe dynastie. D'origine thébaine, fils d'un vizir et de la fille d'un prophète d'Amon, ses deux fils Renséneb et Iymerou furent également vizirs, et il est vraisemblable que d'autres vizirs postérieurs appartiennent à sa famille. Par ailleurs, Ankhou maria une de ses filles, Sénebhénaes, au « directeur d'office » Oupouaouthotep, descendant d'une puissante famille d'Abydos. À une période où les pharaons se succédaient à un rythme allègre, Ankhou eut à servir plusieurs rois, dont Sébekhotep II, Khendjer, Sébekhotep III. On le voit toucher, avec d'autres hauts dignitaires, des allocations en nature dans la salle des fêtes de la cour de

Thèbes, être chargé par décret royal d'intervenir dans des conflits de juridiction portant sur les travailleurs de force, confier à un « directeur de phylé » d'Abydos le nettoyage du temple avant la visite du pharaon, dresser des statues à ses parents, et, inversement, être honoré sur les monuments de ses fils et de ses collaborateurs.

Cf. XIIIe dynastie, Sébekhotep.

ANKHTYFY

Une des plus fortes personnalités de la IXe dynastie, dont la carrière a traversé le règne fort obscur de Néferkarê. Ankhtyfy a été enterré à Moalla, la nécropole de l'ancienne Héfat, entre Thèbes et El-Kâb, dans une tombe décorée de peintures en un curieux style provincial, et inscrite d'une longue autobiographie riche d'informations sur le début de la Première Période Intermédiaire. Nomarque du nome de Nékhen, Ankhtyfy succédait à un certain Hétep. Il fut par ailleurs choisi, par un oracle ou par le pharaon, comme nomarque du nome voisin d'Edfou pour y rétablir un ordre disparu dans la tourmente de l'époque. Ce qu'il fit efficacement, plaçant, en outre, dans sa mouvance le nome d'Éléphantine (d'où son titre de « directeur des pays étrangers, directeur des dragomans »). Durant la famine, il réussit non seulement à nourrir sa province, mais encore à envoyer du grain jusqu'à Dendara. Ankhtyfy affronta les premiers surgeons des ambitions thébaines et mena plusieurs expéditions, évidemment présentées comme victorieuses, contre la coalition formée par Thèbes et Coptos. Son autobiographie n'est pas sans qualité littéraire, mais exige une solide maîtrise de l'égyptien.

Vandier J., *Mocalla* (Institut français d'archéologie orientale, bibliothèque d'étude XVIII), Le Caire, 1950.

ANTEF

XIe, XIIIe, XVIIe DYNASTIES

Le nom d'Antef, comme celui de Montouhotep, a été porté d'une part par des pharaons de la XIe dynastie, d'autre part par des pharaons de la fin du Moyen Empire et de la Deuxième Période Intermédiaire.

XIe dynastie

— Antef I (nom d'Horus : Séhertaouy) : sans doute le premier des potentats thébains à s'être explicitement proclamé pharaon, encore que le même titre ait été attribué rétrospectivement à son père Montouhotep I (~2115 ~2068 pour les deux). Enterré dans l'Assassif.

— Antef II (nom d'Horus : Ouahankh) : son long règne (~2115 ~2066) est marqué par la guerre avec le royaume d'Héracléopolis ; les deux armées s'affrontent dans la région d'Abydos et s'emparent puis perdent tour à tour This. En définitive, Antef IIfinit par étendre son royaume un peu plus au nord, aux confins du nome d'Hypsélis. Dans sa tombe, déjà pillée sous la XXe dynastie, a été retrouvée une stèle où il est représenté en compagnie de ses chiens familiers, désignés par leurs noms (d'origine berbère).

— Antef III (nom d'Horus : Nektnebtepnefer) : fils du précédent, s'efforça durant son court règne (~2066 ~2059) de consolider les positions acquises par ses prédécesseurs.

Fin du Moyen Empire et Deuxième Période Intermédiaire

Outre un obscur Antef IV de la XIIIe dynastie, plusieurs pharaons de la XVIIe dynastie ont porté le nom d'Antef, sans doute avec référence consciente aux Antef de la XIe dynastie, auprès des tombes desquels ils édifièrent les leurs, à Dra Abou'l Negga. C'est qu'eux aussi entendaient refaire l'unité de l'Égypte à partir de Thèbes.

— Antef V (deuxième nom : Noubkheperrê) pourrait bien être le fondateur de la XVIIe dynastie (environ 1650 av. J.-C.). En épousant Sébekemsaf, descendante d'une puissante famille de gouverneurs d'Edfou, eux-mêmes liés par des alliances matrimoniales aux pharaons précédents, Antef V entendait s'assurer la fidélité des provinces de Thébaïde pour constituer un cartel susceptible de tenir en respect le pouvoir hyksôs. Dans ce cartel figuraient Coptos et Abydos. Antef V déposa un haut responsable du temple de Coptos, coupable d'une grave faute (malversations ?), et construisit dans le temple d'Abydos. Il eut sans doute à guerroyer pour avoir obtenu l'épithète de « victorieux ».

— Antef VI (deuxième nom : Sekhemrê-oupmaât) et Antef VII (deuxième nom : Sekherrirê-herhermaât), fils de Sébekemsaf II, régnèrent très peu de temps et ne sont connus que par les vestiges de leurs tombes.

Cf. Deuxième Période Intermédiaire, XIe dynastie, XVIIe dynastie, Montouhotep, Première Période Intermédiaire.

ANTEFIQER

Antefiqer exerça la fonction de vizir au moins depuis la corégence d'Amménémès I et de Sésostris I, et durant une grande partie du règne seul de ce dernier. En raison de cette fonction éminente, il supervisait toutes les grandes entreprises : ainsi, les chantiers de construction d'un édifice à Abydos, les expéditions aux mines d'améthyste du Ouâdi el-Houdi, ou encore aux rivages de Pount, sur la côte soudanaise. Par ailleurs, Antefiqer prit part à des opérations militaires en Nubie et fit bâtir une forteresse en un lieu stratégique. Sa glorieuse carrière fut assombrie par le triste sort de son fils, appelé, lui aussi,

Antefiqer, lequel, pour avoir commis une grave faute, subit un châtiment magique, sous forme d'envoûtement d'une figurine à son nom (sans compter d'autres punitions bien matérielles, celles-là). Le vizir Antefiqer a édifié un mastaba à Licht, et aussi une tombe à Thèbes, sans doute plus spécialement destinée à sa mère Sénet, et à son épouse.

APOPHIS
XVe DYNASTIE

Avant-dernier roi de la XVe dynastie, le moins mal connu des Hyksôs. Sous son long règne (plus de trente-trois ans), il agit en pharaon égyptien, construisant dans les temples (ainsi, à Gébélein), faisant recopier les œuvres du passé (ainsi le traité mathématique du papyrus Rhind), et définissant son pouvoir à travers une topique et un formulaire authentiquement égyptiens, jusqu'à changer trois fois de nom de couronnement pour scander idéologiquement les phases de son règne.

Pourtant, d'après le conte intitulé *La querelle d'Apophis et de Séqenenrê*, il aurait rompu le *modus vivendi* avec la XVIIe dynastie en imposant à Séqenenrê une exigence humiliante sous une formulation allégorique. En tout cas, c'est bien lui que visa à affaiblir Kamès en massacrant son collaborateur égyptien de Néfrousy et en défaisant son allié, le prince de Kouch. Ainsi, le pouvoir d'Apophis vacilla à la fin de son règne sous les coups des nationalistes thébains qui allaient emporter son successeur Khamoudy.

Cf. XVIIe dynastie, Hyksôs (XVe dynastie), Kamès, Séqenenrê Taâ.

APRIÈS
~589 ~570, XXVIIe DYNASTIE

Fils de l'ambitieux Néchao II, il intervint en Phénicie. En

dépit de son appui, Jérusalem, révoltée contre Babylone, fut reprise par Nabuchodonosor et le peuple juif déporté. L'Égypte accueillit quelques fuyards dont le prophète Jérémie. Apriès intervint aussi vers l'ouest pour aider les tribus libyennes contre les Grecs de Cyrène. L'insuccès du corps expéditionnaire égyptien se retourna contre lui et lui coûta le trône. Ce malheureux roi saïte est moins connu par les monuments et par les traditions qu'Amasis qui le supplanta.

ASIE

Dans l'Égypte ancienne, le cours du Nil marque la frontière entre l'Afrique et l'Asie ; l'Égypte se trouve donc à la charnière de ces deux continents. Bien entendu, l'Asie de la civilisation pharaonique est une réalité bien plus restreinte que celle que connote le terme pour nous, modernes. C'est essentiellement le Proche-Orient.

Pendant la gestation même de la civilisation pharaonique, une forte influence asiatique s'était exercée ; en particulier, l'inspiration mésopotamienne est perceptible, à la Période prédynastique, à travers les thèmes iconographiques et certains objets comme les sceaux-cylindres. Durant toute son histoire, l'Égypte des pharaons eut à entretenir des relations avec le monde asiatique.

D'abord en raison de l'exploitation de son désert oriental : galène du Gebel Zeit, mines d'or de Barramîya et de Samut, mines d'or et pierre de *békhen* (greywacke) dans la région du Ouâdi Hammâmât. Ce Ouâdi Hammâmât était, de plus, une voie de passage : démontés à Coptos, les bateaux étaient transportés à travers elle jusqu'au littoral de la mer Rouge, et, là, remontés dans les ports (Qoseîr, Ouâdi Gaouasis), d'où partaient les expéditions vers l'Afrique (Pount) ou vers la péninsule du Sinaï et ses indispensables mines de turquoise et de cuivre (Sérâbit el-Khâdim, Ouâdi Maghara). Ce faisant, les Égyptiens ne manquaient pas de rencontrer des Asiatiques nomades, parfois pacifiques et prêts au troc, le plus souvent hostiles, et menaçant leurs corps expéditionnaires et leurs installations.

Ensuite, parce que les marches orientales du Delta constituaient une zone de contact permanent ; la frontière, qui s'étendait entre le littoral méditerranéen et la bouche pélusiaque, d'une part, et le golfe de Suez, d'autre part, était bordée par une série de lacs, le lac d'Horus, à proximité de l'extrémité orientale de l'actuel lac Menzala, le lac Balah, le lac Timsah et les lacs Amers. Les passages s'effectuaient surtout à travers deux voies. D'une part, le Ouâdi Toumilat qui débouchait sur le lac Timsah ; actuellement desséché, il demeura couvert d'étendues marécageuses ou broussailleuses durant une large partie de la civilisation égyptienne. Son accès était défendu par la ville de Pithôm, et les traditions bibliques l'ont élu comme une des routes de l'Exode. D'autre part, la dépression d'El-Qantara, commandée, au Nouvel Empire, par la forteresse de Silé, et reliée au lac d'Horus et à la branche pélusiaque par un canal. C'était — jusqu'à son ensablement à la fin du deuxième millénaire avant Jésus-Christ — la principale artère de communication avec la Méditerranée et le Proche-Orient ; son port majeur avait été ménagé non sur le littoral, mais dans le Delta, à la limite du désert et des terres cultivées ; là fut fondée Avaris, qui devint la capitale des Hyksôs, puis Pi-Ramsès. Quand la branche pélusiaque fut inutilisable, la branche tanitique, un peu plus au nord, servit de voie de communication avec l'Asie.

Ces voies de passage fonctionnaient, bien sûr, à double sens. Les Égyptiens les empruntaient, mais aussi, en sens inverse, les Asiatiques. L'archéologie révèle, en effet, la présence, souvent ancienne, de leurs établissements le long des axes qui traversent les marches orientales du Delta ; leur importance varie avec les circonstances historiques.

Durant l'Ancien Empire, les relations avec l'Asie demeurent plutôt ponctuelles — opérations de police sur les bords de la mer Rouge contre les nomades qui menacent les installations portuaires, expéditions au Sinaï, et surtout à Byblos, sur la côte libanaise, où les Égyptiens venaient chercher le bois de charpente (pin et cèdre) qui leur faisait tant défaut. La pression asiatique s'était tellement accrue sur les bordures orientales de la Basse-Égypte que les pharaons d'Héracléopolis, pendant la Première Période Intermédiaire, durent établir un vaste dispositif défensif.

Apparemment insuffisant. Car Amménémès I, le premier souverain de la XIIe dynastie, se vante d'avoir mis un terme aux infiltrations asiatiques, avant lui incessantes, grâce à un système de fortifications appelé « le mur du Prince ». Par ailleurs, la nouvelle dynastie intensifia l'exploitation du Sinaï et les liens commerciaux avec Byblos, où régnaient, désormais, des potentats indigènes fortement égyptianisés, et s'ouvrit davantage sur le monde syro-palestinien. Les « textes d'exécration » montrent une bonne connaissance de la géographie politique de ces contrées (jusqu'à la région de Damas), tandis que le *Roman de Sinohé* sensibilise les classes dirigeantes à leur exotisme. Quelques expéditions militaires — dont l'une ponctuée par la prise de Sichem — s'imposent parfois pour assurer la régularité des importations de bétail, mais surtout de cuivre, d'or, de lapis-lazuli et de pierres précieuses, et d'objets manufacturés locaux ou importés de Chypre et du monde égéen ; quatre coffrets pleins de ces produits et objets avaient été enfouis dans les fondations du temple de Tôd, au nom d'Amménémès II.

Parallèlement se développe une importante immigration d'Asiatiques en Égypte ; ils viennent s'engager comme domestiques, ou sont enrôlés de gré ou de force comme travailleurs dans les grands services de l'État. À Avaris, le grand port ouvert sur l'Asie, les Asiatiques constituent déjà une importante colonie à la fin de la XIIe dynastie. Et vers le milieu de la dynastie suivante, ils ne sont pas la moindre composante d'une principauté qui s'arrache à la sujétion des pharaons thébains, préparant, pour ainsi dire, le terrain à la mainmise des Hyksôs sur l'Égypte, quelques décennies plus tard. Ceux-ci établirent un empire à cheval sur l'Égypte et le monde palestinien.

Aussi est-ce jusqu'en Palestine que les pharaons du début de la XVIIIe dynastie durent éradiquer la domination hyksôs. C'était le préalable à une nouvelle politique asiatique de l'Égypte qui allait établir sur la Syro-Palestine, pendant le Nouvel Empire, un protectorat, garanti par des garnisons égyptiennes implantées aux endroits stratégiques, et conforté par de subtils jeux diplomatiques, mariages et otages inclus. Elle le défendit tant bien que mal contre l'appétit des impérialistes concurrents du Mitanni, puis de l'Empire hittite. Comme souvent, la culture des vaincus imprégna celle des vainqueurs, et l'Égypte accueillit largement les produits et les techniques asiatiques. Avec les choses arrivèrent les mots ; la langue égyptienne s'enrichit d'un opulent stock de termes « asiatiques », certains hourrites, voire indo-européens, mais la majorité sémitiques. Plus encore, une véritable mode sémitisante s'abattit en Égypte, favorisée, il est vrai, par le statut de langue diplomatique d'une langue sémitique. Désormais, tout lettré se doit de maîtriser les idiomes cananéens ; parfois même le terme sémitique s'impose là où l'égyptien est, par ailleurs, bien pourvu ; la mode se fait presque snobisme. Jusqu'aux divinités asiatiques de s'introduire dans le panthéon égyptien, pourtant densément peuplé ! Bien évidemment, les hommes accompagnaient les mots, les choses et les divinités : de nombreuses colonies asiatiques s'implantèrent en Égypte, et, par exemple, à Pérounéfer, le grand port de Memphis. Beaucoup étaient des travailleurs assujettis aux tâches les plus humbles et les plus rudes — c'est le contexte de l'Exode —, mais d'autres réussirent de brillantes carrières dans la haute administration égyptienne, et parvinrent jusqu'à la cour, souvent avec le titre d'« échanson royal ».

Après le Nouvel Empire, les prétentions de l'Égypte à dominer l'Asie tombèrent de haut ; il en était bien conscient, ce prince de Byblos qui, sous la XXIe dynastie, rabroua cruellement l'envoyé d'Amon, Ounamon, en lui signifiant qu'était désormais révolu le temps des arrogances hégémoniques. De fait, les campagnes de Chéchanq I en Palestine marquent le chant du cygne de l'impérialisme égyptien ; encore aboutirent-elles non à l'assujettissement politique de la monarchie hébraïque, mais simplement au renforcement de ses liens culturels avec l'Égypte ; ainsi l'emprunt littéral de certains livres bibliques aux sagesses égyptiennes, ou encore l'utilisation de la numération hiératique dans les comptabilités du royaume d'Israël. Par la suite, les Égyptiens regardèrent vers l'Asie non avec la moue gourmande des conquérants, mais en supputant les appétits du prochain envahisseur. Ils subirent les Assyriens, puis, à deux reprises, les Perses. Pendant les intermèdes d'indépendance, les relations se bornaient au commerce, et les rares tentatives militaires de Taharqa ou de Néchao II tournèrent court.

Cf. Amménémès I, Chéchanq I, Hittites, Hourrites, Hyksôs, Néchao II, Ramsès II, Séthy I, Sinohé, Taharqa, Thoutmosis III.

AUTOBIOGRAPHIE

Si le genre autobiographique tient une telle place dans la production écrite de l'Égypte pharaonique, c'est qu'il s'est développé sous l'impulsion des croyances en la survie. En effet, pour survivre dans l'au-delà, le défunt a besoin que les vivants récitent, à son bénéfice, les formules nécessaires, en particulier les formules d'offrandes.

Encore faut-il les y décider. Or le passant qui déchiffre les inscriptions d'un monument funéraire est d'autant plus enclin à prononcer ces formules qu'il juge son possesseur un homme de bien, car dans l'au-delà, celui qui fut un homme de bien a l'oreille des divinités, et, dès lors, peut utiliser son crédit auprès d'elles en faveur de ceux qui, sur terre, prononcent les formules à son bénéfice. Pour enclencher le cycle de la réciprocité, rien de tel qu'un autoportrait flatteur. C'est le but de l'autobiographie, qui, en général, suit l'énoncé du titre et du nom.

Elle se borne, souvent, à une accumulation de clichés, puisés dans des répertoires convenus et qui décrivent le caractère idéal et les normes du comportement ; par exemple : « je suis quelqu'un au cœur juste », « un vrai silencieux, au caractère excellent », « j'ai donné du pain à l'affamé, de l'eau à l'assoiffé », etc. D'autres répertoires s'adaptent aux différents secteurs d'activité professionnelle ; ainsi, un prêtre se targuera d'avoir « les bras purs en accomplissant le rite », tandis qu'un courtisan se flattera d'avoir été « un confident du roi devant les deux pays ».

Le terme « cliché » ne doit pas tromper ; leurs libellés et leurs répertoires varient selon les époques, et en reflètent l'esprit et les tendances majeures. Ainsi, dans les périodes de désordre, l'accent est mis sur l'exaltation de la réussite personnelle, mais, la monarchie est-elle puissante que les clichés chantent des proclamations loyalistes.

Il y a plus. Parfois, l'autobiographie devient histoire personnelle, quand son auteur juge édifiant et gratifiant le récit de sa vie et de sa carrière. C'est alors une providence pour l'historien, qui y trouve souvent des informations détaillées. Il est plus d'une époque où les autobiographies constituent des sources majeures. Que serait l'égyptologie sans l'autobiographie d'Ouni, pour la VIe dynastie, celle de Khnoumhotep pour le début de la XIIe dynastie, celle d'Ahmès, fils d'Abana, pour la naissance du Nouvel Empire, et encore sans celles de Bakenkhonsou, des prêtres d'Amon de la Troisième Période Intermédiaire, de Oudjahorresné, de Smataouytayfhakht, de Djedher le Sauveur et de Pétosiris à la Basse Époque ?

Cf. Ahmès, fils d'Abana, Oudjahorresné, Ouni, Sinohé.

AVARIS

En égyptien *Hout-Ouâret*, « le château du terrain en pente » ; port fluvial situé dans le Delta oriental, sur la branche pélusiaque, à la limite des terres cultivables ; aussi le dieu local était-il Seth, maître des espaces inhabités. Du fait de sa position géographique, Avaris contrôlait le débouché des « chemins d'Horus », voie de passage vers l'Asie, et, en particulier vers Byblos et la côte phénicienne. Elle avait donc une fonction à la fois stratégique et commerciale. D'où l'intérêt des pharaons qui fortifièrent le site sous les dynasties d'Héracléopolis, ou y installèrent leur résidence d'été au Moyen Empire. L'intensification du commerce avec Byblos fit croître la colonie asiatique, qui avait pris en charge l'industrie du cuivre importé de Chypre. C'est d'une ville à forte population étrangère que Néhesy fit la capitale du royaume fondé par lui sous la XIIIe dynastie, vers ~1720, et qui fut submergée au milieu du XVIIe siècle par un nouvel afflux d'Asiatiques, les Hyksôs. Après la capture de Memphis, ils imposèrent leur domination sur l'Égypte à partir d'Avaris. Laquelle fut bien évidemment pillée lors de la libération de l'Égypte sous Amosis. Mais si avantageuse était sa position que Ramsès II choisit d'édifier Pi-Ramsès, sa nouvelle capitale, sur son emplacement, avant que l'ensablement de la branche pélusiaque eût condamné le site à l'abandon. L'archéologie moderne a retrouvé Avaris autour de Tell el-Dabâ.

Bietak M., *Avaris and Piramesse, Archeological Exploration in the Eastern Nile Delta* (Mortimer Wheeler Archeological Lecture), Oxford, 1981.

Cf. Ahmès, fils d'Abana, Amosis, Dynastie, Hyksôs, Kamosis.

BÉRÉNICE

Le nom féminin est surtout connu grâce à Racine, comme celui de la jeune princesse juive de la famille des Hérodes que l'empereur romain Titus renonça à épouser, « malgré lui », « malgré elle ». En fait, il s'était diffusé dans les milieux hellénisés de l'Orient qui furent soumis un temps aux Ptolémées d'Égypte, et de gréco-macédonien qu'il était, il est devenu typiquement égyptien. Porté par la mère de Ptolémée II en l'honneur de qui fut notamment dénommé le fameux port de Bérénice sur la mer Rouge, il passa de mère en fille au sein de la dynastie (sans parler des sujettes). On compte quatre reines d'Égypte et au moins deux princesses célèbres appelées Bérénice. Bérénice II, ayant consacré une mèche de ses cheveux à la divinité en formulant le vœu que son époux Ptolémée III Évergète revienne sain et sauf de la guerre (~246), un miracle, que le poète Callimaque chanta en grec, transporta dans le ciel boréal la Chevelure de Bérénice qu'on peut observer désormais entre le Bouvier et le Lion. Sa propre fille mourut adolescente en ~238. Les prêtres de l'Égypte entière, alors réunis en synode dans la ville de Canope, proclamèrent l'apothéose de cette nouvelle incarnation de l'Œil de Rê et instaurèrent dans le détail le culte national de cette petite Bérénice, « reine des vierges ». Autre poésie raffinée, mais à la manière pharaonique : les scribes sacrés conçurent pour coiffer ses statues commémoratives une couronne composite formée de quatre objets qui étaient autant d'hiéroglyphes écrivant le nom Bérénikè et symbolisaient la puissance divine et les promesses de fécondité de la jeunesse.

Cf. Ptolémée, Reines.

BOCCHORIS

~720 ~715, XXIVe DYNASTIE SAÏTE

Fils du prince (et roi ?) saïte Tefnakht, cet unique représentant de la XXIVe dynastie manéthonienne poursuivit l'œuvre politique de son père. Durant six ans, Saïs imposa son propre pharaon à Memphis, à Tanis, à Héracléopolis. Chabaka, roi de Kouch, vainquit Bocchoris et le fit brûler vif comme rebelle. Le malheureux est connu par quelques monuments dont deux vases, l'un antique, l'autre copie du XVIIIe siècle, découverts en Italie (d'où le nom de « tombe de Bocchoris » attribué à une sépulture étrusque de Corneto). Une riche tradition romanesque entoura son souvenir. Bocchoris y fait figure de législateur bienfaisant aux pauvres et de juge avisé. C'est de son temps qu'un agneau aurait prophétisé les malheurs des invasions étrangères et annoncé une rédemption ultime de l'Égypte. Selon toute vraisemblance, le pittoresque portrait qu'Hérodote trace de Mykérinos, le sage bâtisseur de la troisième pyramide, est nourri d'anecdotes relatives à Bocchoris.

Cf. Éthiopienne (Dynastie), Saïs, Saïtes (Dynasties), Troisième Période Intermédiaire.

BOUTO

Cette ville, sise dans l'extrême nord du Delta occidental, à proximité des marais, portait dès l'époque archaïque le nom de *Pé-et-Dep*, signe probable de la dualité de l'établissement primitif. Sa divinité principale était la déesse Ouadjyt, à la fois le cobra-uraeus qui orne le front de Pharaon, le génie de la couronne rouge du Nord et une dangereuse lionne. La forme grecque *Bouto* cache le terme égyptien signifiant « la maison d'Ouadjyt ». Horus de Pé, prototype royal, y reçut également un culte durable. La tradition la plus constante situait dans les bords lacustres de Bouto le fourré de Chemmis où Horus, suivant sa mère Isis, s'était réfugié et d'où il sortit pour conquérir son trône. Dès l'Ancien Empire, selon la symbolique rituelle, Pé-et-Dep est symétrique d'Hiérakonpolis (*Nekhen*). Le *pschent* résulte de l'union d'Ouadjyt avec Nekhebet, « la branche de Nekhen », le génie de la couronne blanche de Haute-Égypte, implantée dans la prédynastique cité d'El-Kâb. Aux « âmes » divines d'Hiérakonpolis font pendant les « âmes » de Bouto. Ces parallélismes relèvent clairement de la conception selon laquelle l'union équilibrée des deux terres réalise la plénitude du pouvoir et l'harmonie de l'univers.

Cependant, plusieurs vieux rituels — l'incantation pour encenser l'uraeus, le mime des funérailles royales, la consécration du sanctuaire, etc. —, d'apparence archaïque, ne font allusion qu'à Bouto et aux villes voisines, comme s'ils ne concernaient que cette seule région.

Les historiens n'osent plus affirmer qu'il exista à la fin du IVe millénaire, un « royaume de Bouto, » dont la conquête par le Sud aurait unifié le pays et inauguré les temps historiques. Mais il serait caricatural de soutenir que Bouto n'aurait été qu'une frontière imaginée par la pensée dualiste pour faire pendant à Hiérakonpolis. Des sondages profonds ont récemment démontré que l'occupation humaine y remontait au début du IIIe millénaire. Point cardinal de l'organisation imaginaire de l'espace, centre de culte immémorial du cobra souverain, Bouto fut, au VIIIe siècle, incluse dans la principauté de Saïs. Hérodote rapporte que l'oracle de sa déesse était le plus vénéré des Égyptiens. Refondé par les Saïtes, son grand temple, brimé sous Xerxès, se vit restituer par le satrape Ptolémée les biens fonciers que le pharaon insurrectionnel Khabbach lui avait garantis.

BUBASTIS

Ville du Delta oriental, située sur la branche la plus orientale du Nil, en un point où le bassin de cette branche est étroitement contigu au bassin de la branche tanitique et à une vingtaine de kilomètres à l'ouest du débouché du Ouâdi Toumilat. Le site, près duquel se développe Zagazig, moderne métropole régionale, garde son nom antique : Tell Basta. Bubastis s'appelait primitivement Bast, d'où dérive le nom de la déesse Bastet (« Celle de Bast »), et fut connue plus tard comme « la maison de Bastet » (d'où le grec *Boubastis*, latin *Bubastis*). La fondation de la localité et son culte de la déesse à tête de lion remontent aux premières dynasties.

Placée dans la mouvance du panthéon héliopolitain, Bastet est une variante locale de Sekhmet, personnification féminine de la force dangereuse mais exorable du soleil. Elle fut reçue comme une patronne du souverain dans les temples royaux de l'Ancien Empire et le culte de cette « dame de la vie des Deux Terres » s'implantera durablement au nord de Memphis (Bubastiéion et cimetière souterrain des chats à Saqqara).

L'importance prise par Bubastis à la VIe dynastie est attestée sur place par les restes de constructions de Téti et de Pépy I et par une nécropole privée. Son temple sera embelli par toute une série de pharaons, d'Amménémès I à Nectanébo II. Le prestige de ses médecins et de sa « maison de vie » fut reconnu sous les Ramsès. La position stratégique de Bubastis y amena sans doute l'implantation des Libyens Mechouech durant la Période tanite.

Chéchanq I et plusieurs représentants de sa dynastie se qualifient de « fils de Bastet » et l'anthroponymie de l'Égypte libyenne reflète la popularité croissante de celle-ci. La dévotion zoolâtrique reconnaît désormais dans les chats une manifestation de Bastet (merveilleux bronzes saïtes du cimetière animal de Bubastis). La dévotion pour celle qu'on tient pour « l'âme d'Isis » devient universelle.

Selon Hérodote, ses joyeuses panégyries avaient le meilleur indice de fréquentation de toute l'Égypte.

CACHETTES ROYALES

Gardée par la police, protégée par un fortin, la Vallée des Rois où l'hypogée royal était creusé, « nul ne voyant, nul n'entendant », était assurément sacro-sainte. L'accès des sépulcres, muré et remblayé, n'en était pourtant pas secret, notamment pour l'administration et pour les ouvriers de la Tombe. On constate d'ailleurs que même des tombeaux retrouvés inviolés de nos jours ne sont pas rigoureusement indemnes : lacunes et désordres chez Toutânkhamon (sans doute conséquences d'un transfert), nombreux enlèvements d'objets précieux chez les beaux-parents d'Aménophis III, sans parler de la mystérieuse tombe 55 de Semenekhkaré (?) au contenu incohérent, et saccagé par des persécuteurs, ou de la non moins énigmatique cache de bijoux oubliés dans le caveau 56. Vindictes officielles et indélicatesses tranquillement sacrilèges !

Les atteintes aux défunts se généralisèrent tragiquement vers la fin du Nouvel Empire. La poussée de convoitises qui ravagea finalement toutes les tombes, royales et privées, de la rive gauche de Thèbes est bien connue par les procès-verbaux d'enquêtes qui furent menées pour détecter, évaluer et réprimer les pillages commis par de petites bandes qui se formaient dans le personnel des temples funéraires et parmi les « ouvriers de la Tombe ». Les constats conservés portèrent sur les nécropoles des XIe et XVIIe dynasties (Dra Abou'l Negga), sur la Vallée des Reines, sur les hypogées et temples funéraires royaux. Sous Ramsès IX, sur un fond de pénurie, de grèves, d'incursions libyennes et de forfaitures en haut lieu : les dégâts sont considérables, encore que, couvert par le vizir, le préfet de l'Ouest, responsable de la nécropole, s'applique à en atténuer l'ampleur, au grand scandale de son collègue de l'Est. Sous Ramsès XI, dans un contexte de famine, de guerre civile et de compétitions pour le pouvoir : l'enquête est plus vigoureuse et plus convaincante, mais le mal court, irrémédiablement. En leur quasi-totalité, les sépultures des rois et des reines sont forcées, leur mobilier malmené, les objets de métal et les précieuses parures des morts dérobés.

À l'avènement de la théocratie, Herihor en est réduit à restaurer les momies de Séthy I et de Ramsès II, replacées dans des cercueils d'emprunt. La confiance ne revient pas sous la XXIe dynastie : les morts sont désormais regroupés dans des hypogées collectifs (seconde cachette de Deir el-Bahri, dite « des prêtres d'Amon »). Les pontifes thébains se préoccupent de préserver au moins les dépouilles meurtries des « grands dieux ». Sous Pinodjem I, de nombreuses inspections sont faites, les emmaillotements de plusieurs momies royales sont renouvelés. À la suite de divers regroupements, les corps de la plupart des souverains du Nouvel Empire aboutissent dans deux cachettes, couchés, sauf exception, dans des cercueils de récupération et privés de tout bien :

— La tombe d'Aménophis II (ouverte par Loret en 1898), déjà saccagée, abrita, outre ce roi lui-même, Thoutmosis IV, Aménophis III, Siptah, Séthy II, les Ramsès de IV à VI et trois anonymes (dont la femme qui serait Tiyi, épouse d'Aménophis III, selon une expertise médicale encore discutée). Le dépôt avait été fermé sous Pinodjem I.

— La « cachette royale » de Deir el-Bahri (découverte par les Abd el-Rassoul dans les années 1870 et vidée par l'équipe de Maspéro en 1881). Cet hypogée foré dans une anfractuosité de la falaise, en marge du cirque de Deir el-Bahri, contenait deux séries d'inhumations :

a) une collection de morts « clochards » des XVIIe-XXe dynasties : Seqenenrê, Amosis, Aménophis I (plus huit dames et deux princes de sa proche famille), les trois premiers Thoutmosis, Ramsès I, Séthy I, Ramsès II, Merenptah, Ramsès III, Ramsès IX ;

b) les momies dans leur cercueil d'origine (sauf exception), et accompagnées d'un mobilier funéraire plus ou moins important, du grand prêtre et roi Pinodjem I, de ses successeurs, les grands prêtres Masaharta et Pinodjem II, et de six reines et princesses de la famille pontificale. On discute ferme pour reconstituer la chronologie des transferts qui constituèrent cette double morgue d'éternité. Selon la dernière théorie présentée, la cachette aurait été créée par Pinodjem II, désireux de mettre ses proches parents et lui-même à l'abri et de sauver avec eux les saints rois de jadis. Elle reçut au moins un dernier hôte sous Chéchanq I.

Cf. Vallée des Rois.

CAMBYSE
~525 ~522, XXVIIe DYNASTIE

Ce deuxième roi des Perses et des Mèdes régna deux ans sur l'Égypte, fondant la XXVIIe dynastie. Son père, l'illustre Cyrus, avait déjà réuni sous son sceptre l'Iran, l'Anatolie et l'empire de Babylone. En ~525, la grande armée perse écrase Psammétique III près de Péluse et s'empare de Memphis. Cambyse est instauré pharaon par le clergé même de Saïs, ville-mère de la dynastie précédente. Cette acceptation immédiate d'un étranger, brutalement venu de loin, dans la théologie dynastique des Égyptiens, est une grande date. C'est comme si, faisant foin de toute susceptibilité chauvine, la doctrine du vaincu, postulant l'omnipotence cosmique du prince, s'appropriait d'emblée le pouvoir, effectivement œcuménique, du vainqueur.

Un taureau Apis vint à mourir ; son splendide sarcophage fut gravé d'une dédicace au nom de Cambyse. Hérodote rapportera, pourtant, que ce dernier avait tué de sa main l'animal sacré et s'étendra sur la démesure, la folie, la cruauté du fils de Cyrus comme sur les échecs qu'il subit en Éthiopie et dans le désert libyque. Le prétendu meurtre d'Apis est un de ces traits par lesquels, au ve siècle, des Égyptiens en vinrent à stigmatiser les dominateurs étrangers comme des profanateurs. Rejoignant la mauvaise presse que l'opinion perse fit à Cambyse sous Darius, les rancunes qui commençaient à se manifester en Égypte contre les occupants asiatiques ont nourri chez Hérodote la caricature qu'il trace d'un tyran fou, survenant entre deux sages fondateurs, Cyrus et Darius.

CÉSAR

Le nom fameux du conquérant des Gaules, du Jules qui franchit le Rubicon, allait faire durant trois siècles une belle carrière dans le *Who was who* des pharaons. Cette carrière commence en ~43 lorsque l'enfant que le dictateur romain a eu de Cléopâtre VII accède au trône comme associé de sa mère, sous le nom de « Ptolémée surnommé César, aimé de son père, aimé de sa mère ». Ce pauvre garçon, ridiculisé sous le sobriquet de Césarion, « le petit César », fut tué en ~30 par les agents du Pharaon-César suivant : Octavien, son demi-frère que le divin Jules avait adopté à la romaine pour son fils et héritier et que sa victoire sur Marc Antoine et Cléopâtre porta sur le trône d'Égypte.

En ~27, le Sénat et le peuple romain sacralisent les pleins pouvoirs de l'*imperator*, autocrate militaire, en lui conférant la sainte dignité d'*augustus*. La titulature latine de l'empereur Auguste est traduite en grec, qui demeure, comme on sait, la langue administrative des provinces orientales et, dans les actes démotiques comme dans les cartouches hiéroglyphiques, ce pharaon est en conséquence appelé « Autocrator Caesar Sébastos ». La série des empereurs qui, à partir de Tibère, assument la qualité de césar et le rôle de pharaon conservera ce protocole fondamental sur les murs des temples, comme on peut le lire à Dendara, Esna, Kôm Ombo, Philae et autres lieux.

Cf. Cléopâtre, Romains.

CHÉCHANQ (LES)
XXIIe DYNASTIE

Ce nom libyen illustre les destins, durant près de cinq siècles, des pharaons de souche libyenne, autrement appelés « chechanquides » (ou « sheshonquides »). Dans les obscurs débuts du xe siècle, sous la XXIe dynastie tanite, les fractions de Mechouech, une ethnie de longtemps implantée dans le Delta et qui a poussé jusqu'aux abords du Fayoum, détiennent la force armée. Leur chef suprême Chéchanq l'Ancien devient assez fort pour qu'un de ses fils s'impose comme pharaon. Une quarantaine d'années après, son petit-fils Chéchanq, « grand chef des Mechouech et chef des chefs », dont la résidence s'est fixée à Bubastis, domine l'État, étant maître de sa propre armée et de sa propre trésorerie. Le Tanite, fantoche sacerdotal, demande notamment à Amon de garantir que Chéchanq transmette son pouvoir à ses héritiers. Le potentat obtiendra mieux : il succédera à Psousennès II, fondant la XXIIe dynastie. Le règne (~945 ~924) fut restaurateur : renouveau de l'activité monumentale (Karnak, El-Hiba, Tanis, etc.), réorganisation du territoire partagé entre des princes libyens apanagés, reprise fructueuse des opérations en Asie. Vers ~925, le roi (*Shishak* dans la Bible) mène ses contingents égyptiens, libyens et nubiens à travers la Philistie, les royaumes d'Israël et de Juda et le Négeb, prélevant une douloureuse contribution de guerre sur Jérusalem. Les traditionnelles relations entre l'Égypte et le port libanais de Byblos sont rétablies. Ce Chéchanq, plus ou moins confondu avec Sésostris, sera cité par la tradition comme un des grands conquérants égyptiens.

Chéchanq III (~825 ~773) et Chéchanq V (~767 ~730) régnèrent l'un et l'autre particulièrement longtemps. D'assez nombreuses mentions en paraissent donc dans les datations des stèles privées. Sous Chéchanq III, un concurrent s'éleva en la personne de Pétoubastis et de violentes compétitions se poursuivirent autour du pontificat d'Amon et du gouvernorat d'Héracléopolis, tandis que les métropoles du Delta passaient aux mains de « grands chefs » autonomes. Chéchanq III acheva le grand temple de Tanis où son caveau a été retrouvé. Chéchanq V fut encore plus fantomatique, ne régnant que sur le Nord divisé en principautés. Un grand et bel édifice fut bâti en son nom à Tanis pour le dieu Khonsou.

Tanis. L'Or des Pharaons, Paris, Grand-Palais, 1987.

Cf. Bubastis, Libyens, Troisième Période Intermédiaire.

CHÉOPS ou **KHOUFOU I**
~2538 ~2516, IVe DYNASTIE

Deuxième pharaon de la IVe dynastie, fils de Snéfrou et de la reine Hétepherès, régna vingt-trois ans (~2538 ~2516 av. J.-C.). Mena le même contrôle rigoureux des appareils de production que son prédécesseur, aussi bien à l'intérieur qu'à l'extérieur (Sinaï, carrière de diorite de Nubie). C'est évidemment grâce à ce contrôle qu'il put édifier la grande pyramide de Giza (hauteur 146,60 m ; largeur à la base 230,40 m), pourvue d'un complexe funéraire qui comprend aussi les pyramides des reines (Méritités, Hénoutsen) et les tombes de ses fils ; Chéops aménagea ainsi une sépulture pour sa mère Hétepherès après que sa tombe originelle eut été pillée.

Un monument comme la grande pyramide ne se bâtit que dans la sueur et la souffrance. D'où la fort mauvaise réputation attachée au nom de Chéops et qui parvint jusqu'aux oreilles d'Hérodote ; elle contraste avec la popularité de son père Snéfrou.

Lauer J.P., *Le Problème des pyramides d'Égypte*, Payot Paris, 1952.
Edwards I.E.S., *The Pyramids of Egypt*, Pelican Book, revised edition, 1985.

Cf. IVe dynastie.

CHÉPHREN, ou REKHAF
~2509 ~2484, IVᵉ DYNASTIE

Quatrième pharaon de la IVᵉ dynastie, fils de Chéops ; régna vingt-six ans (~2509 ~2484) ; bâtit à Giza une pyramide, la deuxième en dimension après celle de Chéops (hauteur 143 m ; largeur à la base 215 m) ; le temple funéraire, à l'est de la pyramide, était relié par une chaussée au temple de la vallée qui impressionne encore par son architecture massive et austère en granit. Près de la chaussée fut sculpté dans un affleurement rocheux le grand sphinx de Giza que la postérité considéra comme une image de Rê-Harmakhis. Plusieurs statues grandeur nature de Chéphren nous sont parvenues.

Voir bibliographie à l'article Chéops.

Cf. IVᵉ dynastie.

CHRONOLOGIE

La civilisation pharaonique se perd dans la nuit des temps. Les dates du règne d'un roi d'Égypte sont parmi les questions que le spécialiste entend poser le plus souvent. On lui pardonnera de ne pouvoir d'ordinaire fournir qu'une réponse vague, situant le roi considéré en termes de décennies, de demi-siècle (voire, pour les temps reculés, en siècles) ou dire que tel pharaon a sûrement régné x années au minimum. Les dates fournies dans les notices du présent ouvrage, dès qu'il s'agit d'événements antérieurs à ~700, ne prétendent fixer que des ordres de grandeur plausibles et on ne s'étonnera pas des différences plus ou moins marquées qu'elles présentent avec les tableaux chronologiques d'excellents ouvrages d'histoire égyptienne. Par quels moyens peut-on au moins approcher la date des événements de l'histoire égyptienne et, ce qui compte plus encore, estimer au mieux la durée des phases de cette histoire ? On parvient à ces buts par deux démarches successives : l'établissement d'une chronologie relative, déterminant la succession des rois et des faits culturels, puis la recherche d'une chronologie absolue, situant les événements dans un calendrier universel, en l'occurrence l'ère commune (en fonction de l'an zéro de l'ère chrétienne).

Chaque règne recommençait la création et constituait une ère qui s'interrompait avec le décès du souverain. Le changement d'année était marqué par le lever héliaque de l'étoile Sothis (Sirius). Au Moyen Empire, l'an I d'un roi était officiellement reporté au début de cette année « civile » qui suivait son avènement. Au Nouvel Empire, l'an II commençait 365 jours après le jour de l'avènement. À la Basse Époque, il commençait le jour du lever sothiaque suivant l'avènement (l'an I pouvant être ainsi réduit à quelques jours). Avec la connaissance de ces particularités, il serait aisé de dresser une chronologie parfaite en additionnant les durées des règnes des souverains. Malheureusement, les documents parvenus sont loin de fournir pour chaque roi la date ultime de son règne (il est des pharaons dont on connaît seulement le nom). La succession des souverains est, dans l'ensemble, bien établie, mais il est des moments où, par suite de rivalités ou d'association, plusieurs pharaons coexistèrent.

Un moyen de pallier les lacunes et obscurités des sources se trouve dans les rares produits connus de l'historiographie égyptienne. De l'histoire rédigée en grec par le prêtre Manéthon subsiste un abrégé, utilisé par des chronographes des époques romaine et byzantine, fournissant une liste de rois, classés en trente dynasties, avec l'indication de la durée de chaque règne, en nombre brut d'années. L'œuvre de l'historien gréco-égyptien — dont les chiffres ont malheureusement été altérés souvent par la tradition — procédait de listes royales antérieures. Un heureux hasard a laissé parvenir un papyrus du temps de Ramsès II, le *Canon royal de Turin*, récapitulant un décompte au jour près des durées de règne, mais dont il ne reste que des lambeaux. Un précieux monument, lui aussi mutilé (la *Pierre de Palerme* et ses divers éclats), recensait les faits saillants de chaque année, des origines au milieu de la Ve dynastie (et même ceux des savants qui le considèrent comme une copie ou compilation archaïsante faite sous la XXVe dynastie l'acceptent comme une somme fiable). Les données de ces ouvrages synthétiques sont recoupées par des listes plus ou moins exhaustives de rois, gravées dans les temples (Abydos) et les tombeaux (Saqqara) à des fins cultuelles, auxquelles s'ajoutent, ponctuellement, les autobiographies de rois ou de particuliers.

Ères individuelles de rois et séquences dynastiques fournissent un cadre large dans lequel les matériaux qui ne portent pas une date explicite peuvent être plus ou moins grossièrement datés, les objets dont le texte ou le contexte portent un cartouche royal ou le nom d'un personnage bien situé dans un règne servant de référence typologique. La méthode est valable pour tout artefact, des restes architecturaux aux objets usuels. On a pu, de proche en proche, sérier dans le temps et caractériser, époque par époque et parfois avec une grande précision, les divers produits de la culture matérielle. L'étude de la stratigraphie des occupations, du développement des constructions, de l'extension des nécropoles, des changements de pratiques funéraires corrobore et illustre les acquis de la chronologie relative.

Pour raccorder cette chronologie relative à la chronologie absolue, l'égyptologie dispose d'un instrument qui lui est propre et que lui procure le système calendérique des Égyptiens. Ceux-ci ne comptaient que 365 jours dans l'année, si bien qu'elle se décalait progressivement de l'année réelle, à raison d'un jour tous les quatre ans, d'un mois au bout de 120 ans. La saison des récoltes en venait un moment à tomber en pleine saison de l'inondation et le comput officiel ne se trouvait recoïncider avec l'année naturelle qu'au bout de 1 456 ans. Les Égyptiens s'accommodaient si bien de cette année mobile et d'un calendrier anétymologique que Ptolémée III ne réussit pas à leur faire accepter l'insertion d'années bissextiles qu'Auguste leur imposera. Ils avaient cependant noté que le lever héliaque de Sothis coïncidait avec les débuts de la crue et en faisait un jour de fête.

De la sorte, il suffit qu'un texte consigne qu'une lune « sortie de Sothis » a été célébrée à tel jour d'une ère royale pour qu'on en puisse fixer à 4 ans près la date astronomique (les données de la chronologie relative étant suffisantes pour éviter toute hésitation sur le cycle de 1 460 années où situer l'événement). On possède seulement cinq documents de cette espèce, un du Moyen Empire, quatre du Nouvel Empire.

Quelques dates royales complétées par une allusion à une phase de la lune invitent à préciser au jour près la datation, mais l'interprétation de ces données, relevant d'un cycle court, est souvent discutée. La mise en œuvre de la « théorie sothiaque » affronte bien les critiques théoriques, non sans soulever des contestations de détail (incertitudes sur la latitude où était observé le lever héliaque).

Elle offre des jalons solides à une chronologie dont d'autres moyens d'information viennent confirmer le bien-fondé. Un de ces moyens est la datation approchée d'objets par mensuration de la radioactivité résiduelle d'un isotope du carbone que fixe l'être vivant et qui détermine ainsi depuis combien de temps un organisme est mort (restes osseux, matière organique dont est fait un artefact). Cette méthode du carbone 14 dont les procédés s'affinent et qui tend à réduire ses marges d'approximation (calibrage dendrochronologique) est spécialement précieuse pour les hautes époques. Il en est de même pour la datation des poteries par thermoluminescence.

D'autres recoupements sont fournis par les deux séries de synchronismes avec les civilisations voisines : synchronismes archéologiques et synchronismes textuels. Les premiers sont les moins précis. La présence d'artefacts égyptiens d'une dynastie fondée dans un site de l'Asie antérieure ou de l'Égée suggère à première vue que ce site est contemporain de ladite dynastie et, vice versa, la trouvaille d'objets asiatiques ou égéens dans un établissement égyptien suggère que cet établissement existait à l'époque où ces objets furent fabriqués. Un objet isolé ne peut fournir au mieux qu'un terminus *ante quem* à l'échange présumé.

En revanche, quand on constate de nombreux cas d'importation dans de nombreux gisements appartenant au même faciès, chronologiquement déterminé, la contemporanéité entre la culture importatrice et la culture exportatrice est manifeste. Les résultats obtenus par les assyriologues et par les archéologues du Proche-Orient cadrent fort bien avec les conclusions des égyptologues sectateurs de Sothis. Les synchronismes textuels sont évidemment plus précis mais plus localisés. Ils sont fournis essentiellement par les récits historiques et les archives diplomatiques qui apprennent nommément que tel roi d'Égypte était contemporain de tel souverain du Proche-Orient.

À partir de ~720, nos dates sont exactes, au pire valables à l'année près. Accrochée aux dates sothiaques et à nombre de synchronismes avec les monarchies étrangères, la mise en place des XVIIIe-XXe dynasties ne peut faire de doute : de récents réajustements sur une « chronologie courte » ont reporté l'avènement de Ramsès II de ~1290 (date de la *Cambridge Ancient History*) à ~1279 au plus tard. La XIIe dynastie est bien fixée au début du IIe millénaire, grâce à la concordance sothiaque. Les progrès qu'on attend des technologies physiques devront, en tout état de cause, porter sur le IIIe millénaire, pour lequel on ne dispose d'aucun synchronisme précis avec l'extérieur, ni de date sothiaque. L'addition des durées de règnes thinites et memphites, autant qu'on puisse les connaître à travers les documents d'époque et la tradition, correspond en gros avec le total que le *Canon de Turin* obtenait pour cette période (soit neuf siècles et demi). Il reste que l'hésitation concernant la date de Ménès, le premier roi, portait encore récemment, d'un excellent auteur à l'autre, sur environ trois siècles.

Cf. Dynasties, Sources.

Ve DYNASTIE
~2450 ~2321

Un mythe dégradé en conte (papyrus Westcar) explique le changement dynastique de la IVe à la Ve dynastie : le dieu Rê, prenant la forme d'un prêtre-pur d'Horus de Sakhébou, rend Reddjedet, l'épouse de ce dernier, grosse de trois enfants qui seront les trois premiers pharaons de la Ve dynastie, malgré qu'en ait Chéops. Le personnage de Reddjedet recouvre sans doute celui de la reine Khentkaous, mère des trois premiers pharaons de la Ve dynastie. La succession s'établit ainsi :

— Ouserkaf (~2450 ~2444), édifia sa pyramide à Saqqara, non loin de celle de Djoser, mais son temple solaire à Abousir.

— Sahourê (~2444 ~2433).

— Néferirkarê/Kakaï (~2433 ~2414).

— Rênéféref, fils du précédent, dont il acheva le complexe funéraire (~2414 ~2408).

— Chepseskarê (~2408), peut-être un fils d'Ouserkaf qui ne parvint guère à maintenir sa légitimité au-delà de quelques mois.

— Neouserrê/Ini (~2407 ~2384), peut-être un fils de Néferirkarê.

— Djedkarê/Asosi (~2377 ~2350), construisit sa pyramide entre Saqqaraet Dahchour.

— Ounas (~2350 ~2321).

Avec la Ve dynastie s'affirme une très importante évolution. Autrefois puissance suprême, le pharaon cède désormais ce rôle au dieu Rê avec lequel il entre dans un rapport de filiation ; de fait, le titre « fils de Rê » apparaît désormais régulièrement dans la titulature des pharaons. Expression monumentale de cette évolution : les pharaons de la Ve dynastie, sauf les deux derniers, construisent des temples solaires — des complexes dont le cœur est constitué par une plate-forme, représentant la colline primordiale, et sur laquelle était dressé un obélisque ; autour, une vaste esplanade à ciel ouvert, avec un autel, où se célébrait un culte d'inspiration naturaliste (inspiration perceptible dans la « chambre du Monde » de Néouserrê). Le temple solaire était en relation étroite avec le temple funéraire et lui virait les offrandes après consécration.

Durant la Ve dynastie se discerne aussi une importante évolution sociologique, cause ou conséquence de la (relative) dévaluation du statut idéologique du pharaon : les plus hautes dignités ne sont plus exclusivement réservées aux membres de la famille royale. Ainsi, le vizirat échoit à des particuliers, sans lien de sang avec le pharaon. D'une manière générale, se multiplient les autobiographies privées où le mérite personnel, même exercé au service du pharaon, est souligné. Enfin, au cours de la dynastie, les premières grandes lignées de hauts dignitaires apparaissent, le principe héréditaire commençant à contrebalancer le libre choix des souverains.

Ceux-ci, par ailleurs, continuent à bâtir des pyramides, mais de dimensions bien inférieures à celles de la IVe dynastie. Ils continuent aussi à envoyer des expéditions aux carrières de diorite de Nubie, au Sinaï, à Byblos, et à assurer la sécurité des frontières par des opérations contre les Libyens, les Nubiens, et les Bédouins. Durant la Ve dynastie se maintient le haut niveau des techniques artistiques, particulièrement perceptible dans le bas-relief et la statuaire.

Lefebvre G., *Romans et contes égyptiens de l'époque pharaonique*, Paris, 1949, p. 86-90.
Edwards I.E.S., *The Pyramids of Egypt*, revised edition, 1985, p. 150.

Cf. Khentkaous, Néferirkarê/Kakaï, Néouserrê/Ini, Ounas, Ptahouash, Sahourê.

CLÉOPÂTRE

Parmi toutes les reines égyptiennes illustres, Cléopâtre, ultime représentante de la dynastie des Ptolémées, est la quatrième, chronologiquement, après Hatchepsout, Tiyi et Néfertiti. De ces quatres figures féminines contemporaines de crises politiques obscures et qui, par là, appartiennent autant au rêve qu'à l'histoire, elle est sans doute la plus présente dans la mémoire et dans l'actualité brûlante. Son *sex appeal*, subi et dénoncé par les Romains, la qualifie de nos jours pour promouvoir produits de beauté et petites parures.

Cependant, la torride enjôleuse de César et de Marc Antoine symbolise aussi les derniers moments de l'Égypte indépendante, cette terre africaine initiatrice de civilisation, et des militants afrocentristes de demander pourquoi, pour représenter Cléopâtre (issue, pourtant, d'une lignée souvent consanguine originaire des Balkans), les peintres puis les cinéastes font appel à des modèles et à des actrices de race blanche. Au moins quatre fois, Hollywood l'incarna en effet dans ses stars les plus éminentes du moment en des films dont le scénario dérive de Shakespeare et dont la mise en scène s'inspire des grands peintres pompiers, maîtres de l'égyptomanie. La Renaissance et nos âges classiques et romantiques héritaient de ce qu'avaient écrit les auteurs grecs et latins : Plutarque dans ses *Vies* qui recueillait des témoins antérieurs, quelques écrivains contemporains des événements, tous d'obédience romaine, et des historiens plus tardifs, encore plus malveillants pour les Ptolémées que ceux-ci... En Égypte même, l'extraordinaire personnalité de Cléopâtre avait prêté aux rêves. Des hermétistes la comptèrent parmi les magiciens experts en sciences occultes. Une anse d'Alexandrie était devenue dans le folklore arabe les « Bains de Cléopâtre » et les deux obélisques héliopolitains du Nouvel Empire réinstallés sur le site — comme par hasard — du temple de César furent dénommés les « Aiguilles de Cléopâtre ». Et, lorsque à la fin de notre xxe siècle, l'archéologie sous-marine repère l'île d'Antirhodos où l'héroïne résida ses dernières semaines, les médias d'annoncer la « découverte du Palais de Cléopâtre », là où ne subsistent que les reliquats épars de bâtiments d'époque romaine avancée.

Ainsi, pendant deux mille ans, il aura été souvent rêvé, écrit, parlé d'une Cléopâtre unique. En fait, elle était la septième épouse de pharaon à avoir porté ce nom (signifiant « d'illustre paternité ») qui avait été celui de figures des temps héroïques de l'Hellade et avait été à la mode depuis longtemps dans la famille régnante de Macédoine. Les destinées des Cléopâtre précédentes et, particulièrement, les drames familiaux et le rôle politique des trois premières sont loin d'être discrets et insignifiants. Princesse syrienne mariée à Ptolémée V Épiphane, Cléopâtre I devient veuve et exerce une sage régence durant près de quatre ans (~180 ~176), son fils aîné Ptolémée VI « qui aime sa mère » étant un bambin. Celui-ci épouse sa sœur Cléopâtre II (~173) qui enfantera de lui deux garçons nommés Ptolémée et deux Cléopâtre dont la future Cléopâtre III. Commence bientôt une période confuse — sous les Ptolémées de VI à IX — de haines et de réconciliations, de meurtres en famille, et de guerres intestines compliquées de guerres étrangères. Cléopâtre II et Cléopâtre III, qu'épouse son oncle Ptolémée VIII Évergète II furent de redoutables femmes, partisanes et souveraines. En dépit des querelles dynastiques, de secousses sociales et de crises économiques, l'Égypte intérieure continue à être gérée tant bien que mal par la bureaucratie grécoégyptienne. Sauf entre ~205 et ~186 où la Haute-Égypte insurgée échappa au gouvernement alexandrin, les programmes décoratifs des temples se poursuivirent et on peut voir à Edfou, au mammisi de Dendara, à Ombos et autres villes, les images standardisées de pharaons et de sœurs-épouses accompagnées des titulatures de ces Ptolémées et de ces Cléopâtre (les cartouches étant parfois laissés vides lorsque, prudents, les notables des nomes ne savaient trop qui étaient les souverains). Néanmoins, la situation appelait l'intervention des puissances étrangères : les Séleucides de Syrie auxquels les Ptolémées s'obstinaient en vain à arracher la Palestine et les Romains qui poursuivaient au coup par coup leur mainmise sur l'Orient. En ~168, le légat Popilius arrête d'autorité le syrien Antiochus III aux portes d'Alexandrie. En ~51, Ptolémée XII dit le Flûtiste, endetté auprès des Romains, leur demande par testament de protéger le règne conjoint de ses enfants, Cléopâtre VII l'aînée et son petit frère Ptolémée XIII... On sait ce qu'il est advenu finalement de ce protectorat : vingt ans plus tard, le pharaon était un César et l'Égypte une province de l'Empire achevé.

En ~51, ce royaume en perdition depuis cent ans, mais qui n'en vivait pas moins censément ruiné et restait riche encore de ressources, se trouve entraîné dans les tumultes des guerres civiles romaines, tandis que les pacificateurs désunis du monde méditerranéen sont directement impliqués dans les coutumières querelles lagides et alexandrines. Le grand Pompée est vilainement tué par les ministres du jeune Ptolémée XIII. Cléopâtre — environ vingt ans — se livre à Jules César et le séduit. Le général romain gagne sa *Guerre alexandrine* sur la Cité et sur l'armée du roi-frère. Celui-ci meurt, noyé dans sa fuite. La reine fait visiter la Haute-Égypte à son amant, accouche d'un nouveau Ptolémée, dit Ptolémée César, puis vient résider à Rome, ambassadrice des raffinements helléniques, représentante d'une religion insolite et symbole inquiétant du principe monarchique auprès du dictateur. Triomphe choquant.

Après l'assassinat de César (~44), Cléopâtre fait retraite sur son royaume. Son deuxième petit frère et associé, Ptolémée XIV, trépasse à son tour, empoisonné, dira-t-on bien sûr, sur ses ordres.

Désormais, le pharaon corégent est Ptolémée César, celui-là bien nommé « aimé de son père, et aimé de sa mère ». L'Égypte restant neutre, les Césariens écrasent les meurtriers du divin Jules. Leurs chefs, Octave César, son fils adoptif, et Marc Antoine se partagent la tâche de pacifier et gérer le monde. Antoine, à qui revient l'Orient hellénisé et en qui se reconnaît un esprit dionysiaque, convoque Cléopâtre en Cilicie (~41). L'Aphrodite égyptienne s'en vient par mer en une fastueuse mise en scène nautique et mythologique. En guise de prestation d'hommage, elle invite *l'imperator* à venir banqueter à son bord. L'*imperator*, alors dans la quarantaine, succombe aux charmes et aux prestiges de l'héritière des Ptolémées âgée de vingt-huit ans seulement, entraîné par la qualité de vie alexandrine et dans les belles ivresses bacchiques. Ainsi commence, au plus haut niveau du pouvoir, une liaison ostensible, une liaison bien difficile à qualifier pour l'historien qui ne peut s'en tenir aux accusations de la propagande augustéenne qui aboutit à faire de Marc Antoine un bon militaire dépravé par une aventurière levantine et de Cléopâtre un parangon de la permissivité et de la futilité féminine. Les ambitions monarchiques du couple qui balançaient les visées césaristes d'Octave et ses pratiques procédant de l'idéologie dionysiaque, mal reçue par l'ordre purement romain, fondaient l'accusation de cette pure débauche qui se serait déchaînée au long des Nuits de Cléopâtre. De ces fameuses nuits, il n'y en eut point tant en dix ans. Elles furent entrecoupées par deux maternités de la belle reine et par la double vie d'Antoine si souvent éloigné d'Alexandrie par les nécessités de ses obligations militaires et de sa diplomatie politico-familiale. Antoine lutte sur deux fronts sensibles. À l'est, il doit garder la Syrie et en contrôler les confins arméniens toujours menacés par les Parthes d'Iran, ce qu'il fait en essuyant plus d'échecs que de succès, d'ailleurs précaires. À l'ouest, le soutien à ses partisans d'Italie et la négociation d'un *modus vivendi* avec Octave le ramènent aux affaires familiales romaines, non sans le faire verser dans une scandaleuse bigamie (mariage romain avec Octavie, sœur de son concurrent).

Ces traverses ne changent pas la ligne politique de notre Cléopâtre VII. Au lendemain de la rencontre de ~37/36, elle obtient de son amant l'élimination de sa sœur Arsinoé, réfugiée à Éphèse, laquelle s'était posée en concurrente au temps de César. Un mariage « à l'égyptienne » est célébré, sanctionné par l'attribution à la souveraine d'Égypte de la Coelé-Syrie et autres domaines en Asie. En ~34, Antoine constitue solennellement au profit de « la nouvelle déesse » et de ce qu'on pourrait appeler la branche romaine des Lagides un domaine englobant largement les territoires qui avaient appartenu aux Ptolémées et aux Séleucides. La reine, son fils Ptolémée XV César, les jumeaux premiers-nés d'Antoine (en ~40/39), Alexandre-soleil et Cléopâtre-lune et le troisième enfant Ptolémée Philadelphe (né en ~34), s'en partagent la royauté et les revenus. Alexandre, Philadelphe, César et Cléopâtre, les noms reçus par la divine progéniture de la « reine des reines » étaient tout un programme. Un tel système d'apanages princiers, mais sur une échelle bien plus modeste, avait fonctionné sous les Ptolémées. Le rêve impérial, démesuré, ne pouvait être accompli que par la force des armes, si le dominateur de l'Orient l'emportait sur son rival d'Occident. La guerre ouverte se termina sur le désastre d'Actium. On sait la suite dramatique : après les derniers paroxysmes inimitables, la crise de misanthropie chez Antoine et Cléopâtre préparant sa mort ; le suicide et l'agonie d'Antoine et son malentendu avec Cléopâtre cloîtrée, la mort royale par le serpent...

L'historiographie romaine n'avait pas été tendre avec les souverains hellénistiques (Polybe, Diodore) et, non sans une sévérité croissante, elle en rajoutera manifestement avec le temps. Cléopâtre VII Philopator, au total, ne paraît pas avoir été plus vindicative, plus cruelle, plus rapace que les Lagides précédents et, semble-t-il, sans les perversités de certains : cette femme ne fut que l'amante fidèle de ses deux amants successifs et se montra une mère attentionnée envers ses trois enfants royaux. Son charme ne tenait point tellement à ses traits physiques de l'aveu des témoins de son temps. Son visage, connu par des bustes et des monnaies, et qui tenait de celui de son père, n'est pas désagréable, encore que le nez en soit un peu trop aquilin. Elle dut ses succès et sa réputation d'enchanteresse à son regard, à sa voix, à sa présence, à sa culture, à son esprit pour tout dire. Et, s'il faut caractériser Cléopâtre VII, c'est sans doute dans son audacieuse force de caractère et sa royale intelligence politique qu'on aimera trouver le génie de cette pharaone. Dans la pire conjoncture, elle saisit par deux fois l'occasion de réaliser en fait pour elle et ses enfants le programme idéal de la monarchie égyptienne : régner divinement sur la terre entière, ce qu'avaient réussi Darius et Alexandre.

Qu'en était-il des Égyptiens eux-mêmes pendant les vingt ans des Ptolémées XIII à XV quand Cléopâtre régissait le pays ? Le hasard veut qu'il ne reste de son règne que peu de documents administratifs sur pierre et peu d'archives privées pour évaluer la situation intérieure. Un arrêté garantissant aux exploitants agricoles alexandrins de deux nomes leurs indemnités fiscales (~41) semble au moins montrer un fonctionnement normal des bureaux. Un décret des prêtres de Karnak (~39) fait allusion à une période récente troublée et à une disette, mais il est impossible d'en déduire l'étendue de cette crise et, jointes aux dossiers d'autres métropoles du Sud, les remerciements votés au stratège Callimaque attestent le pouvoir étendu de dynastes indigènes sans qu'on puisse parler d'une dislocation de l'État. La politique monumentale se poursuit comme avant dans certains temples. Le naos d'Hathor-Aphrodite et Isis à Dendara commencé en ~54 ainsi que les chapelles osiriennes du toit furent en grande partie bâtis et décorés du vivant de Cléopâtre. Les cartouches de la reine comme des Ptolémées qu'elle assiste dans l'accomplissement des rites sont laissés blancs, sauf sur la haute façade où elle officie derrière Ptolémée César. Et le mammisi d'Hermonthis bâti comme les autres mammisis pour célébrer le mystère de l'éternelle mise au monde par Hathor de l'enfant divin conçu des œuvres d'Amon, un mystère assurant la perpétuité monarchique, fut achevé sous Cléopâtre VII et Césarion. Si les Lettres romaines diffamèrent cruellement la dernière Lagide, l'autorité romaine n'en proscrivit ni la mémoire ni les statues dans son pays. Comme avant, quantité de filles en reçurent le nom : la Cléopâtre dont la momie jadis fameuse a abouti à la Bibliothèque nationale de Paris est une jeune Thébaine qui vivait à l'époque impériale.

Cf. Alexandrie, César, Ptolémées, Reines.

CLERGÉ

S'agissant de l'Égypte pharaonique, le terme de « clergé » ne recouvre évidemment pas exactement les mêmes réalités sociales que dans nos sociétés modernes. Fondamentalement, les activités sacerdotales se répartissent en trois types, selon leurs bénéficiaires :

1. Au bénéfice du pharaon ; dans les plus anciennes conceptions, tous les soins prodigués à la personne physique du pharaon, depuis le service alimentaire et les

ablutions, jusqu'à l'entretien de la perruque et de la barbe postiche, étaient considérés comme des sacerdoces ; de tels sacerdoces devinrent des charges honorifiques attribuées à l'entourage ou à l'élite des courtisans. Par ailleurs, de multiples sacerdoces étaient attachés non seulement au culte funéraire du pharaon, mais aussi aux institutions dont il était l'éponyme.

2. Au bénéfice funéraire d'un particulier ; pour s'assurer des chances de survivre dans l'au-delà, le mort doit faire l'objet d'un culte d'entretien (récitations de formules, libations, consécrations d'offrandes) ; souvent, les Égyptiens passaient, de leur vivant, des contrats avec les prêtres afin qu'un culte d'entretien fût pour eux perpétué après leur mort.

3. Au bénéfice des divinités ; le maintien de l'ordre du monde exige que les divinités, qui en représentent les principes, reçoivent un culte dans leurs sanctuaires, adressé à leurs hypostases : effigies, statues, animaux sacrés ; culte quotidien, toilette, onction, habillement, libations et fumigations d'encens, présentation d'offrandes (surtout alimentaires) ; culte périodique : sortie en procession de la statue, visites aux reposoirs et aux sanctuaires des divinités associées à l'occasion des fêtes.

L'organisation du clergé peut être complexe dans les temples funéraires des pharaons et surtout dans les temples des divinités. Si le temple a quelque importance, le clergé est hiérarchisé et spécialisé, depuis le simple prêtre « pur » (*ouâb*), jusqu'aux « prophètes » (c'est-à-dire ceux qui parlent au nom du dieu, et non ceux qui prédisent l'avenir), parfois répartis en quatre grades, en passant par le « prêtre-ritualiste », les « pères divins », et des spécialistes de tout ordre (scribe des écrits divins, astronomes, musiciens, etc.). En principe, le service sacerdotal est organisé en quatre (cinq, tardivement) équipes mensuelles, appelées « phylés ».

Les trois types de sacerdoce ne sont nullement exclusifs. Bien plus, ils mettent en jeu les mêmes principes fondamentaux, et, en particulier, le fait que leur est associée une contrepartie, en général une part de l'offrande après qu'elle a été consacrée, souvent aussi un bien fonds ou des revenus statutaires. C'est un point essentiel pour l'histoire de l'Égypte pharaonique. Une prêtrise implique tout à la fois un service sacerdotal et les avantages qui en constituent la contrepartie, et fréquemment plus les seconds que le premier, c'est-à-dire une prébende. Ainsi, Minmès, un architecte, se vante d'avoir reçu les fonctions de « prophète » et de prêtre-pur (*ouâb*) dans les temples où il avait œuvré, et qui s'étageaient de la Haute-Égypte au Delta oriental ; il est évident qu'il avait droit aux avantages liés à ces prêtrises, les services sacerdotaux effectifs dont ils étaient la contrepartie étant certainement sous-traités. Le clergé égyptien constitue donc une classe de détenteurs de privilèges matériels.

Et d'autant plus qu'il peut espérer contrôler plus. En effet, les temples sont des unités économiques ; ils possèdent des terres, du bétail, des produits précieux (or, etc.), des bateaux, des équipements, un personnel nombreux, bref, tout un complexe souvent important, voire immense pour les grands temples comme ceux de Rê d'Héliopolis, de Ptah de Memphis, et surtout d'Amon de Thèbes. Or la gestion de ces complexes fait l'enjeu d'une lutte entre les pharaons qui entendent la confier à des hommes sûrs, à travers lesquels ils la puissent contrôler, et les prêtres qui considèrent que c'est à eux que revient cette responsabilité. Cette lutte que nous devinons endémique est particulièrement illustrée par l'histoire des grands prêtres d'Amon durant le Nouvel Empire ; le concept de théocratie qui s'impose avec la XXIe dynastie est la sanction idéologique d'un rapport de force finalement favorable au clergé d'Amon : désormais, l'oracle d'Amon, et à travers lui le clergé qui le manipule, devient l'instance suprême de décision, auquel le pharaon lui-même soumet son programme politique ; le territoire propre de la théocratie se confond avec le territoire en majorité contrôlé par le domaine d'Amon, c'est-à-dire la Haute-Égypte et la Moyenne-Égypte jusqu'à El-Hiba. Auparavant, l'histoire égyptienne est rythmée par l'alternance de phases où le pouvoir central parvient à assujettir à ses représentants la gestion des domaines des temples — ainsi au Moyen Empire, quand les « gouverneurs » sont en même temps « directeurs des prophètes », et des phases où cette gestion lui échappe, parfois institutionnellement, quand des « décrets » royaux garantissent l'autonomie des temples, ou en raison d'un rapport de force qui permet au clergé de prendre en charge leurs domaines.

Ainsi le clergé détient-il un double avantage ; d'une part, les contreparties matérielles associées à toute prêtrise ; mais aussi la possibilité, plus ou moins réalisée selon la situation politique, de contrôler, et donc de tirer quelque profit de la gestion des biens du temple. Mais quelle catégorie de la population constitue le clergé ?

Il faut dire que, pendant une bonne partie de l'histoire de l'Égypte pharaonique, l'accès aux charges sacerdotales n'exigeait guère de conditions très restrictives : sans doute la maîtrise de l'écrit, et, quand il fallait officier, un état de pureté rituelle (crâne rasé, abstinence sexuelle, vêtements de lin, pas de consommation de poisson) ; mais, en aucune manière, un acte de foi ou un engagement spirituel. Aussi, jusqu'au Nouvel Empire, à tout le moins, on constate fréquemment dans une même famille, et plus encore chez une même personne, le cumul de prêtrises et de fonctions militaires et administratives. Ces prêtrises s'achètent, se vendent tout ou partie, s'acquièrent par cooptation, par hérédité, ou par nomination due au pharaon ; car celui-ci conserve un droit de regard sur leurs transmissions, et en use autant qu'il peut pour les plus importantes. Toutefois, l'esprit de caste, qui apparaît çà et là, finit par s'imposer à la Basse Époque. Dès lors, l'hérédité devient une condition de l'accession au sacerdoce, et est proclamée comme telle ; parmi les arguments invoqués pour obtenir la faveur des dieux, les prêtres font valoir qu'ils sont fils de prêtres. Hérodote, qui visita l'Égypte durant la Première Domination Perse, décrit clairement le clergé égyptien comme une caste fermée, et tout donne à croire qu'il avait bien vu.

Sauneron S., *Les Prêtres de l'ancienne Égypte* (Le Temps qui court), Le Seuil, Paris, 1957.

Lefebvre G., *Histoire des grands prêtres d'Amon de Karnak jusqu'à la XXIe dynastie*, Geuthner, Paris, 1929.

Cf. Grand-prêtre d'Amon.

COLOSSES

Les performances quantitatives matérialisent la divinité de pharaon, comme le rappellent les incroyables pyramides de Chéops et Chéphren. La fabrication d'effigies royales, hautes d'une dizaine, voire de plus d'une vingtaine de mètres, taillées dans le granit ou le grès métamorphisé (quartzite), atteint son apogée sous Aménophis III et sous Ramsès II. Proportionnées aux immenses temples divins ou royaux, dressées dans les parties ouvertes des enceintes sacrées, elles offrent à l'adoration du peuple les hypostases du monarque, définies par des qualificatifs spécifiques : « souverain des souverains », « soleil des souverains », « souverain des deux terres » ou encore objet d'amour pour telle ou telle divinité. Les colosses les plus spectaculaires qu'on puisse voir debout sont les statues dites de Memnon à Thèbes et les « petits » colosses d'Aménophis III à Louqsor, ainsi que le Ramsès II apporté de Memphis sur la place de la Gare au Caire. On appréciera les masses des colosses effondrés de Memphis et du Rameseum. Deux fragments remployés à Tanis font connaître le plus grand exemplaire connu (27 m). Les statues rupestres d'Abou Simbel sont de beaux exemples de cette statuaire surdimensionnée. Leur création n'a pas posé les mêmes problèmes de transport et d'érection que leurs frères mobiliers de Thèbes, Memphis et Pi-Ramsès.

CONSPIRATION

La pompe, le faste, le pouvoir inhérent à la fonction de pharaon ne pouvaient laisser de susciter des ambitions ; l'importance de la famille royale, accrue par la polygamie, les multipliait ; l'atmosphère des cours orientales les faisait fleurir en autant de brigues et de cabales. Autrement dit, plus d'une conspiration a jalonné l'histoire de l'Égypte ancienne, et d'autant plus que le principe ultime de la légitimité monarchique se fondait sur le libre choix du dieu solaire, ce qui facilitait les justifications *a posteriori*. De fait, à la Basse Époque, le thème de la conspiration était devenu assez familier pour qu'il serve à bâtir le prologue de l'*Enseignement d'Ânkh-Chéchanq*.

Auparavant, l'existence de conspirations se décèle surtout à travers les heurts de succession ou les changements dynastiques, mais les sources se montrent plutôt réticentes. Toutefois, trois conspirations nous sont connues avec un tant soit peu de détails, toutes trois nées ou développées dans le harem.

— Ouni fut nommé juge dans une juridiction exceptionnelle mise sur pied pour juger une reine, dont le nom demeure tu, sous Pépy I de la VIe dynastie.

— Premier roi de la XIIe dynastie, Amménémès I affronta une forte opposition ; le dernier des complots fomentés contre lui, alors que son fils et corégent revenait d'une expédition en Libye, aboutit à son assassinat. C'est la nouvelle de cet assassinat qui provoque la fuite de Sinohé, dans le roman qui porte son nom, non qu'il y ait trempé lui-même, mais parce qu'il avait été préparé dans le harem auquel Sinohé était attaché.

— Derechef le harem est le centre d'une conspiration

ourdie par une des épouses de Ramsès III, Tiyi, qui avait projeté d'assassiner le pharaon pour le supplanter par son fils Pentaourt ; elle s'était abouchée, dans ce but, avec bon nombre de hauts dignitaires, un chambellan, un directeur des prêtres-purs de Sakhmis, un général, le commandant des troupes de Nubie, etc. Les conjurés avaient employé les grands moyens, je veux dire les grands moyens de l'époque, puisqu'il avait été prévu d'envoûter des gardes pour pénétrer dans le palais de Médinet Habou. Il est très probable, quoique pas définitivement assuré, que la conspiration provoqua la mort de Ramsès III. En tout cas, la répression fut sévère. Les principaux conjurés furent condamnés à se donner la mort ; d'autres eurent le nez et les oreilles tranchés. Sans compter des châtiments, apparemment moins sanglants, mais tout aussi redoutés des anciens Égyptiens : la modification des noms propres, de telle sorte que leur sens fût défavorable ; ainsi l'un des principaux comparses, le chambellan, s'appela désormais Mesedsourê, « Rê-le-hait » ; on éradiqua rétrospectivement, par une formule appropriée, la mention des fonctions qu'ils avaient exercées si indignement.

Cf. Amménémès I, Ouni, Ramsès III, Sinohé.

CORÉGENCE

Comme dans la plupart des civilisations de l'Orient ancien, la succession monarchique dans l'Égypte pharaonique était affaire délicate ; ambitions, intrigues, complots fleurissaient avec d'autant plus d'exubérance qu'il n'y avait pas de règle formelle, la transmission du père au fils n'ayant que le poids de l'usage. Aussi les pharaons devaient-ils s'employer à établir fermement la position de celui qu'ils avaient élu comme successeur.

Parmi les procédés à leur disposition, la corégence ; du vivant d'un pharaon, son successeur était associé à son règne, comme un pharaon de plein droit et avec tous les attributs de la fonction, en particulier un protocole complet. Bien plus, les événements pouvaient être datés, tout à la fois, des deux partenaires, en juxtaposant les computs de leur règne respectif

La corégence ne se conciliait pas aisément avec le dogme, fondamentalement monarchique, au sens littéral, dans la mesure où le pharaon est le représentant terrestre du démiurge, dont l'unicité est le caractère premier. Pour tourner la difficulté, l'idéologie puisait dans le corps des représentations disponibles. Le partenaire le plus jeune était assimilé à Horus « qui protège son père », en référence au mythe osirien, ou encore agissait comme « bâton de vieillesse », institution selon laquelle un homme atteint par l'âge partageait sa fonction avec son fils. Dans la pratique, ce partenaire le plus jeune assumait souvent les tâches les plus actives, par exemple le commandement des expéditions militaires ; ainsi, Sésostris I, qu'on s'accorde à reconnaître comme l'élément « dynamique » de la corégence qui l'associait à son père Amménémès I, auquel, toutefois, il reconnaissait une prééminence théorique en lui « faisant rapport ».

Ce type de corégence est assez clairement attesté à la XIIe dynastie. Mais il n'est pas le seul. Pour ne rien dire des règnes parallèles, aux époques de partition de l'Égypte, on connaît des corégences forcées ; ainsi, avant l'an VII de Thoutmosis III, et contre le gré de celui-ci, Hatchepsout se fit couronner pharaon, en s'associant fictivement à son père Thoutmosis I, au demeurant, et régna conjointement avec Thoutmosis III jusqu'à sa mort, dans une manière de... cohabitation !

Outre d'autres corégences quasi assurées (Thoutmosis III et Aménophis II par exemple), beaucoup demeurent incertaines et discutées, l'un des passe-temps de prédilection des égyptologues historiens étant, précisément, d'établir ou de ruiner, tour à tour, la corégence entre tel et tel pharaon ; ainsi, la succession d'Aménophis III à Aménophis IV a suscité chaque année son cortège de denses et ingénieux travaux. On en peut sourire, mais il faut bien avouer que nos sources demeurent encore plus floues que d'ordinaire à propos des corégences, parce que cette institution, pour efficace qu'elle ait pu s'avérer dans la pratique, s'intégrait difficilement aux traditions diplomatiques et phraséologiques.

Murnane W.J., *Ancient Egyptian Coregencies* (Studies in Ancien Oriental Civilization, n° 40), Chicago, 1977.

Cf. Amménémès I, Pharaon, Sésostris I, Sinohé.

COURONNES

L'accession à la condition royale est principalement marquée par la prise des couronnes et l'introduction du roi officiant dans un temple commence par son couronnement par le dieu. Différentes coiffures font apparaître la qualité divine du souverain, coiffures qu'il partage, pour la plupart, avec certaines divinités majeures. Les plus simples et commodes, les plus usuelles sans doute, sont le couvre-tête de tissu plissé (*némès* en égyptien, le *klaft* du vieux vocabulaire égyptologique) et le diadème de métal précieux d'où deux pans tombent sur la nuque. La couronne blanche, haute mitre bulbée en haut, et la couronne rouge, que surmontent une tige raide et un mince appendice spiralé, symbolisent respectivement de tous temps la royauté de Haute-Égypte et celle de Basse-Égypte. La première emboîtée dans la seconde forme le *pschent*, les « Deux Puissantes » réunies exprimant l'avènement bénéfique du pouvoir pacificateur. À la fin du Moyen Empire apparaît le *khéprech*, coiffe bleue couverte de pois circulaires. La liste devrait être allongée de bien d'autres coiffures, des plus simples et antiques, comme le couvre-tête en bourse, jusqu'aux cimiers extravagants, du type *henou* ou *hemhem*, où plumes, soleils, serpents, faucons et cornes se combinent. Le trait commun et presque indispensable à tout couvre-chef royal est le cobra (*uraeus*) affixé au front. Ces « apparitions » royales que manipulent des chambellans initiés, prêtres de la « Grande de sortilèges », semblent contenir une seule et même puissance redoutable. Chaque coiffure munie de l'uraeus est elle-même l'uraeus. Elle est identique à l'Œil de Rê, de même nature que les déesses brûlantes Sekhmet, Ouadjyt, Nekhebet. Autant l'équivalence théologique des couronnes entre elles semble patente, autant les spécificités mythologiques et pratiques de chacune sont difficiles à cerner.

DARIUS I

~522 ~485, XXVIIe DYNASTIE

Darius, fils d'Hystaspe, l'Achéménide, est le deuxième des pharaons perses. Maître de l'Empire au lendemain de la mort de Cambyse, il reconquit aisément l'Égypte révoltée (sous Pétoubastis III ?), élimina le satrape Aryandès qui se comportait en souverain indépendant et visita au moins une fois sa riche possession africaine. Il accorda sa sollicitude aux dieux d'Égypte et fit restaurer la « maison de vie » de Saïs. Commencée par Néchao II, la jonction du bras oriental du Nil et de la mer Rouge par un canal creusé dans le Ouâdi Toumilat et l'isthme de Suez fut achevée sur son ordre ; de grandes stèles trilingues (égyptien, vieux perse et babylonien) furent érigées le long de la voie d'eau. L'entreprise intégrait économiquement et stratégiquement la satrapie dans l'Empire.

Darius ordonna de compiler par écrit les coutumes égyptiennes et compta plus tard comme un des grands législateurs du pays. Dans une ambiance pacifique, les arts traditionnels, et notamment la statuaire, prospérèrent dans la meilleure tradition saïte. Un monumental portrait de Darius en pied, sculpté en Égypte dans le greywacke du Hammâmât, a été exhumé dans un palais de Suse.

Cette sculpture, selon sa trilingue dédicace cunéiforme, commémorait la conquête de l'Égypte par le Perse, mais une longue titulature en hiéroglyphes proclame qu'Atoum et Neith ont conféré au fils d'Hystaspe le rôle de mainte nir l'univers en ordre. Le costume est perse, l'attitude est égyptienne. Sur la base, l'image symbolique de l'Union des Deux Terres introduit un dénombrement imagé des peuples de l'Empire, de l'Inde à l'Ionie.

Darius allait par la suite passer en Égypte pour un pharaon modèle : les frontières que l'historiographie tardive attribuait aux conquêtes jadis effectuées par Sésostris n'étaient autres que celles de l'Empire achéménide.

Cf. Oudjahorresné, Perses.

DEUXIÈME PÉRIODE INTERMÉDIAIRE

Certains font débuter la Deuxième Période Intermédiaire avec l'avènement de la XIIIe dynastie, négligeant l'évidente continuité sociale, idéologique et artistique avec la seconde moitié de la XIIe dynastie. Aussi vaut-il mieux en placer le début avec la prise de Memphis par les Hyksôs (~1650), et l'évident déclin dans le style des monuments et des inscriptions qui en résulte. La XIIIe dynastie se prolonge semble-t-il quelque peu après cette date, avant d'être supplantée à Thèbes par la XVIIe dynastie. Parallèlement, dans le nord-est du pays règnent les pharaons hyksôs d'Avaris (XVe dynastie), tandis que le reste de l'Égypte est morcelé entre les chefferies asiatiques et les principautés tenues par des collaborateurs égyptiens de l'occupant. Enfin, les forteresses contrôlant la vallée du Nil en basse Nubie ont été évacuées sous la pression de peuplades nubiennes qui se sont emparées de Bouhen (près de Ouâdi Halfa) et ont fondé une principauté indépendante, utilisant des cadres égyptiens.

Quoique nul autre récit de guerre que celui de la guerre de Kamès ne nous soit parvenu, les titres, les épithètes des particuliers et des pharaons, les découvertes archéologiques (Antef V enterré avec arcs et flèches) indiquent clairement que l'heure est aux combats. Au demeurant s'opère une évolution de la technologie militaire, d'autant que c'est grâce à leur supériorité en ce domaine que les Hyksôs l'ont emporté. L'armement s'améliore et les Égyptiens recrutent dans une ethnie nubienne, les *Medjay*, liée à la culture dite des « *pan-graves* », d'excellents guerriers. La militarisation de la société, impliquée par la réforme des appareils d'État au Moyen Empire, ressuscite des tendances « féodales » avec l'effondrement de l'unité. Protégés par les remparts et les garnisons de leurs villes, les gouverneurs, en particulier à Edfou et à El-Kâb, agissent en potentat dans leurs nomes, encore que, par le jeu d'alliances matrimoniales passées et périodiquement renouvelées, les pharaons thébains parviennent à les garder dans leur mouvance. Toutefois, dans les autobiographies se flétrit l'expression du loyalisme et refleurissent, corrélativement, l'individualisme et l'exaltation de la réussite personnelle, à travers une phraséologie empruntée au répertoire de la Première Période Intermédiaire. Encore une fois les famines, encore une fois leurs solutions purement locales.

Enfin, la perte des centres de traditions comme Memphis et Licht entraîne l'étiolement de la culture. Certes, la connaissance du hiératique et des techniques administratives se maintient ; en revanche, l'écriture hiéroglyphique et l'art monumental dégénèrent faute d'un enseignement à l'échelle nationale ; on balbutie dans la transcription des brouillons cursifs, confondant des signes, en déformant d'autres par un tracé baroque ; les canons étant perdus, les représentations en deux dimensions ou en ronde bosse s'alourdissent, pataudes. Le début de la XVIIIe dynastie portera encore les stigmates de cette dégénérescence.

Temps agités, et sans doute quelque peu barbares que

ceux de la Deuxième Période Intermédiaire ! On en fixa la fin avec le couronnement d'Amosis et le début de la XVIIIe dynastie (~1539), bien que l'éradication de l'occupation hyksôs n'ait été définitivement achevée qu'au cours du règne de ce pharaon.

Cf. Antef, Apophis, Avaris, XIIIe dynastie, XVIe dynastie, XVIIe dynastie, Hyksôs (XVe dynastie), Kamès, Séqenerê Taâ.

IIe DYNASTIE : voir THINITE (ÉPOQUE)

DIPLOMATIE

L'activité guerrière, défensive et offensive, est consubstantielle à la fonction démiurgique du pharaon. En principe, l'action diplomatique ne l'est pas, puisqu'il n'y a pas de commune mesure entre le dieu fils de dieu, soleil sur terre, et les dirigeants des contrées barbares. Quand on écrit que le roi accorde le souffle de vie aux chefs « rebelles » qui viennent lui apporter leurs biens, on ne nous dit pas si cette paix est négociée et si ces présents sont les termes d'un échange. Bien entendu, Pharaon, même quand ses partenaires de Khati, de Babylone ou d'Assyrie lui accordent une primauté protocolaire, négocie au moins autant qu'il bataille. L'Égypte envoie et reçoit des émissaires, s'ingère dans les affaires des autres, combat les intrigues des empires concurrents, distribue de l'or, de cet or dont elle est richissime, prête les médecins royaux aux autres cours et signe des traités. Le pharaon et ses collègues échangent des lettres officielles et les dames et princes de leurs familles respectives font au besoin assaut de civilités épistolaires. Il est peu probable que l'Égypte ait beaucoup contribué à l'élaboration d'un droit international, œuvre des États adversaires et solidaires entre eux du Croissant fertile. La correspondance qui nous renseigne sur la diplomatie des pharaons des XIVe-XIIe siècles est écrite en babylonien (tablettes cunéiformes d'Amarna, Ougarit, Boghaz-Keuî, etc.).

Exceptionnellement, Ramsès II a fait sacraliser à Karnak et au Ramesseum, traduit du babylonien en hiéroglyphes, le traité parfaitement bilatéral, portant paix et assistance mutuelle, convenu avec le roi hittite (tout en le présentant en préambule comme une demande de paix répondant au besoin qu'éprouve toujours le « Taureau des Souverains » de fixer sa frontière où il le veut !).

Le mariage diplomatique se pratique beaucoup entre les puissances du IIe millénaire. Sur ce chapitre, la prétention, explicitement formulée par Aménophis III, répondant au roi de Babylone, que le roi d'Égypte ne donne jamais ses filles, semble avoir effectivement prévalu. Aménophis III accueille pour épouses des princesses babyloniennes et mitaniennes et Ramsès II comptera parmi ses femmes deux filles du roi hittite Hattousil. Les temps auront changé lorsque Salomon obtiendra une fille d'un roi tanite.

Xe DYNASTIE : voir IXe ET Xe DYNASTIES

XIXe DYNASTIE

Compté conventionnellement comme le dernier roi de la XVIIIe dynastie, le général Horemheb, qui restaura définitivement l'ordre normal au lendemain de l'hérésie amarnienne, désigna son collègue Ramsès pour successeur. Ce Ramsès I (~1293 ~1291) fait souche de la première dynastie ramesside dont l'histoire se divise en deux phases contrastées : un « siècle d'or » dont témoignent encore une quantité magnifique de temples, de tombes, d'inscriptions, puis une série de conflits intérieurs que révèlent notamment des martelages de cartouches et qui, durant une vingtaine d'années, se traduit par une assez faible production monumentale.

— Première phase : Séthy I (~1291 ~1279) et Ramsès II (~1279 ~1213) maintiennent avec succès une domination égyptienne en Asie. Des abords de la Quatrième Cataracte à la région de Damas, l'Empire se couvre de fondations. Merenptah (~1213 ~1204) repousse les Libyens et se maintient en Palestine. Cette phase est caractérisée par un nombre croissant de courtisans et de soldats d'origine étrangère, le développement du Delta, la structuration de l'économie partiellement sous-traitée aux temples dont les clergés restent tenus en main, l'exaltation de la « triade ramesside » (Amon de Thèbes, Rê d'Héliopolis, Ptah de Memphis auxquels est adjoint Seth, patron de la famille), le culte ostentatoire du souverain incarné dans des colosses. Gigantisme architectural et prolixité épigraphique, Ramsès le Grand crée un style de pouvoir et renouvelle les lettres et les arts.

— Deuxième phase : Séthy II (~1204 ~1198), fils de Merenptah, est contesté par l'usurpateur Amenmessou. Son rejeton, l'infirme Siptah (~1198 ~1192), règne sous la tutelle de la reine douairière Taousert, qui, comme jadis Hatchepsout, se fera roi de plein titre (~1192 ~1190), et du grand trésorier Baï. « De nombreuses années sans chef », puis des « années vides » ! Trente-trois ans plus tard, un historiographe décrira, non sans enflure, cette micropériode intermédiaire : il n'y avait plus de décideur et l'Égypte était passée aux mains des dignitaires et des chefs locaux. Un Syrien qui s'était fait lui-même (Baï ou un imitateur) en vint à s'instaurer comme potentat, gouvernant le pays, tandis que sa bande rançonnait. Les dieux ne furent pas mieux traités que les humains, les temples étant dépouillés de leurs revenus. Les listes officielles ne nommeront aucun souverain entre Séthy II et Sethnakht, fondateur de la XXe dynastie.

— Durant toute la XIXe dynastie, les rois firent tous creuser leur hypogée dans la Vallée des Rois, Thèbes demeurant la capitale de l'Empire, mais Memphis partage avec Pi-Ramsès les fonctions de siège de la cour et de l'administration centrale.

Lalouette C., *L'Empire des Ramsès*, Paris, 1985.

Cf. Pi-Ramsès, Ramessides, Ramsès II, Séthy I, Taousert.

XVIe DYNASTIE

La XVIIe dynastie succède directement à la XIIIe dynastie, dans des conditions qui nous demeurent obscures, sans doute un peu après l'établissement de la suprématie hyksôs (~1650). Elle ne contrôlait que la Haute-Égypte et une partie de la Moyenne-Égypte, jusqu'à Cusae, le reste appartenant aux chefferies asiatiques vassales des Hyksôs, aux Égyptiens collaborateurs, ou aux Hyksôs eux-mêmes. À ces Hyksôs les pharaons de la XVIIe dynastie devaient verser un tribut et tolérer leurs garnisons, installées aux endroits stratégiques (ainsi, Gébélein). Par ailleurs, les forteresses de basse Nubie avaient été évacuées, et la frontière ramenée à Éléphantine. C'est donc une situation peu brillante que durent gérer les dynastes thébains. Ils s'appuyaient sur un cartel de provinces, comme celle d'Edfou ou celle d'El-Kâb, dont le domaine du temple était étroitement associé à celui d'Amon. À coup sûr, l'esprit de reconquête animait la XVIIe dynastie, mais bridé par un rapport de force défavorable en raison de la supériorité des techniques militaires hyksôs. On entrevoit une succession de phases d'hostilités, avec quelques succès et beaucoup de revers, et de phases de cohabitation pacifique. La vraie guerre de libération, menée en utilisant d'importants contingents de mercenaires nubiens (les *Medjay*), ne commença qu'avec Kamès pour ne se terminer qu'avec le règne de son successeur, Amosis.

Ni l'ordre, ni même tous les noms des pharaons de la XVIIe dynastie ne sont assurés :

Antef V (Noubkheperrê), sans doute le fondateur ; Rêhotep ; Sébekemsaf I (Ouadjkhâou), qui régna seize ans, et de manière active ; Djehouty, Souadjen... ; Nebiryeraou I ; Nebiryeraou II ; Sémennéferrê ; Souserenrê ; Sébekemsaf II (Sekhemrê-shedouaset) ; Antef VI et Antef VII ; Senakhtenrê ; Séqenenrê Taâ, Kamès.

Ces pharaons avaient une résidence à Ballas (Ombos, non loin de Coptos), mais régnaient évidemment à Thèbes, où ils étaient enterrés dans des tombes surmontées de pyramides en briques. Ces tombes, sises à Dra Abou'l Negga, à côté du cimetière de la XIe dynastie — ce qui est un symbole —, furent déjà pillées sous les Ramessides.

Cf. Antef, Apophis, Deuxième Période Intermédiaire, XVIe dynastie, Hyksôs (XVe dynastie), Kamès, Séqenenrê Taâ.

DJOSER

~2617 ~2599

Deuxième pharaon de la IIIe dynastie ; nom d'Horus : Netcherykhet ; règne dix-neuf ans (-2617 -2599). De ce règne nous ne savons presque rien, sinon qu'il fut sans doute le premier pharaon à avoir placé la péninsule du Sinaï et ses ressources minières (cuivre, turquoise) sous contrôle égyptien. Par ailleurs, ses monuments sont peu nombreux. Heureusement, le qualitatif vient compenser le quantitatif. C'est lui, en effet, qui dressa à Saqqara cet immense complexe monumental où se pressent les touristes : une enceinte à redans de 1 600 m de périmètre protège une série de constructions souvent factices, modèles de palais et d'édifices jubilaires, et qui complètent la tombe royale, constituée d'un entrelacs de galeries et de salles souterraines, surmonté d'une pyramide à six degrés (hauteur : 60 m). L'architecture, explicitement conçue comme la transposition en pierre d'édifices en matériaux légers (bois, roseaux), atteint la perfection ; la statue de Djoser est la première statue de pierre grandeur nature jusqu'à présent connue. Ces progrès techniques furent attribués à Imhotep.

Djoser laissa un si prestigieux souvenir que c'est à son nom que fut rédigé un apocryphe de l'Époque ptolémaïque, soit deux millénaires et demi après ! Ce récit, gravé sur l'île de Séhel, et appelé « stèle de la famine », vise à justifier par des événements de son règne les avantages perçus alors par le temple de Khnoum sur la Nubie.

Cf. Imhotep, Pyramides, IIIe dynastie.

XIIe DYNASTIE

Fondée par Amménémès I, ci-devant vizir du dernier roi de la XIe dynastie, la XIIe dynastie eut fort à faire pour imposer sa légitimité contre les partisans de la précédente, mais y parvint malgré de graves crises — comme celle provoquée par l'assassinat de son fondateur — grâce à une efficace propagande, diffusée par d'excellents écrivains. Elle garda le pouvoir pendant plus de deux cents ans, et ne le perdit qu'après le règne d'une reine devenue pharaon, Skémiophris, dans des conditions qui nous échappent ; au demeurant, sa politique et son esprit se prolongèrent dans la dynastie suivante.

La succession des pharaons s'établit ainsi :

— Amménémès I (~1991 ~1962).

— Sésostris I, son fils et corégent (~1971 ~1926).

— Amménémès II, fils et corégent du précédent (~1929 ~1895).

— Sésostris II, fils et corégent du précédent (~1897 ~1878 ?).

— Sésostris III, fils du précédent (~1878 ~ 1843).

— Amménémès III, (~1843 ~1796).

— Amménémès IV, neveu (?) et corégent du précédent (~1799 ~1787).

— Skémiophris (Sébeknéfrou), fille d'Amménémès III, épouse d'Amménémès IV, régna comme Pharaon (~1787 ~1784) à la mort de son époux, en assumant les prérogatives et les devoirs (entretien des sanctuaires) de cette fonction.

On peut diviser l'histoire de la XIIe dynastie en deux périodes : d'Amménémès I à Sésostris II, les pharaons tentent d'équilibrer l'héritage thébain de la Première Période Intermédiaire, puisqu'ils s'assument comme continuateurs de la XIe dynastie, bien qu'ils l'aient supplantée, avec le modèle traditionnel de l'Ancien Empire. D'où le choix, comme capitale administrative, de Licht, assez proche de Memphis pour bénéficier de son rayonnement culturel (arts et science sacrée), mais assez éloignée au sud pour marquer sa spécificité et signifier la recherche d'un juste milieu entre Haute et Basse-Égypte. Tout en forgeant le concept de « Thèbes victorieuse », les pharaons édifièrent des pyramides, comme à l'Ancien Empire. S'ils recrutèrent essentiellement dans leur province d'origine l'élite dirigeante, ils maintinrent dans ses grandes lignes l'organisation sociale des temps anciens ; en particulier, de puissantes familles de nomarques exerçaient encore leur fonction dans l'esprit et l'apparat de la VIe dynastie.

À partir du règne de Sésostris II s'opère un profond changement dans les appareils étatiques. De nouveaux offices, une nouvelle hiérarchie, de nouveaux titres furent créés ; on procéda à un redécoupage des attributions et des responsabilités dans l'encadrement des forces productives et la gestion de la production. Les lignées de nomarques à la mode ancienne s'éteignirent, tandis que ces nomarques étaient remplacés par des gouverneurs à l'échelon de la ville, et non plus du nome, lesquels gouverneurs étaient secondés et surveillés par des « rapporteurs » dépendant directement du vizir. L'ensemble du territoire fut divisé en trois « départements » dirigés, eux aussi, par des « rapporteurs ».

L'encadrement de la main-d'œuvre fit l'objet de soins d'autant plus attentifs qu'elle n'était jamais assez nombreuse ; on mit sur pied un « bureau de la répartition des hommes » et un service de la « prison » qui géraient tout à la fois des prisonniers de droit commun, condamnés aux travaux forcés, de nombreux Asiatiques, immigrés ou prisonniers de guerre, et des travailleurs statutaires, toujours prompts à fuir les cultures ou les chantiers qui leur étaient assignés. L'ordre était assuré par des milices organisées en différents corps, « suivants », « suivants du prince », « curateurs des commensaux du prince », « pensionnés de la ville », etc.

Ces réformes suscitèrent l'émergence d'une classe moyenne d'agents des offices d'État, assez rétribués pour s'offrir des monuments funéraires inscrits, ce qui était auparavant l'apanage de l'élite des hauts dignitaires. Ce changement du paysage sociologique, marqué par la multiplication de stèles, de statues, ou de tables d'offrandes de moyenne qualité, est l'un des traits les plus frappants de la seconde moitié de la XIIe dynastie.

Dans son ensemble, cette dynastie a accru l'étendue de la civilisation pharaonique, en mettant en exploitation le Fayoum, autrefois couvert de marais, et, plus encore, en forgeant une véritable politique extérieure, fondée sur une bonne connaissance des pays voisins comme le montrent les « textes d'exécration », où tous les noms des contrées étrangères et de leurs dirigeants sont minutieusement répertoriés et fixés sur des vases ou des figurines, supports de rites d'envoûtement. De manière plus réaliste, la vallée du Nil de basse Nubie fut intégrée à l'Égypte grâce à un système complexe de forteresses. En Asie, les relations traditionnelles avec Byblos furent à ce point resserrées que se constituèrent des dynasties de potentats très fortement égyptianisés ; plus généralement, le commerce s'intensifia avec la Syro-Palestine, et, à travers elle, avec le monde égéen, tandis que de nombreux Asiatiques immigraient en Égypte. Le *Roman de Sinohé* reflète bien son temps, qui situe l'essentiel de son action dans ce monde asiatique sur lequel s'ouvrait l'Égypte.

Point de hasard si ce chef-d'œuvre de la littérature

égyptienne a pour cadre le règne de Sésostris I. Le plus somptueux legs de la XIIe dynastie à la civilisation égyptienne, ce sont toutes ces fictions, ces récits (*Roman de Sinohé*, *Conte du naufragé*), cette prophétie (*Prophétie de Néferty*), ces sagesses (*Enseignement d'Amménémès I*, *Enseignement de Chéty*, *Enseignement loyaliste*, *Enseignement d'un homme à son fils*), ces poèmes (*Hymne au Nil*) qui demeurèrent des classiques jusqu'à la fin de la période dynastique.

Posener G., *Littérature et politique dans l'Égypte de la XIIe dynastie* (Bibliothèque de l'École pratique des hautes études 307), Droz, Paris, 1956.

Cf. Amménémès, Antefiqer, Sésostris, Sinohé.

DUALITÉ

Dans toutes ses manifestations, la monarchie était conçue, dans l'Égypte ancienne, comme une institution duelle, et à travers laquelle s'unissaient le Nord et le Sud. Le pharaon porte alternativement la couronne blanche de Haute-Égypte, la couronne rouge de Basse-Égypte, ou encore les deux à la fois, sous le nom de *pschent* ; il est le « maître des deux pays », « le roi du Sud et du Nord », protégé par « les deux maîtresses », c'est-à-dire Nekhebet, la déesse-vautour d'El-Käb, pour la Haute-Égypte, et Ouadjyt, la déesse-cobra de Bouto, pour la Basse-Égypte, et Seth, en tant que seigneur de la Haute-Égypte. On n'en finirait pas d'énumérer la kyrielle d'expressions et de représentations dualistes par lesquelles se formule le dogme monarchique, et qui culminent dans les rituels spécifiques comme celui du couronnement ou la «fête-*sed* » (sorte de jubilé royal).

Cette dualité, si fréquemment proclamée, n'a pas laissé de frapper les égyptologues. L'un d'eux, K. Sethe, élabora une théorie complexe selon laquelle elle refléterait les événements politiques qui marquèrent la protohistoire

(« *Urgeschichte* ») : non seulement la conquête d'un royaume du Nord par un royaume du Sud, qui ouvre l'histoire dynastique, mais aussi d'autres épisodes antérieurs, quand, tour à tour, des monarchies de Basse et de Haute-Égypte auraient provisoirement assuré leur hégémonie sur l'ensemble de l'Égypte.

L'égyptologie moderne a pris ses distances avec cette théorie, quelque peu naïve, et qui postule mécaniquement un événement politique derrière chaque figure dualiste de l'idéologie pharaonique. En fait, c'est une caractéristique de la civilisation égyptienne que d'exprimer une réalité comme l'union de deux modalités opposées ; ainsi, « se comporter » se dit « s'asseoir et se lever », « la totalité » se tourne par « ce qui existe et ce qui n'existe pas ». À coup sûr, cette forme de pensée est à l'œuvre dans le dualisme du dogme monarchique. En tant qu'unité politique dont le pharaon est le symbole et le garant, l'État égyptien se manifeste comme l'union de la Haute et de la Basse-Égypte, tout d'abord parce que l'opposition géographique de ces deux régions offre les termes les plus obvies à une pensée qui procède par couple antagoniste ; sans préjudice des oppositions de culture qui ont pu correspondre, *grosso modo*, à cette opposition géographique au moment de la gestation de l'État pharaonique ; sans préjudice, non plus, de ce que cette gestation a abouti incontestablement à l'extension dans le Nord d'une société déjà organisée et essentiellement implantée dans le Sud, ce qui ne veut pas dire conquête d'un royaume de Basse-Égypte par un royaume de Haute-Égypte.

D'une manière générale, on ne peut nier que les couples utilisés dans l'idéologie monarchique mettent en jeu d'authentiques réalités ; après tout, un petit royaume, sis dans le Delta méridional, autour de Bouto, a pu exister à une certaine époque du prédynastique ; d'autre part, El-Kâb, ville de Nekhebet, était un haut lieu de la protohistoire ; mais là où opère la pensée systématique de l'Égypte ancienne, c'est en appariant ces réalités, en les forçant dans une symétrie artificielle et fondée sur des analogies plus formelles qu'historiques ou politiques.

Frankfort H., *La Royauté et les dieux*, Payot, Paris, 1951.

DYNASTIES

L'égyptologie regroupe les pharaons en dynasties, numérotées de une à trente. Ce classement a été emprunté à Manéthon, prêtre égyptien qui écrivit en grec une histoire de l'Égypte au temps de Ptolémée II, ouvrage qui ne nous est parvenu qu'en fragments. Chaque dynastie a été caractérisée par cet auteur en se référant à une ville (ou, pour les rois d'origine extérieure, par un qualificatif ethnique : Hyksôs, Éthiopiens, Perses). Les adjectifs géographiques se réfèrent, selon les cas, au nome dont les forces avaient imposé un nouveau pouvoir, à la ville dont la divinité avait patronné ce pouvoir (ce qui revient au même) et au lieu où se trouvaient les tombeaux des rois en question.

Il n'est pas sûr, en revanche, que la notion de « dynastie » ait déjà connoté, pour Manéthon, le concept de succession familiale par hérédité qui nous est familière. Le découpage manéthonien rend compte de façon pertinente de certaines discontinuités réelles de l'histoire politique égyptienne : ainsi la coupure entre XVIIe et XVIIIe dynastie, correspondant à l'expulsion des Hyksôs, sans qu'il y ait eu changement de famille, ni de métropole ; ou les triomphes successifs des villes du Delta à partir de la XIXe dynastie. Le cadre de nos dynasties ne peut évidemment être retenu pour périodiser toutes les évolutions socio-économiques et culturelles qui ont marqué les temps pharaoniques.

Cf. Chronologie.

ÉTHIOPIENNE, ou KOUCHITE (DYNASTIE)

Les Grecs englobaient notamment dans leur vague et immense Éthiopie (nous disons l'Afrique noire et les Arabes disent *Sudan*, « le pays des Noirs ») toutes les contrées peuplées d'hommes à peau sombre situées en amont de la Première Cataracte du Nil. C'est pourquoi Manéthon définit comme « éthiopienne » la XXVe dynastie, issue de Napata en Nubie et qui régna à la fois sur son Soudan natal et sur l'Égypte une cinquantaine d'années durant. Hérodote, avant lui, avait qualifié d'« éthiopien » le roi Sabacon (Chabaka) qui personnifie dans son *Histoire* la totalité de cette dynastie. Le terme « Éthiopie » est restreint de nos jours, désignant l'État multiracial constitué au-dessus de la corne orientale de l'Afrique par la dynastie abyssine et dont le territoire ne recoupe en rien celui des antiques pharaons de Napata et de Méroé. Aussi est-il commode d'appliquer alternativement à ces pharaons l'appellation de « Kouchites », tirée du nom de Kouch qu'eux-mêmes donnaient à leur patrie.

Après la XXe dynastie, la Nubie, que le Nouvel Empire avait radicalement égyptisée, est évacuée par les garnisons égyptiennes et il ne semble pas que les quelques « vice-rois de Kouch » contemporains des Tanites et des Libyens aient pu y exercer bien loin leur gouvernorat. Dans le lointain et fertile Dongola, un pouvoir local s'affermit au cours des IXe-VIIIe siècles, série de princes pour nous anonymes, inhumés à El-Kourou, près de Napata.

Cette Napata, lieu d'un culte majeur d'Amon, avait été la métropole la plus méridionale du dominateur égyptien et, alors que l'essentiel de la civilisation du domaine napatéen avait renoué avec le patrimoine soudanais, une certaine tradition culturelle pharaonique s'y maintenait. À un moment donné, le prince de Napata adopta les titres et attributs des pharaons, se trouvant ainsi placé sur pied d'égalité avec les rois concurrents qui se partageaient l'Égypte libyenne. On ne peut dire si cette adoption du prestigieux modèle précéda l'expansion des Kouchites vers le nord ou si elle en fut la conséquence.

Vers ~750, Kachta est reconnu à Éléphantine. Sous son fils, Piyé, toute la Thébaïde, où la lignée chechanquide a été éliminée, est annexée. En dépit de Tefnakht, prince de l'Ouest, Piyé étend son protectorat sur toutes les principautés d'aval. Chabaka, frère de Piyé, élimine le roi Bocchoris, fils de Tefnakht : il n'y a plus qu'un seul pharaon entre le Sahel soudanais et la Méditerranée. C'est avec ce Chabaka (~716 ~702) que Manéthon fait commencer sa XXVe dynastie et c'est sous ce roi qu'apparaît l'usage de placer au front du diadème deux cobras-uraeus, innovation correspondant à l'antique thème de l'unification des Deux Terres, thème qui se trouvait répondre à la réunion de deux vastes royaumes. Après Chabaka régneront deux fils de Piyé, Chabataka (~702 ~690) et Taharka (~690 ~664), puis Tanoutamon, neveu du précédent (~664 ~656).

L'œuvre politique et monumentale des Kouchites ne présente ni la même ampleur ni la même portée, selon que l'on considère le Soudan et les deux parties de l'Égypte. Dans la portion utile du Soudan, la vie urbaine et rurale prospère, de la Djezireh de Méroé jusqu'à la Troisième Cataracte. L'importation d'artisans égyptiens dote les sanctuaires d'Amon de petits temples magnifiques (Napata, Sanam, Kawa, Pnoubs). Pour égyptisée qu'elle soit, la monarchie (dont la dévolution, de frère en frère, n'est pas de type égyptien) reste délibérément soudanaise : les rois se font construire des pyramides dans le cimetière ancestral d'El-Kourou, sauf Taharka qui s'en va à Nouri, sans s'éloigner de Napata. Peu de signes exotiques, au demeurant, dans la tenue de ces princes : un diadème particulier, des bijoux inédits multipliant la tête du bélier d'Amon.

En Thébaïde, les familles sacerdotales en place sont

ralliées au pharaon napatéen. Le dévot d'Amon, venu du Sud lointain, consacre l'autonomie que les grands prêtres tanites et libyens lui avaient gagnée. Des adoratrices kouchites, Amenirdis, fille de Kachta, et Chapenoupet, fille de Piyé, prennent le relais de leurs devancières chechanquides. Les temples de Thèbes bénéficient de remarquables embellissements signés du roi ou de l'épouse divine. Généralement de volume modeste, mais d'une qualité dépouillée, ces monuments consacrent la renaissance archaïsante des arts sacrés.

La XXVe dynastie paraît avoir presque tout le temps détenu Memphis. Son contrôle sur le Delta fut plus lâche, le royaume de Saïs qui proclama une nouvelle dynastie — la XXVIIe — constituant un obstacle tenace pour un conquérant venu de si loin, tandis que se maintenaient de petits pharaons tanites et les « grands chefs ». À en juger par son œuvre monumentale et par le souvenir qu'il laissa, Taharka maîtrisa presque, durant quelques années, la totalité, démesurément allongée, de son empire nilien. Vers ~700, les Égypto-Soudanais n'avaient pu empêcher l'Assyrien Sennachérib de ravager la Palestine. Sous Assarhoddon, puis Assourbanipal, la machine de guerre assyrienne força l'entrée de l'Égypte : Memphis (~671), puis Thèbes (~666) furent atteintes. Cette intervention renforça finalement Saïs et les indépendances du Nord. Une contre-attaque de Tanoutamon déclencha le retour d'Assourbanipal et aboutit au spectaculaire sac de Thèbes (~663). Bientôt le Saïte Psammétique refoulait la dynastie de Napata au-delà d'Assouan (~656).

Sherif N.M., Leclant J. et Hakem A., *Histoire générale de l'Afrique, II. Afrique ancienne*, Unesco, 1980, p. 259-346.

FAMINE

L'agriculture égyptienne, pour ses produits de base, en particulier les céréales, dépendait étroitement de la crue du Nil, laquelle était souvent irrégulière. Une crue insuffisante, ou, pis, plusieurs années de crues insuffisantes, et le grain manquait, disettes et famines s'ensuivaient, entraînant parfois des actes de cannibalisme. Il est vrai qu'un État bien organisé pouvait parer, partiellement, à tout le moins, à ces fléaux, par un stockage judicieux. Aussi les famines étaient-elles surtout aiguës pendant les périodes de désordre ; alors, tel potentat local, assez avisé pour avoir prévu des réserves, parvenait à nourrir sa ville, et même les cités alliées, quand partout ailleurs on criait famine. Une stèle apocryphe, datée de Djoser, mais en fait gravée à l'Époque ptolémaïque, rapporte que, durant sept années — le chiffre, bien sûr, est significatif —, Hâpy, c'est-à-dire la crue du Nil, n'était pas venue à sa date, aussi le grain était rare, les hommes avaient faim, et le désordre s'était installé. À Imhotep, qui enquêtait sur les raisons de cette calamité, Khnoum fit savoir qu'il userait de son influence auprès d'Hâpy — et cette influence était conséquente puisque près d'Éléphantine, sa ville, se trouvaient des sources du Nil — pour qu'il revienne à de meilleurs sentiments et à des crues plus régulières. Ce texte, appelé « stèle de la famine », visait à justifier les droits du temple de Khnoum sur la Nubie ; mais il repose sur une des tristes réalités de l'Égypte pharaonique.

Cf. Djoser, Grève.

GRAND PRÊTRE D'AMON

La désignation littérale était « le serviteur-du-dieu en premier d'Amon-Rê, roi des dieux » que l'on transpose volontiers en « premier prophète d'Amon ». La nomenclature grecque d'époque lagide appelait en effet « prophètes » la plus haute catégorie des prêtres — devant les « pères-du-dieu » et les « purs » (*ouâb*) — sans doute parce qu'il leur revenait d'exprimer les volontés oraculaires des divinités. Les souverains issus de Thèbes

(XVIIe-XVIIIe dynasties) ont expulsé les Hyksôs, puis constitué un vaste et prospère empire. Amon, le patron de leur ville, a procréé ces rois et les a confirmés parfois par ses oracles. Son efficacité providentielle est reconnue et renforcée par les agrandissements de son temple de Karnak, par la célébration de ses fêtes annuelles et par les donations, proportionnées à sa primauté, de terres, de cheptel, de mines d'or, de fabriques. Ses revenus fournissent son autel et entretiennent un clergé nombreux. Toute une administration est mise en place pour gérer ses biens. Beaucoup de dignitaires reçoivent des bénéfices de « prophètes d'Amon », leurs épouses étant « chanteuses d'Amon ». Avec le temps, et en dépit de l'intermède atoniste, la « maison d'Amon » sera une puissance économique et sociale comparable à la « maison du Roi » et bien plus riche que celles des autres divinités. Au-dessus du deuxième, du troisième, du quatrième prophètes, le grand prêtre dirige cette immense entreprise cultuelle, au spirituel comme au temporel. Le poste est pourvu par désignation royale (Ramsès II appelle Nebounenef, chef du clergé de Dendara, et un ancien officier, Bakenkhonsou). Sous les XVIIIe-XIXe dynasties, il passe rarement de père en fils. Sous la XXIe dynastie s'accentue le processus qui va faire du grand prêtre d'Amon une puissance politique autonome pour un demi-siècle environ. La réflexion théologique et la dévotion pour l'organisateur primordial et omniprésent de l'univers ont élargi la dépendance du roi et de tous par rapport à Amon-Rê et à son oracle. Une sorte de confrérie cossue des prêtres d'Amon se constitue par le jeu de l'hérédité et des mariages, correspondant à une spécialisation croissante en science sacrée et techniques rituelles. Plusieurs générations d'une même famille monopolisent, de Ramsès IV à Ramsès XI, le siège pontifical lui-même et la direction temporelle du domaine d'Amon. Le généralissime parvenu, Herihor, devenu premier prophète d'Amon, inaugure le régime « théocratique ». Sous la XXIe dynastie, elle-même surgeon de cette théocratie thébaine, puis sous les princes apanagés des XXIIe-XXIIIe dynasties, le grand prêtre est un dynaste indépendant qui gouverne la Haute-Égypte sous le couvert des oracles, et non sans devoir compter avec les agitations des lobbies sacerdotaux. Après l'Éthiopien Horemakhet, fils de Taharka, la dangereuse fonction pontificale s'efface devant le pouvoir moral et régalien de l'« adoratrice », fille du pharaon saïte.

Cf. Clergé, Herihor, Pinodjem.

GRÈVE

Eh oui ! on faisait déjà grève au temps des pharaons, à tout le moins pendant la XXe dynastie. Les ouvriers qui travaillaient aux tombes royales étaient payés sous forme de prestations régulières en biens de consommation, fournis par l'État ; régulières, ces prestations, certes, mais à condition que greniers et magasins fussent remplis. Or, déjà en l'an XXIX de Ramsès III, frappait la crise qui allait assombrir la fin du Nouvel Empire ; les rations n'étaient plus distribuées en temps voulu. Poussés par la nécessité, les ouvriers quittèrent leur village (l'actuel Deir el-Medina) pour occuper les temples funéraires — d'abord celui de Thoutmosis III, puis ceux de Ramsès II et de Séthy I —, en lisière des cultures ; pour ce faire, ils passaient les cinq postes fortifiés qui défendaient l'accès à ces temples depuis la montagne, marquant ainsi qu'ils rompaient avec la normale ; et, de ce fait, « passer les (cinq) postes fortifiés » était, à l'époque, l'équivalent de notre expression « faire grève ». Ces mouvements étaient spontanés, sans organisation préalable, et les revendications des grévistes élémentaires :

« Si nous en sommes arrivés là, c'est à cause de la faim, à cause de la soif ; il n'y a pas de vêtements, pas d'onguent, pas de poisson, pas de légumes ; écrivez à

Pharaon, vie, santé, force, notre bon maître à ce sujet, et écrivez au vizir, notre supérieur, pour qu'il nous procure un moyen de vivre. »

En définitive, après quelque retard, les allocations furent versées, et les ouvriers reprirent le travail. Mais d'autres grèves éclatèrent peu après, et se répétèrent jusqu'à la fin de la XXe dynastie. Le pouvoir tentait de parer au plus pressé à force de discours captieux et de demi-mesures — ne serait-ce qu'en fournissant la moitié des rations dues ! — et finissait par satisfaire les légitimes revendications des ouvriers en raclant les fonds des silos. Parfois, la solution des conflits était plus complexe, parce que la grève avait été suscitée pour dénoncer la corruption, les prévarications, et les scandales qui rongeaient l'Institution de la tombe ; alors nos sources deviennent curieusement réticentes sur les mesures adoptées !

GUERRE

La protection de ses sujets contre les petites incursions et les grosses invasions ainsi que le fructueux élargissement des frontières sont la tâche du roi et, théologiquement, relèvent de lui seul qui reçoit des dieux la force pour ce faire. Les grandes scènes de la « mise à mort des ennemis » en présence d'une divinité matérialisent sur les façades des temples cette action protectrice (et ne figurent pas un sacrifice humain). La remise du glaive au roi par un dieu et la présentation au dieu par le roi de listes de peuples enchaînés (« cartouches forteresses ») ritualisent un échange : force victorieuse contre butin.

Événements exemplaires du maintien de l'ordre providentiel par la vertu du souverain, les batailles et retours victorieux de l'immense pharaon actualisent un cérémonial. Autant que les assurances de sa divinité et de ses pieuses activités constructrices, les qualificatifs définissant son succès à la guerre et sa vigueur personnelle composent les titulatures et panégyriques lapidaires de tout pharaon (fût-ce un adolescent et même lorsque les armées sont inactives). Au Nouvel Empire, époque bien connue des conflits entre grands États, on distingue les « sorties du roi », menées par le souverain en personne à la tête de forts contingents, et « les sorties des archers » que ses officiers, montrant « le glaive du Pharaon », dirigent pour pacifier localement les tributaires. Au-delà du pathos emphatique par lequel est sempiternellement affirmée la solitude triomphante du démiurge incarné, les récits anecdotiques relevés dans les mémoriaux de rois tels que Kamès, Thoutmosis III, Aménophis II ou Ramsès II (bataille de Qadesh) révèlent en eux des entraîneurs d'hommes (mais pas toujours des stratèges éclairés). Deux dieux sont les prototypes du guerrier : Montou, premier patron des rois des XIe-XIIe dynasties, et Seth, le violent défenseur de la barque du soleil.

HAREM

Dans les riches résidences, l'épouse, normalement unique, et ses domestiques disposaient de locaux particuliers. L'Égypte n'en a pas pour autant connu l'équivalent du harem turc ou des gynécées où les femmes vivaient à part, plus ou moins recluses. Autour des dieux, au Nouvel Empire, les nobles dames formaient des chorales de musiciennes et de chanteuses que nous appelons leur « harem », fort approximativement.

À la même époque existaient des institutions qui devaient enfermer une importante quantité de personnes du sexe (le nom est synonyme d'« enclos », lieu où on est retenu). Gérées au bénéfice des reines qui venaient y résider, ce n'était pas là de simples instruments de la sexualité de Pharaon. Installés à Thèbes, à Memphis et à Gourob, ces « harems du Roi » disposaient de biens fonciers et du produit de certaines taxes. On y élevait les jeunes captifs étrangers pour les éduquer à l'égyptienne. Un vaste personnel féminin s'y adonnait à la production textile. Ces entreprises étaient administrées et servies par un corps important de fonctionnaires masculins (directeur, lieutenant, scribes, collecteurs, démarcheurs commerciaux, agents de sécurité) mais on n'a pas trace que cet encadrement ait comporté des eunuques.

HATCHEPSOUT

~1471 ~1456, XVIIIe DYNASTIE

Fille de Thoutmosis I et d'Ahmès, et épouse de Thoutmosis II auquel elle ne donna qu'une fille, Néfrourê. À la mort de Thoutmosis II (~1478), la succession échut à un fils qu'il avait eu d'une concubine nommée Iset ; mais ce fils, Thoutmosis III, marié pour la circonstance à Néfrourê, était encore un tout jeune enfant. Hatchepsout fut donc appelée à la régence, selon une coutume plusieurs fois attestée, en particulier au début de la dynastie (Ahmès-Néfertary). Mais poussée par l'ambition, elle changea cette régence en corégence institutionnalisée. En effet, un peu avant l'an VII de Thoutmosis III, elle se fit couronner, prenant la titulature, les attributs (dont la barbe postiche), les épithètes (dont celle de « taureau ») propres au pharaon ; sa légitimité fut cautionnée par des oracles, et justifiée en alléguant la volonté de son père Thoutmosis I, à travers laquelle se serait manifesté le choix d'Amon lui-même (théogamie). Ce n'était pas, à proprement parler, une usurpation : les événements étaient datés par rapport au règne de Thoutmosis III, lequel était associé aux manifestations du pouvoir royal ; toutefois, dans le protocole de cette association, Hatchepsout avait toujours la préséance, soit qu'un subtil détail de l'étiquette indiquât sa prééminence, soit que le roi fût voué à la portion congrue. Il est clair qu'Hatchepsout bénéficiait d'appuis importants, en particulier celui du haut clergé d'Amon, dirigé par le grand prêtre Hapouseneb, et qu'elle sut se gagner la dévotion de fidèles comme Senenmout. Elle conserva l'essentiel du pouvoir jusqu'à sa mort, dans des conditions obscures, autour de l'an XXII de Thoutmosis III. Celui-ci avait fort mal supporté d'avoir été si longtemps écarté : après la mort de la reine, il en fit marteler les cartouches, leur substituant ceux de Thoutmosis I, de Thoutmosis II, ou encore les siens.

Si le règne d'Hatchepsout n'est guère marqué par de grandes conquêtes, encore que l'Égypte ait intensifié son rayonnement au-delà de la Troisième Cataracte en Nubie, en revanche, il vit le parachèvement de la politique de restauration entreprise depuis l'expulsion des Hyksôs. Les premiers pharaons de la XVIIIe dynastie s'étaient attachés surtout à reconstruire autour de Thèbes durant la Deuxième Période Intermédiaire, mais ils avaient quelque peu négligé le reste du pays. Hatchepsout rebâtit et rétablit dans leur fonctionnement des sanctuaires laissés quasiment à l'abandon depuis les Hyksôs, comme le Spéos Artémidos.

Bien évidemment, elle ne négligea pas pour autant Thèbes, la ville dynastique : le temple de Montou, l'allée processionnelle de Louqsor à Karnak, furent l'objet de ses soins ; et, plus encore, le temple de Karnak : elle édifia, entre autres, un sanctuaire de la barque (« chapelle rouge »), et dressa deux paires d'obélisques (le transport de la première paire est représenté dans le temple de Deir el-Bahri). Les matériaux et les produits nécessaires à la construction et au fonctionnement des temples se trouvaient disponibles grâce à l'intense exploitation des carrières et des mines, et à la bonne conduite des relations commerciales avec les comptoirs exotiques, et, particulièrement, Pount (de célèbres reliefs de Deir el-Bahri racontent par le texte et l'image une expédition menée là-bas).

Au-delà même de la pure matérialité des réalisations, l'effort de restauration, c'est-à-dire de remise en conformité avec l'ordre démiurgique, se mesure à l'avènement d'un nouveau classicisme fondé sur l'imitation des œuvres du Moyen Empire et l'expulsion des dernières scories de la Deuxième Période Intermédiaire dans l'art et l'écriture.

Que le temple funéraire d'Hatchepsout ait été édifié à Deir el-Bahri, près de celui de Montouhotep II, indique assez le choix du Moyen Empire comme modèle. Ce temple s'étageait en deux terrasses superposées, bordées de portiques, et traversées par une rampe qui prolongeait une longue chaussée ; sur la terrasse supérieure, une cour à colonnade conduisait au sanctuaire, creusé dans la falaise même qui surplombait l'ensemble ; ainsi l'économie du monument avait-elle été suggérée par son site même. Outre une tombe aménagée à l'époque où elle n'était que l'épouse de Thoutmosis II, Hatchepsout se fit excaver une tombe en tant que pharaon dans la Vallée des Rois près de celle de son père Thoutmosis I.

Ratié S., *La Reine Hatchepsout. Sources et problèmes*, Leyde, 1979.

Cf. Senenmout, Thoutmosis I, Thoutmosis II, Thoutmosis III.

HÉLIOPOLIS

En égyptien *Iounou* (d'où dérive finalement la forme *On* de la Bible grecque). Cette cité du soleil, proche du désert oriental, se trouve un peu en aval de la pointe du Delta. L'établissement en remonte sans doute au moins à l'époque archaïque. Son développement, d'ordre spirituel, semble contemporain de celui, politique et agraire, de la proche région memphite, au temps des bâtisseurs des pyramides. Si le royaume d'Héliopolis, supposé unificateur de l'Égypte prédynastique, n'est qu'une vue de l'esprit, il ne fait guère de doute que la mythologie qui faisant du soleil le créateur de l'univers coiffa toute la religion égyptienne et fondait l'idéologie pharaonique a pris forme dans cette ville.

Imhotep, l'architecte qui inventa la pyramide à degrés

et la grande architecture, était « grand des voyants », c'est-à-dire grand prêtre héliopolitain. La légende racontera que le fondateur de la Ve dynastie, créatrice de temples solaires royaux, occupa ce même poste avant d'accéder au trône.

Les *Textes des Pyramides* font accéder le roi défunt à la perpétuelle destinée du soleil. Les mystères et offrandes d'Héliopolis seront un thème important des magies funéraires. Héliopolis est le haut lieu par excellence d'où Rê a créé le monde. La genèse se produisit sur le tertre d'Héliopolis. Les obélisques reproduiront sa pierre *benben*, manifestation de l'émergence lumineuse. L'oiseau éternellement renaissant apparaît dans le « château du Phénix ». Le procès Osiris-Horus contre Seth, d'où résulte la survie d'Osiris et la pacification du royaume, eut lieu dans le « château du Magistrat ». L'ennéade des divinités démiurgiques réside dans « le grand château ».

On n'en finirait pas de détailler les mythes archétypes et les modèles rituels que la tradition rattachait à Héliopolis. Le soleil sera adoré sous divers noms et diverses images : Rê-Horakhty (identification du soleil diurne à un Horus de l'empyrée, figuré comme un faucon couronné du disque) ; Atoum, « souverain des Deux Terres », coiffé du pschent (et identifié au soleil couchant) ; Khépri (« le devenant », entité plus abstraite, soleil renaissant que symbolise le scarabée). Une Hathor surnommée Nebet-Hetepet ou Iousâas figure le désir du créateur et sa main qui excita ce désir. Un taureau sacré, Mnévis, est le représentant de Rê ici-bas.

La Maison du Soleil, résidence primordiale de Rê, est le berceau idéal de la monarchie. De Djoser, déjà, jusqu'à Ptolémée II, l'œuvre monumentale des pharaons y sera considérable, notamment sous Sésostris I, Thoutmosis III et Ramsès II dont la théologie politique et les fondations personnelles honorent Rê plus qu'Amon. Le monothéisme solaire d'Aménophis IV semble bien issu d'une réflexion menée par des prêtres héliopolitains. Les Grecs vanteront la cité solaire comme un foyer de science et de sagesse. Les héros de divers contes (dont le Putiphar biblique) sont des lettrés de cette ville.

Premier lieu saint dans les représentations religieuses, seconde métropole après Thèbes au Nouvel Empire, Héliopolis est mieux connue par les textes que par les vestiges démembrés de ses somptueux édifices et les restes dispersés de ses vastes cimetières. Obélisques et statues ont été largement exportés à l'époque des Césars. Les murs des temples démantelés ont servi au Moyen Âge à la construction du Caire dont les dernières extensions finissent de recouvrir l'aire de la prestigieuse capitale. Un toponyme arabe, *Aïn Chams* (« Source du Soleil »), et un obélisque de Sésostris I, enclavé dans un petit jardin-musée, un tell rabougri, d'où sortent encore de beaux morceaux de temples et de maisons ramessides, sont tout ce qui en reste sur le sol (avec, en sus, plusieurs obélisques de Rome, ainsi que ceux de Londres et de New York).

HENENOU

Grand intendant sous les règnes de Montouhotep II et Montouhotep III, enterré à Deir el-Bahri. Il fut chargé d'abord d'administrer les régions nouvellement conquises, entre This et le nord du nome d'Aphroditopolis. Puis le pharaon, dont il avait gagné l'estime par sa gestion efficace, lui confia le commandement des grandes expéditions aux carrières. Montouhotep III renouvela cette confiance, et, en l'an VIII de son règne, voici Henenou en charge d'une très importante mission : traverser le désert oriental à travers le Ouâdi Hammâmât en partant de Coptos jusqu'à la côte de la mer Rouge ; là, construire des navires de haute mer pour atteindre Pount, sur la côte soudanaise, et en ramener ses produits précieux, introuvables en Égypte, mais pourtant indispensables ; enfin, profiter, au retour, de la proximité des carrières pour ramener les matériaux nécessaires à l'érection des statues du temple. Bien entendu, Henenou s'acquitta au mieux de cette fort lourde tâche.

HÉQA-IB

Surnom de Pépynakht, un directeur des pays étrangers et directeur des dragomans sous Pépy II, enterré à Assouan. Il mena si efficacement la répression et la pacification des contrées nubiennes que la postérité en fit un parangon du combattant. Plusieurs siècles après, on attribuait encore le surnom de ce grand homme aux enfants des familles d'Éléphantine.

Sa tombe devint un lieu de pèlerinage ; plus encore, comme elle n'offrait plus un espace suffisant, on lui édifia une chapelle dans l'île d'Éléphantine, à coté du temple de Satis. Durant les XIe, XIIe et XIIIe dynasties, rois et particuliers déposaient dans l'enceinte de cette chapelle leurs propres monuments (naos, statue, stèles, tables d'offrandes), estimant qu'un si grand homme ferait un excellent intercesseur, étant donné le crédit que ses mérites lui valaient auprès des dieux. Ainsi Héqa-ib, comme Isi, Imhotep ou Amenhotep fils de Hapou, figure parmi les hommes « divinisés » de l'Égypte pharaonique.

Cf. Horkhouf, Isi, XVe dynastie.

HÉRACLÉPOLIS MAGNA

Capitale du vingtième nome de Haute-Égypte, située un peu au sud du passage par où le Bahr Youssef entre dans le Fayoum, à l'emplacement du village moderne d'Ehnassiya ; au demeurant, le nom de ce village dérive du nom ancien d'Héracléopolis Magna, à savoir *Hout-nen-nesou*, « le château de l'Enfant royal ».

Sa divinité principale était Hérychef (transcription

grecque : Arsaphès), originellement un bélier devant une pièce d'eau, et déjà sous cette forme vénéré sous la première dynastie. Toutefois, ce n'est qu'à la Première Période Intermédiaire qu'Héracléopolis Magna assume pour la première fois un rôle important dans l'histoire, en tant que ville d'origine des pharaons des IXe et X^e^ dynasties.

Après être rentrée dans le rang, Héracléopolis se hisse derechef parmi les grandes métropoles à la Troisième Période Intermédiaire, en raison de sa position stratégique sur la carte politique du moment ; elle commande, en effet, la zone limitrophe du territoire de la théocratie d'Amon (Haute-Égypte et Moyenne-Égypte jusqu'à El-Hiba). Aussi les chefs libyens prennent-ils le contrôle des forteresses et points d'appui établis dans la région depuis l'Époque ramesside, et après leur prise du pouvoir (XXIIe dynastie), ils ont bien soin d'attribuer à leurs fils les hautes charges locales (pontificat d'Arsaphès, commandement du district fondé par Osorkon I à l'entrée du Fayoum). Les détenteurs de ces charges en seront venus à s'ériger en pharaons (ainsi Payftchaouemaouybastet) au moment de la conquête éthiopienne.

Sous les Saïtes, Héracléopolis demeura le fief d'une puissante famille d'amiraux, chargés de percevoir l'impôt royal, et dont le fondateur est Smataouytayfnakht.

Un autre Smataouytayfnakht d'Héracléopolis (le nom renvoie à une divinité locale, Smataouy) a une célébrité plus anecdotique : il participa, en effet, à la bataille d'Arbèles, parmi l'armée que Darius III avait déployée contre Alexandre le Grand (stèle dite « de Naples »).

El-Din Mokhtar Mohammed, *Ihnâsya el-Medina* (Herakleopolis Magna) (Institut français d'archéologie orientale, bibliothèque d'études 40), Le Caire, 1983.

Cf. IXe et X^e^ dynasties.

HERIHOR

Un des deux vizirs, en Haute-Égypte, dirige l'action administrative, fiscale, judiciaire. Un vice-roi en Nubie commande les garnisons, lève des auxiliaires, peut exploiter les mines d'or. Le premier prophète d'Amon coiffe les personnels et les biens du dieu, qui est devenu de beaucoup le plus riche propriétaire du pays et qui est, par son oracle, l'arbitre obligé de toute décision. Le généralissime est à la tête de toutes les forces militaires... Sous Ramsès XI, à la fin de la XXe dynastie, un seul et même homme se trouve, pour la première fois, investi de toutes ces fonctions : Herihor, sans doute un des plus grands cumulants de l'histoire. Maître de toutes les ressources du Sud, il est « guide de l'armée de l'Égypte entière ». En Basse-Égypte, un certain Smendès est plus ou moins son homologue, mais entretient avec lui des liens de coopération en matière d'œuvres cultuelles et de relations commerciales.

S'il reconnaît au moins un certain temps sa condition humaine et la suprématie sacrale du fantomatique Ramsès, Herihor empiète bientôt sur les privilèges surnaturels de Pharaon. Il est « fils d'Amon » ; son nom et son titre de grand prêtre sont entourés de cartouches. C'est en lieu et place du roi qu'il officie, habillé en roi, sur les murs du temple de Khonsou à Karnak et qu'il restaure la fameuse salle hypostyle d'Amon. Sous sa direction, des mesures furent prises pour restaurer et abriter les momies de Séthy I et de Ramsès II.

Cet extraordinaire ministère semble avoir été bref (~1080 ~1064). Sa légitimité fut occasionnellement contestée — son image et son nom ont été effacés sur une stèle qu'il avait dédiée à Abydos. L'homme avait fondé un régime qui allait durer pendant plus de trois siècles, la Haute-Égypte formera une principauté politiquement souveraine que gouverne un pontife qui est aussi un chef de guerre. L'étonnante personnalité de Herihor reste mystérieuse. Aucune de ses pompeuses inscriptions ne nomme jamais ses parents (chose normale pour les seuls pharaons), mais les mentions administratives ou privées qu'on possède de lui ignorent les coutumières indications de parenté, ce qui suggère une origine plutôt obscure. Son nom est égyptien, mais plusieurs de ses fils portent des noms typiquement libyens, ce qui ferait croire qu'il était issu de ces colons militaires ou envahisseurs fraîchement égyptisés qui constituaient maintenant le meilleur des forces armées. Son épouse Nedjmet, qui décéda longtemps après lui et dont la sépulture a été retrouvée dans la Cachette de Deir el-Bahri, mourut avec le titre de « mère du roi », ce qui invite à penser que le couple avait eu Smendès pour fils, ce Smendès qui fonda la XXIe dynastie (mais une autre hypothèse est possible). L'apparition inopinée dans le commerce d'art d'un bracelet précieux gravé au nom de Herihor est venue récemment rappeler que la sépulture du créateur de l'État théocratique thébain n'est pas connue (il ne saurait être exclu que ce bijou soit un des objets qui furent détournés dans les années 1870 de la Cachette de Deir el-Bahri).

Cf. Grand-prêtre d'Amon, XXe dynastie.

HERMOPOLIS MAGNA

Capitale du XVe nome (nome de la hase), située au cœur de la Moyenne-Égypte, dans la vaste plaine délimitée à l'est par le Nil, à l'ouest par son bras, le Bahr el-Youssouf. Les vestiges de ses temples sont visibles près du village moderne d'Achmounein, dont le nom dérive du nom égyptien *Chmoun* ; la nécropole s'étend à 10 kilomètres de là, au pied de la falaise (Touna el-Gebel). C'était une des métropoles religieuses les plus renommées en raison du prestige de son dieu principal, Thot, identifié par les Grecs à Hermès (d'où le nom « Hermopolis »). Elle commandait une région économiquement importante en raison de la richesse de son terroir agricole, et de la proximité des carrières d'albâtre d'Hatnoub. Ce qui incita parfois ceux qui la contrôlaient à s'ériger en potentats indépendants, profitant des carences du pouvoir central : ainsi, à la fin de la XVIIe dynastie, la région était-elle tombée sous la coupe d'un Égyptien, Tétiân, collaborateur des Hyksôs, et qui régnait dans la ville voisine de Néfrousy. Durant la Troisième Période Intermédiaire, plusieurs chefs locaux, dont un certain Thotemhat, s'arrogèrent de nouveau les attributs du pharaon.

Akhenaton lui-même inclut la région d'Hermopolis dans le territoire de sa nouvelle retraite Akhet-Aton. Toutefois, au-delà de ces épisodes anecdotiques, et d'autres analogues (puissance des nomarques locaux pendant la Première Période Intermédiaire), c'est surtout tardivement qu'Hermopolis s'ouvrit à l'histoire. Aux époques ptolémaïque et romaine, la fascination qu'exerçait le dieu Thot sur les Grecs attira nombre d'entre eux à Hermopolis, où se développa une synthèse originale entre la civilisation pharaonique et la culture hellénistique : la célèbre tombe de Pétosiris en est le plus spectaculaire témoignage.

HIÉRAKONPOLIS (NEKHEN) et EILEITHYIASPOLIS (NEKHEB)

Métropoles du troisième nome de Haute-Égypte, sises de part et d'autre du Nil, en vis-à-vis, Hiérakonpolis sur la rive ouest (Kôm el-Ahmar), Eileithyiaspolis sur la rive est (El-Kâb). Cette région se distingue particulièrement par ses vestiges des plus hautes époques, préhistoire, prédynastique, protodynastique et période thinite ; en particulier, on a découvert près de Kôm el-Ahmar une tombe archaïque décorée, et surtout, dans plusieurs cachettes du temple érigé à l'intérieur d'une vaste enceinte, des objets votifs comme la palette de Nârmer, ou les têtes de massue de Nârmer et du roi Scorpion. Le rôle éminent joué par ces deux cités dans la formation de l'Égypte pharaonique explique l'utilisation de leurs traditions cultuelles dans son appareil symbolique fondamental : Nekhen et Nekheb constituent les pendants méridionaux des villes jumelles du Delta septentrional, Pé et Dep (Bouto), parmi les couples exprimant l'unité de l'Égypte dans l'association de la Haute et de la Basse-Égypte ; la déesse vautour du Nekheb, Nekhebet, répond à la déesse cobra de Bouto, Ouadjyt.

Baines J. et Màlek J., *Atlas de l'Égypte ancienne*, Nathan, Paris, 1981, p. 78-80.

HITTITES

La concurrence est partout, même dans l'impérialisme. Les pharaons du Nouvel Empire, en étendant leur domination sur la Syro-Palestine, se heurtèrent à d'autres convoitises aussi goulues. C'est à l'époque d'Akhenaton que l'Empire hittite — un État à population indo-européenne dont le centre se trouvait en Anatolie — vint compliquer la lutte d'influence à laquelle se livraient l'Égypte et le Mitanni. Après quelques affrontements directs, et surtout indirects par alliés interposés, le roi hittite, Souppilouliouma, jugea plus habile d'établir un *modus vivendi* provisoire avec l'Égypte afin de se consacrer, l'esprit plus libre, à la ruine du Mitanni. Les faibles pharaons d'alors étaient trop heureux de ne pas avoir à guerroyer contre un si redoutable souverain ; à la mort de Toutânkhamon, une reine égyptienne offrit même d'épouser un prince hittite ; les grands d'alors savaient jusqu'où pousser leur devoir ! Bien entendu, cette coexistence pacifique ne survécut guère à l'écroulement du Mitanni, qui laissa face à face appétits égyptiens et appétits hittites. Les conflits, commencés sous Séthy I, culminèrent avec la célèbre bataille de Qadesh que Ramsès II, en l'an V de son règne, « perdit victorieusement » contre le roi hittite

Mouwattali. Quelques combats douteux plus tard, le pharaon signa un traité de paix, en l'an XXI, avec Hattousil, le successeur de Mouwattali ; les versions égyptiennes et hittites nous en sont parvenues ; elles semblent consacrer un partage d'influence, somme toute peu gratifiant pour Ramsès II, mais qui dut le satisfaire, puisque s'établit une paix durable, sanctionnée par le mariage du pharaon avec une fille de Hattousil, en l'an XXXIV. L'Empire hittite pâtit gravement de l'invasion des Peuples de la mer, à l'époque de Ramsès III, même s'il n'est pas avéré qu'il ait complètement disparu sous leurs coups.

Lalouette C., *L'Empire des Ramsès*, Fayard, Paris, 1985, p. 123-138.

HORDJEDEF

Fils de Chéops, enterré à Giza. Fut peut-être impliqué dans des querelles de succession dynastique. Sa célébrité ne provient pas de là, mais de sa qualité d'homme de lettres. Il écrivit une sagesse, l'*Enseignement d'Hordjedef*, qui lui valut de compter parmi les grands écrivains, et d'être reçu comme un parangon de culture, aux côtés d'Amenhotep, fils de Hapou, de Khâemouaset, ou d'Imhotep. L'un des récits d'un cycle de contes (papyrus Westcar) le montre prenant contact avec un magicien réputé nommé Djedi, puis le prenant en charge. Si grand était son prestige que la tradition le choisit, sans doute fictivement, comme inventeur de plusieurs chapitres du *Livre des Morts*, à Hermopolis, découverts à l'occasion de ses tournées d'inspection et d'inventaire dans les temples.

HOREMHEB

~1323 ~1293, XVIIIe DYNASTIE

Originaire de Hout-Nesout (en Moyenne-Égypte), ce scribe royal fit une carrière dont les premières étapes rappellent celles d'Amenhotep, fils de Hapou (scribe des recrues et entrepreneur dans les carrières de quartzite). Devenu généralissime et grand majordome, installé à Memphis, on le découvre sous Toutânkhamon, honoré du titre de prince (*erpâ*) qui avait distingué le sage ministre d'Aménophis III. Ce titre qui lui donnait le pas sur les vizirs servira par la suite à distinguer le prince et lieutenant général que le roi destine à sa succession. C'est en ce temps qu'il dédie à Thèbes et à Memphis ses belles statues « en scribe » et qu'il fait construire à Saqqara son vaste monument funéraire, récemment découvert. Parmi les vivants reliefs qui commémorent ses activités au nord et au sud figure la présentation au roi des tributs et captifs de Syrie et de Nubie. On peut croire qu'il dirigea quelques opérations militaires en vue de consolider ce qui restait de l'Empire.

À la mort de Toutânkhamon, Horemheb accepta le vieil Aï pour souverain, mais ce n'est pas le *erpâ* Nakhtmin, sûrement le fils de ce dernier, qui lui succéda au trône. Monté à Thèbes sous l'impulsion d'Horus, ce fut le *erpâ* Horemheb qui fut couronné par Amon. Il surimpose ses noms sur ceux de Toutânkhamon (y compris sur la stèle qui proclamait la restauration générale de l'ordre ancien et sur les effigies d'Amon auxquelles le jeune roi avait prêté son visage). Un grand décret édicta des mesures pour protéger les biens privés et les moyens de transport contre les rackets et restructurer les régions militaires et les conseils administratifs des provinces. L'agrandissement de Karnak fut résolument entrepris : IXe et X^e^ pylônes au sud et, à l'ouest, le IIe pylône que les premiers Ramessides eurent à décorer. Pour ce faire, on commence à démanteler les temples atonistes et à réemployer les talatates. Horemheb récupère et agrandit le temple funéraire d'Aï. Dans son spacieux et bel hypogée de la Vallée des Rois est édité pour la première fois le *Livre des Porches*, relance symbolique de la régénération du soleil. Dans le tombeau memphite, l'uraeus fut ajouté au front de ses images non royales ; la grande épouse, Moutnedjmet, y reçut la sépulture.

Horemheb fit repeupler les clergés d'agents choisis dans l'armée. Sa politique semble correspondre à l'élimination des héritiers de la cour amarnienne et à la promotion de nouveaux cadres. Ce militaire choisit comme vizir et successeur pressenti un autre militaire, Ramsès, qui lui succéda, en s'associant bientôt son fils Séthy, autre soldat. Par l'usurpation des œuvres de Toutânkhamon (dont il respecte néanmoins la tombe), par la proscription posthume de Aï et de Nakhtmin, et par ses actes propres, Horemheb termine une ère et se pose en initiateur. Il fut reconnu comme tel par la dynastie ramesside dont il est, au fond, le créateur. Sous Ramsès II, on le comptera comme le successeur direct d'Aménophis III.

Lalouette C., *Thèbes ou la naissance d'un Empire*, Paris, 1986, p. 573-584.

Cf. XVIIIe dynastie.

HORKHOUF

Directeur des dragomans, directeur de tous les pays étrangers du Sud sous Mérenrê et Pépy II, enterré à Éléphantine. Du fait de ses fonctions, Horkhouf participa activement à la politique d'expansion en Nubie menée par les pharaons de la VIe dynastie. Il suivit, puis dirigea plusieurs expéditions menées, soit depuis Éléphantine, soit par la piste des oasis (à peu près le moderne Darb el-Arbain) vers différentes contrées, dont Iam, une principauté probablement située dans le Dongola, autour de Kerma. De ces expéditions Horkhouf ramenait de pleins chargements de produits exotiques : encens, ébène, peaux de panthères, défenses, éléphants... et même un Pygmée danseur. Précisément, Pépy II, apprenant sa présence dans une expédition sur le chemin de retour ne put maîtriser son impatience ; il adressa à Horkhouf un décret, reproduit dans l'autobiographie de ce dernier, lui enjoignant instamment d'amener, toute affaire cessante, le Pygmée à la résidence, en multipliant les précautions autour de sa précieuse personne :

« S'il prend un bateau avec toi, place des hommes compétents qui seront autour de lui des deux côtés du bateau, de peur qu'il ne tombe à l'eau. S'il dort la nuit, place des hommes compétents qui dormiront autour de lui dans la cabine ! » ; il arrive même aux pharaons d'être futiles !

Roccatti A., *La Littérature historique sous l'ancien Empire égyptien* (Littératures anciennes du Proche-Orient), Le Cerf, Paris, 1982, p. 200-207.

HOURRITES

Populations originaires de la région du lac de Van, et parlant une langue ni sémitique ni indo-européenne, mais apparentée à l'ourartéen. Ces populations s'étaient répandues en Mésopotamie, puis en Syrie durant le deuxième millénaire avant Jésus-Christ, et quelques éléments se mêlèrent sans doute aux Hyksôs qui envahirent l'Égypte. Mais c'est au début de la XVIIIe dynastie que les Égyptiens prirent en compte la spécificité hourrite en forgeant, d'après leur nom, une appellation *Kharou* (ou Khor). Cette appellation, qui désignait d'abord les Hourrites établis en Palestine, s'étendit par la suite non seulement à la Syro-Palestine, mais aussi à toutes les régions du Proche-Orient, au nord de l'Égypte. Les Hourrites étaient l'une des composantes majeures du royaume de Mitanni que les Égyptiens appelèrent aussi *Naharin* (en sémitique « [le pays des] deux fleuves ») et qui fut durant la XVIIIe dynastie la principale puissance qu'ils affrontèrent dans leur expansion en Asie.

Revue hittite et asianique XXXVI, Klincksieck, Paris, 1978.

VIIIe DYNASTIE

La VIIIe dynastie, surgie des luttes pour la succession dynastique à la mort de Nitokris, ne put guère rétablir l'ordre le peu de temps qu'elle parvint à se maintenir au pouvoir (~2140 ~2130), loin s'en faut. La liste des pharaons qui la composent, grevée d'incertitudes, s'établit comme suit :

— Néferkarê le jeune ;
— Néferkamin ;
— Ibi, règne : deux ans et un mois ;
— Néferkaouré, règne : quatre ans, deux mois ;
— Néferkaouhor, règne : deux ans, un mois ;
— Néferirkarê (nom d'Horus : Démedjibtaouy), règne : un an et demi.

Ces pharaons perpétuèrent autant qu'ils purent le modèle de l'Ancien Empire ; la pyramide de l'un d'eux, Ibi, a été retrouvée à Saqqara ; ils résidèrent à Memphis, tandis qu'Abydos fonctionnait comme centre administratif de la Haute-Égypte, et promulguèrent des décrets selon le formulaire traditionnel.

Toutefois, ils durent composer avec une puissante famille de Coptos, celle du vizir Chémay, gouverneur de Haute-Égypte, et supervisant, en tant que tel, les sept premiers nomes du Sud... Il épousa Nebet, la fille du pharaon Néferkaouhor, et arracha un grand nombre d'avantages funéraires non seulement pour lui, mais aussi pour ses fils, dont l'un s'appelait Idy : personnel voué à l'entretien des fondations du culte, chapelles dans la plupart des sanctuaires, protection particulière cautionnée par le pharaon lui-même sur ces monuments.

HYKSÔS
XVe DYNASTIE

Hyksôs est la forme grecque de l'égyptien *heqa khasout*, « prince des pays étrangers », puis « princes pasteurs », après réinterprétation. On désigne sous ce terme des populations asiatiques, en majorité sémitiques, mais avec des éléments hourrites, qui submergèrent le royaume du Delta oriental fondé par Néhesy, et déjà densément peuplé d'Asiatiques. À partir de ce royaume et de sa capitale Avaris, un chef hyksôs, Salitis, établit sa domination sur l'Égypte en se faisant couronner à Memphis (~1650). Cette domination s'exerça de diverses manières : contrôle absolu du Delta oriental ; abandon du reste de la Basse-Égypte à des chefferies asiatiques vassales ; installation d'Égyptiens collaborateurs en Moyenne-Égypte ; surveillance de la Haute-Égypte et de la dynastie thébaine par des garnisons installées aux endroits stratégiques (Gébélein) ; alliances passées avec les potentats nubiens. Par ailleurs, une partie de la Palestine pliait sous la férule des Hyksôs. Tous ces territoires étaient assujettis à des tributs collectés par un « directeur du trésor » portant un titre égyptien.

La tradition égyptienne, on le devine, a noirci à l'extrême l'occupation des Hyksôs, en leur imputant barbarie et impiété. Mais la documentation incite à plus de nuance. Il est vrai qu'à Avaris et dans sa région, les Hyksôs imposèrent leur civilisation : sépultures dans les habitations, sacrifice d'ânes, cultes de divinités cananéennes (et cananéennisation du dieu local Seth) ; il est vrai qu'ils pillèrent les nécropoles et les cités égyptiennes — ainsi, bien des monuments de Memphis furent transportés et réutilisés à Avaris. Mais, par ailleurs, ils ne méprisèrent point la civilisation égyptienne, leurs rois adoptant la titulature et l'apparat traditionnel des pharaons, jusqu'à confier à des Égyptiens stipendiés la rédaction d'eulogies, érigeant des monuments dans les temples (et en usurpant beaucoup d'autres !), protégeant la culture et les sciences (copie d'un traité mathématique sous Apophis). Enfin, ils introduisirent en Égypte un nouvel armement (hache et dagues) et, peut-être, le cheval.

La dynastie des Hyksôs régna une centaine d'années en Égypte (~1650 ~1539), ne succombant qu'au terme d'une lutte qui fut bien difficile pour les pharaons nationalistes égyptiens, et qui coûta la vie au moins à l'un d'entre eux (Séqenenré Taâ). Kamès commença la guerre de libération, mais c'est Amosis qui éradiqua définitivement la domination hyksôs par la prise d'Avaris et de Charouhen (en Palestine). La liste des pharaons hyksôs s'établit ainsi (non sans quelques incertitudes) :

— Salitis (Sharek).
— Brion.
— Apachnan.
— Apophis.
— Khamoudy.

Cf. Ahmès, fils d'Abana, Amosis, Apophis, Avaris, Deuxième Période Intermédiaire, XVIIe dynastie, Kamès, XVIe dynastie, Séqenenrê Taâ.

IMHOTEP, ou IMOUTHÈS

Sous le règne de Djoser, Imhotep était grand prêtre d'Héliopolis, capitale de la science sacerdotale. Ce qui explique qu'il ait été choisi par le pharaon pour diriger la construction de son complexe monumental. Rude tâche, puisque alors l'architecture en pierre n'avait pas de tradition solidement établie, à tout le moins pour d'aussi importantes constructions. Pour un coup d'essai, ce fut un coup de maître. La postérité ne s'y trompa pas et fit un sort glorieux à Imhotep.

Une sagesse, par lui rédigée (ou à lui attribuée), fut reçue parmi les classiques de la littérature, et lui-même tenu pour le patron des scribes. Bien plus, il fut intégré au panthéon de Memphis, comme fils de Ptah et d'une mortelle, Kerdouânkh. D'autres villes d'Égypte en firent l'architecte de leur temple, contre toute vraisemblance historique. Par ailleurs, en particulier à Thèbes, on lui dressa des sanctuaires, souvent en association avec Amenhotep, fils de Hapou ; les malades venaient y chercher un remède à leurs souffrances en le consultant par l'oracle ou l'incubation. Sous le nom grec d'Imouthès, il fut parfois assimilé à Asclépios.

Wildung D., *Egyptian Saints. Deification in Pharaonic Egypt*, New York, 1977.

Cf. Amenhotep, fils de Hapou, Djoser, Famine.

ISI

Nomarque d'Edfou, nommé à ce poste par Téti, après avoir accompli le début de sa carrière dans l'administration centrale à Memphis, sous les règnes de Djedkarê Asosi et d'Ounas. La postérité en fit un administrateur modèle, le qualifiant posthumement de « vizir », fonction qu'il n'avait jamais exercée. Plus encore, comme Héqaîb à Éléphantine, il devint un saint patron à Edfou. Son nom enrichit le stock de noms propres locaux et son mastaba, dans la nécropole d'Edfou, devint une chapelle où, durant les XIe, XIIe et XIIIe dynasties, les particuliers venaient déposer leurs monuments funéraires (ouchebtis, naos, statues, stèles, tables d'offrandes), convaincus qu'Isi, en raison de son grand prestige, qui le faisait côtoyer le monde des dieux (d'où l'épithète « le divin, le vivant »), constituait un intercesseur efficace.

Cf. Héqa-Ib.

JUBILÉ (FÊTE-*SED*)

La fête-*sed*, ou « jubilé », était une cérémonie rituelle fort complexe qui visait à réaffirmer et à renouveler les pouvoirs du pharaon. Qu'elle recouvre une ancienne mise à mort rituelle, comme dans certaines monarchies d'Afrique, demeure une pure hypothèse. Les représentations, à défaut de permettre une claire reconstitution du cérémonial, en laissent deviner les points saillants : revêtu d'un court manteau, très caractéristique, le pharaon partait en procession à la rencontre des effigies des « enfants royaux », transportés sur des litières ; puis, dans le pavillon jubilaire, tour à tour en roi du Sud et en roi du Nord, il recevait l'hommage des dignitaires et du peuple de la Haute et de la Basse-Égypte, et contemplait le défilé des tributs apportés à cette occasion, en particulier des troupeaux de bétail ; il effectuait une course rituelle, en pagne à queue postiche, faisait l'offrande aux divinités, visitait les sanctuaires primitifs, précédé par un cortège de prêtres porteurs de pavois ; enfin, il tirait des flèches en direction des quatre points cardinaux, affirmant ainsi sa prise de possession de l'univers. Les éléments du cérémonial sont éminemment archaïques et plongent leurs racines dans l'Époque thinite et, au-delà, dans la protohistoire.

Idéalement, la célébration du jubilé ponctuait un cycle de trente ans, mais, si elle eut bien lieu dans la trentième année de règne de plusieurs pharaons, il s'en faut de beaucoup que ce cycle ait été régulièrement respecté ; au demeurant, le même roi célébrait parfois un deuxième ou un troisième jubilés, quelques années seulement après le premier.

Quoi qu'il en soit, la préparation de la fête-*sed* mobilisait longtemps à l'avance les hommes et les ressources du pays, suscitant, éventuellement, des expéditions militaires pour se procurer le bétail nécessaire. Des statues, des obélisques, des salles de temples, ou encore des pavillons, telle la célèbre « chapelle blanche » de Sésostris I, étaient spécialement dressés ou construits pour la fête, ou à son occasion. Les hauts dignitaires les plus favorisés participaient, en tant qu'officiants, aux rituels jubilaires ; d'autres recevaient des objets commémoratifs, souvent des vases, qui devenaient, à leur mort, l'orgueil de leur mobilier funéraire.

Autrement dit, la fête-*sed* était un événement tout à la fois religieux, politique, social et économique, à tout le moins quand elle était effectivement célébrée. Car les pharaons dont nous sommes assurés, ou dont nous pouvons raisonnablement supposer qu'ils avaient vraiment fêté leur jubilé sont, somme toute, peu nombreux, une dizaine, parmi lesquels Pépy I, Pépy II, Sésostris I, Amméménès III, Thoutmosis III, Aménophis III, Ramsès II et Ramsès III. Par ailleurs, les nombreuses mentions de fête-*sed* ne renvoient en fait qu'à un acte isolé de tout le rituel, et, plus souvent encore, sont purement votives. Au demeurant, au cours de sa destinée *post mortem*, le pharaon était censé la célébrer ; d'où la place qu'elle tient dans son appareil funéraire ; ainsi, les édifices factices dans l'enceinte de la pyramide à degrés de Djoser viseraient à assurer au roi la possibilité de fêter ses jubilés dans l'au-delà.

KAGEMNI

Vizir qui commença comme administrateur sous Ounas et atteint l'apogée de sa carrière sous Téti, près de la pyramide duquel son mastaba a été retrouvé. Par ailleurs, un *Enseignement* est adressé à un Kagemni, qui, dans la conclusion, est nommé vizir par Snéfrou. Il est vraisemblable qu'il s'agit du même personnage ; mais la postérité, jouant avec l'histoire, a déplacé à l'époque bénie de Snéfrou le bénéficiaire de l'enseignement, afin d'apporter à cette œuvre la gratifiante caution du plus populaire des souverains.

Roccati A, *La Littérature historique sous l'Ancien Empire égyptien* (Littératures anciennes du Proche-Orient), Le Cerf, Paris, 1982, p. 139.

Lichtheim M., *Ancient Egyptian Literature*. Volume 1 : *The Old and Middle Kingdoms*, Berkeley, Los Angeles, Londres, 1975, p. 59.

Cf. Snéfrou, Téti.

KAMÈS

~1541 ~1539, XVIIe DYNASTIE

Dernier pharaon de la XVIIe dynastie ; régna au moins trois ans (environ ~1541 ~1539). Au cours de sa troisième année, il commença la guerre de libération contre les Hyksôs en s'emparant de Néfrousy, ville tenue par un de leurs collaborateurs, et en poussant jusqu'aux environs d'Avaris, sans toutefois prendre la ville. Menacé sur ses arrières par le prince de Kouch qui s'était allié au roi hyksôs Apophis, il rebroussa chemin. C'est que le prince de Kouch avait de sérieux griefs contre Kamès, lequel avait entrepris, auparavant, la reconquête de la Nubie en reprenant Bouhen. Kamès fut enterré à Dra Abou'l Negga, comme d'autres pharaons de la XVIIIe dynastie.

Cf. Apophis, Avaris, Deuxième Période Intermédiaire, XVIIe dynastie, Hyksôs, XVe dynastie.

KHÂEMOUASET

Quatrième fils de Ramsès II, second né de la grande épouse Isetnéfret, il fut nommé grand prêtre de Ptah à Memphis par son père. Durant son long pontificat, il prit grand soin des Apis défunts, ouvrant la petite galerie de Sérapeum où sa propre tombe allait prendre place. Khâemouaset, dont les souvenirs sont spécialement nombreux et originaux, s'intéressait aux raretés théologiques et aux monuments du passé. Il fit restaurer les pyramides de l'Ancien Empire et la statue d'un des fils de Chéops. Ce prince lettré passa dans la légende sous les traits d'un magicien, curieux d'inscriptions anciennes et fréquentant les fantômes pour le meilleur et pour le pire.

Cf. Ramsès II.

KHÂSEKHEMOUY

~2660 ~2635, IIe DYNASTIE

De ce pharaon qui régna à la fin de la IIe dynastie (~2660 ~2635), le nom proclame une ère de réconciliation et par son libellé, « l'apparition des deux puissances, en qui les deux dieux se réconcilient », et par sa graphie, l'habituelle façade de palais étant, en effet, surmontée par les images affrontées d'Horus et de Seth (au lieu de la seule image d'Horus, ou de la seule image de Seth chez Peribsen). Le pharaon entendait mettre fin aux conflits politiques entre une tendance qui avait pris Horus comme symbole et une autre symbolisée par Seth. La restauration de l'unité nationale fut confortée par la mise au pas des Nubiens, au sud, et des Libyens, au nord. L'ordre étant établi à l'intérieur et à l'extérieur, la civilisation égyptienne accomplit le saut qualitatif qui la fit passer de l'Époque thinite à l'Ancien Empire. En effet, le développement des techniques bénéficia non seulement à la métallurgie — on savait fondre désormais des statues de cuivre —, mais surtout à l'architecture ; la pierre ne fut plus confinée dans des emplois marginaux, mais commença à être utilisée et travaillée avec maîtrise ; en témoigne la chambre maçonnée en calcaire dans la tombe du pharaon à Abydos, ou le jambage de granit sculpté de Hiérakonpolis. La voie était ouverte au génie d'Imhotep.

Cf. Djoser, Imhotep, Peribsen, Thinite (Époque).

KHENTKAOUS

Reine du début de la Ve dynastie dont plusieurs indices montrent l'importance exceptionnelle : tombe en forme de sarcophage au nord de la chaussée de la pyramide de Mykérinos, temple funéraire, titulature la désignant comme mère de deux pharaons (Ouserkaf et Sahourê) ; son troisième fils, Néferirkarê/Kakaï, monta sur le trône après sa mort, et lui établit un culte dans son propre domaine funéraire. Il est clair que cette reine a inspiré l'un des récits du cycle de contes connus par le papyrus Westcar : il raconte comment Rê créa une nouvelle dynastie en engendrant trois fils avec la femme d'un prêtre de Sakhébou. Il est non moins clair que la destinée de cette reine a nourri en partie la légende grecque de Rhodopis, tenue pour la bâtisseuse de la troisième pyramide de Giza (comme par ailleurs Nitokris).

Cf. V^{e} dynastie, Néferirkarê, Sahourê.

KOUCH

À l'origine, nom d'une petite région de la Nubie, au sud de la Deuxième Cataracte, attesté sous la XIIe dynastie, le terme fut étendu ensuite à l'ensemble des territoires méridionaux. Durant la Deuxième Période Intermédiaire, un puissant royaume de culture soudanaise avec Kerma comme capitale, s'étend du Dongola à la Deuxième Cataracte. Son chef est désigné comme le « souverain de Kouch » par les scribes égyptiens à son service et par la chancellerie du pharaon thébain. Les premiers Thoutmosides détruisent cet État et poussent plus au sud. Durant le Nouvel Empire, la totalité de ce qui est compris entre El-Kâb et les abords de la Quatrième Cataracte est administrée par un vice-roi, honoré du titre de « fils royal de Kouch » (la filiation étant purement honorifique). Ce très vaste domaine est subdivisé en deux zones, confiées à deux lieutenants : Ouaouat au nord de la Deuxième Cataracte et le Kouch proprement dit au sud. Responsable militaire, religieux et civil, le « fils royal » organise la levée des tributs par les gouverneurs de villes et les chefs nubiens, lance des raids répressifs à l'occasion des rares rébellions frontalières, supervise l'exploitation des mines d'or et la construction des monuments. Ce qui reste des autochtones sédentaires est vite égyptianisé durant la XVIIIe dynastie. Les tribus nègres des steppes méridionales livrent bétail, panthères, girafes et autres produits de l'Afrique intérieure. Dans les villes coloniales sont construits au nom du pharaon, pour les divinités majeures de l'Égypte et les Horus et Hathor locaux, de nombreux temples et spéos dont beaucoup sont conservés presque intacts : Amada, Bouhen sous les Thoutmosides, Soleb, Sédeinga, Sésébi sous les Aménophis et surtout la prestigieuse série de Ramsès II, avec Abou Simbel, Derr, Ouadi es-Sébouà, Gerf Hussein et Beit el-Ouâli (sans parler de bien d'autres). Fidèles administrateurs délégués par le roi et non potentats régionaux, les fastueux vice-rois dédient beaucoup de monuments, mais se font faire leur tombeau à Thèbes ou dans leur ville natale. L'hypogée thébain de Houy, à Gournet Mari, conserve notamment une représentation haute en couleur de la présentation des tributaires nubiens à Toutânkhamon. Bien que classé comme une terre étrangère au même titre que Kharou (la Syrie-Palestine), Kouch, unifié et dominium direct, demeure presque aussi soumis à l'administration royale que les provinces mêmes de l'Égypte.

Après les Ramsès, celle-ci se replie sur elle-même, ne gardant plus qu'un contrôle plus ou moins continu sur les ressources pastorales et minières de la basse Nubie quasiment dépeuplée. Sous la XXIe dynastie, le titre de « fils royal de Kouch » est encore attribué en bénéfice à l'épouse du grand prêtre d'Amon Pinodjem II et il sera porté, sous la XXIIe, par un petit-fils d'Osorkon II en poste à Éléphantine, redevenue frontière de la Nubie. Au VIIIe siècle, Kouch redevient un État. Son histoire se confond avec celle des successives dynasties de Napata et de Méroé. De même que les Assyriens et les Perses, les Hébreux retiendront le nom de Kouch (« fils de Cham » selon eux) pour parler du royaume que les Grecs appelleront l'Éthiopie.

Adams William A., *Corridor to Africa*, Londres, 1977. *Histoire générale de l'Afrique*, II, *Afrique ancienne*, Unesco, 1980, p. 239-294.

Cf. Méroé, Napata, Nubie.

LÉONTOPOLIS

En égyptien *Taremou*, « la terre des Poissons » ; elle devint pour les Grecs « la ville des Lions » à cause des fauves sacrés qui s'y trouvaient entretenus, incarnant le dieu Mahes « le lion terrifiant », fils de la déesse Bastet. Cette obscure ville du Delta oriental prit de l'importance sous les Osorkon de la XXIIe dynastie, dévots de ces divinités. Vers la fin de l'anarchie libyenne, un roitelet, le pharaon Ioupout II, y tenait sa principale résidence, mais l'hypothèse que toute la XXIIIe dynastie ait été léontopolite est très discutable. Cette Léontopolis, correspondant au site de Tell el-Moqdam, ne doit pas être confondue avec une autre Léontopolis (Tell el-Yahoudiya), située dans le nome héliopolite et où le grand prêtre juif Onias construisit un temple à l'époque lagide.

LIBYENS

À la VIe dynastie, des *Tchemehou* sont signalés en marge de la basse Nubie, « vers le coin occidental du ciel ». Dès l'époque archaïque est attesté le nom des *Tchehenou* qu'on doit situer en Marmarique, juste à l'ouest du Delta. La scène du « butin libyen » dans les temples funéraires de l'Ancien Empire représentent ces Tchehenou comme anthropologiquement semblables aux Égyptiens, mais ethnographiquement différents : hommes à chevelure longue, portant un baudrier croisé et un étui pénien. En ces temps-là, la Marmarique méditerranéenne et les steppes à graminées du Sahara étaient beaucoup plus arrosées qu'aujourd'hui. Les Tchehenou s'adonnent à l'élevage bovin et à l'arboriculture. La spécificité originelle (raciale, ethnique ou géographique) qui faisait différer Tchehenou et Tchemehou reste indéterminée. La théorie faisant des premiers une race brune et des seconds ces Libyens à peau blanche et cheveux blonds qui sont attestés pour la première fois sous la XIIe dynastie est spécieuse. Au Moyen Empire et jusqu'à la fin, les deux vocables seront pratiquement synonymes pour parler des voisins occidentaux. Jusque vers le milieu du IIe millénaire — et en dépit de la saharisation qui progresse à partir de ~2400 —, ces pauvres gens n'importunent guère le pharaon. Comparés aux Asiatiques et aux Nubiens, les Libyens comptent bien peu, ou pas du tout, dans les mentions de peuples hostiles. On lance contre eux des *rezzous*. Ils fournissent des guerriers. L'imaginaire religieux les associe au culte d'Hathor Sekhmet, dame des confins libyques.

Vers ~1400, apparaissent en Marmarique les *Mechouech* et les *Libou* (qui, via les Grecs, ont laissé le nom de Libye). Leur domaine couvre les collines littorales et l'arrière-pays steppique entre le coin du lac Mariout et l'actuelle frontière égypto-libyenne. De plus en plus vigoureusement, unifiés sous la conduite de grands chefs, ils tendront à en sortir, poussant campements et troupeaux vers les oasis et surtout vers le Delta. Ce sont des sauvages à peau blanche, combattants tatoués, archers parés de la plume de guerre et d'une mèche temporale finement tressée. Ils livrent bétail et graisses comme tribut sous Aménophis III qui les cite nominativement parmi les États dangereux. Du XIIe au XIe siècle, ces Barbares entrent dans le concert international et fragilisent l'Égypte pour finalement la déstabiliser. Déjà agressifs et combattus sous Séthy Ier, ils sont vigoureusement traités par Ramsès II qui implante pour les surveiller une chaîne de forteresses entre Gharbanîyat et Marsa Matrouh. Équipés de chars légers et d'armes de bronze, renforcés par des pirates méditerranéens, les Libou, entraînant les Mechouech, sont arrêtés de justesse par Merenptah, et Ramsès III devra expulser les deux hordes et d'autres ethnies sœurs du Delta occidental. Les pharaons vainqueurs transplantent à l'est les guerriers capturés pour qu'ils contribuent à la défense des frontières orientales de la Basse-Égypte.

Sous le régime, faiblissant sans cesse, des derniers Ramsès, ces colons et, sans doute, de nouvelles vagues de Libyens dominent militairement le Delta et le nord de la Moyenne-Égypte. Bubastis à l'est et Héracléopolis au sud deviennent des bastions de la chefferie suprême des Mechouech d'où sortira la XXIIe dynastie, tandis que les Libou submergent les confins ouest du Delta et que d'autres peuplades s'implantent ici et là. La structure tribale de ces conquérants se maintient après leur prise du pouvoir. Le titre de « grand chef des Mechouech » sera conservé orgueilleusement dans les lignées des princes de sang chechanquide, puis pour désigner les chefs de troupes locaux.

L'apport libyen le plus manifeste à l'histoire du pays est une monopolisation du métier militaire dans le Nord et une indiscipline peu conforme à l'idéal et à la pratique égyptiennes, ce qui aboutira à une décentralisation anarchique au VIIe siècle. Pour le reste, soumis dès le temps des Ramsès à une égyptianisation linguistique délibérée, gagnés rapidement à la civilisation supérieure des vaincus, les Libyens n'ont guère introduit d'éléments de leur culture propre : un certain nombre d'anthroponymes qui se transmettront jusqu'au-delà de l'époque saïte (surtout par la transmission de noms ayant appartenu aux pharaons et princes mechouech), la plume fichée ou couchée sur la chevelure des « grands chefs », quelques mystérieux titres claniques (?) et peut-être l'énigmatique déesse Chahdedet.

D'autres peuplades remplacèrent Mechouech et Libou en Marmarique, que les Égyptiens dénomment collectivement Tchemehou, Tchehenou ou *Pyout*. D'abord menaçantes et repoussées (sous Osorkon II, Psammétique I), contenues par la garnison saïte de Maréa, elles aideront les Égyptiens comme auxiliaires (sous Tefnakht et sous la XXVIe dynastie). Au Ve siècle, la résistance aux Perses devra beaucoup au Libyen Inaros (nom égyptien) et à son fils Ithanyras (nom libyen).

LICHT

Nom du village près duquel s'étendent les vestiges de la nouvelle capitale fondée par Amménémès I, sous le nom d'*Amenemhat-itch-taouy*, « Amménémès est celui qui saisit les deux pays », abrégé en *Itchtaouy*. Les pharaons de la XIIe dynastie entendaient ainsi disposer d'une résidence stratégiquement située à la charnière de la Haute et de la Basse-Égypte, tout en échappant à l'emprise directe de Memphis, qui se trouvait à plus d'une trentaine de kilomètres au nord. Seuls Amménémès I et Sésostris I y établirent leurs complexes funéraires, mais Licht demeura la capitale jusque sous la XIIIe dynastie. C'était encore une position stratégique à la Troisième Période Intermédiaire. Le prestige de la capitale du Moyen Empire était tel que la graphie de Itchtaouy fut investie tardivement de la valeur *khenou*, « résidence ».

LOYALISME

En tant que représentant terrestre du démiurge, le pharaon est la clef de voûte de l'univers physique et social de l'Égypte. Il ne s'en cache pas ; sur les stèles et sur les statues qu'il érige, sur les murs des temples, mille inscriptions trompettent la toute-puissance de sa fonction et psalmodient un hymne de pierre à sa gloire.

Bien entendu, ses humbles sujets adhéraient à cette vision du monde, sur laquelle l'Égypte ancienne fonde son identité, ou à tout le moins faisaient comme si. Toutefois, l'intensité avec laquelle ils participaient, eux-mêmes, au gigantesque panégyrique du pharaon varie selon les époques. Pendant les temps troublés prévaut plutôt l'exaltation du mérite personnel et de l'individualisme. Mais, dès que la monarchie est forte, les proclamations loyalistes fleurissent sur les monuments des particuliers qui peuvent s'en offrir, c'est-à-dire la classe dirigeante. Dans leurs autobiographies, ils vantent la clairvoyance et la bienveillance du pharaon qui se sont manifestées en les élevant, en les tirant d'une pauvreté originelle (la plupart du temps rhétorique !) vers la richesse ; ils égrènent, comme un rosaire, les faveurs du souverain, dissolvant la vanité dans la flagornerie ; parfois, les inscriptions privées tournent à l'action de grâce, comme telle avouée (« je veux adorer le pharaon tant est grande sa puissance »), et invitent les lecteurs à s'y associer (« donnez des louanges au roi »), un éloge dithyrambique tenant lieu d'arguments.

Cette phraséologie loyaliste s'enracine dans l'enseignement dispensé aux fils de l'élite dirigeante. Les pharaons de la XIIe dynastie, en effet, avaient commandé à des écrivains stipendiés des œuvres — *L'Enseignement loyaliste*, *L'Enseignement d'un homme à son fils* — qui, sous la forme de sagesses, inculquaient aux étudiants que la règle de conduite sur terre devait être le service loyal et fidèle du pharaon ; le noble y trouvait les honneurs, le fils des classes moyennes, la prospérité ; le factieux, au contraire, était voué à l'anéantissement, sans sépulture. Quoique ces œuvres aient été dictées par les circonstances du moment — la difficulté de la XIIe dynastie à imposer sa légitimité —, elles étaient encore jugées dignes d'intérêt, c'est-à-dire efficaces pour fabriquer des sujets loyaux et dociles, au Nouvel Empire.

MACÉDONIENNE (DYNASTIE)

Dénommée aussi parfois dynastie des Argéades, et qu'il convient de distinguer de la dynastie des Ptolémées, elle-même d'origine macédonienne. Cette XXXIe dynastie d'Égypte comporte trois rois. Alexandre III de Macédoine, le Grand, s'était vu reconnaître par les Égyptiens toute la légitimité d'un maître universel, issu du démiurge et prédestiné par lui à la domination du monde entier, comme l'était tout pharaon. Cette qualité divine fut automatiquement transmise à son demi-frère, Philippe dit Arrhidée (~323 ~317) puis à son fils posthume, Alexandre Aigos (~317 ~311) qui furent appelés à régner, tout nominalement, sur la Macédoine et sur l'empire qu'Alexandre avait bâti. « Pharaon Alexandre (I) » ne séjourna pas six mois en Égypte ; « Pharaon Philippe » et le second Pharaon Alexandre n'y résidèrent jamais, étant entre l'Asie et l'Europe des fantoches, entre les mains des diadoques, otages vite liquidés. Philippe, un jeune demeuré, et Alexandre II, un garçonnet, apparaissent sur les murs des temples égyptiens, faisant offrande aux dieux, sous la figure de pharaons adultes et virils. En ce temps-là, l'essentiel est d'inscrire le nom du maître prédestiné de l'œcumène.

Cf. Alexandre le Grand, Ptolémées.

MARTELAGES

L'anéantissement de la personne par la destruction de son nom dans toutes les inscriptions accessibles relevait de procédés d'envoûtement applicables aux vivants et aux morts et faisait partie des sanctions accompagnant la peine capitale. L'effacement dans les tombes des noms et parfois des images de dignitaires déchus ou de familiers réprouvés se rencontre à toute époque. Les martelages des noms de rois — et parfois la destruction de leurs effigies — sont évidemment les traces de crises politiques. Les noms du souverain voué à l'oubli sont souvent remplacés par la titulature du souverain ultérieur qui a censuré leur mémoire. On n'oubliera pas que certaines usurpations occasionnelles ne traduisent pas de l'hostilité mais la simple récupération ou restauration du monument. Voici les cas les plus fameux de martelages :

— Thoutmosis III élimine la pharaone Hatchepsout.

— Akhenaton est martelé, ses bâtiments sont démantelés lors de la restauration des traditions religieuses.

— Horemheb substitue sa mémoire à celle de Toutânkhamon.

— L'usurpateur Amenmessou est éliminé par Séthy II.

— Sethnakht liquide Siptah, Taousert et le trésorier Baï.

— Le souvenir des six rois éthiopiens de la XXVe dynastie est rétrospectivement proscrit par le Saïte Psammétique II, en guerre avec leurs héritiers soudanais.

— Amasis est effacé sous Cambyse le Perse.

Ce genre de damnation *post mortem*, l'effacement de la mémoire des dirigeants désavoués, est attesté dans bien d'autres sociétés. Plus particulière à la mentalité égyptienne est l'élimination par martelage de personnes divines. Les deux cas connus sont différents :

— Akhenaton fait gratter les noms et images d'Amon. Il entend en faire connaître au peuple l'inanité (et peut-être, Amon signifiant « caché », signifier que le mystère de l'identité divine est éliminé par la révélation d'Aton, le soleil manifeste).

— Le nom et les images du dieu Seth sont effacés sur les anciens monuments à partir du IXᵉ siècle. On combat ainsi un être réel qui, n'étant plus vénéré comme un agent naturellement nécessaire de l'ordre divin, n'est plus tenu que comme un démon, meurtrier d'Osiris et ennemi des dieux et des humains.

MEMPHIS

Capitale du premier nome de Basse-Égypte, située sous la pointe du Delta, à une vingtaine de kilomètres de la ville moderne du Caire, sur la rive ouest du Nil. Le nom « Memphis » dérive de celui de la pyramide de Pépy I : *(Méryrê)men-néfer*, « Méryê est stable de beauté » ; mais Memphis s'appelait originellement *Ineb-hedj*, « le Mur blanc ». L'agglomération urbaine et la zone des temples divins, délimitée par une enceinte, se trouvent près (et en dessous) du village actuel de Mit Rahina. Quant à son immense nécropole, elle s'étend sur plus de 30 kilomètres à l'ouest, dans le désert, d'Abou Roach, au nord, à Dahchour, au sud, en passant par Giza, Zaouiet el-Aryan, Abousir et Saqqara.

Sa brillante histoire tient à sa situation stratégique, à la charnière de la Haute et de la Basse-Égypte ; d'où l'épithète *Mekhat-taouy*, la « balance des deux pays ». N'est-il pas significatif, en effet, que Memphis ait été fondée par Ménès, le pharaon même qui unifia l'Égypte ? De fait, une fois leur suprématie étendue sur l'Égypte entière, les rois de l'Époque thinite, originaires de Haute-Égypte, entendaient disposer d'un centre administratif à partir duquel ils pussent aisément gérer les domaines qu'ils implantaient en Basse-Égypte ; aussi avaient-ils installé à Memphis des hauts fonctionnaires dont les tombes ont été retrouvées à Saqqara. Plus encore, dès la IIe dynastie, certains pharaons furent enterrés là. Mais c'est avec l'avènement de la IIIe dynastie et le début de l'Ancien Empire que Memphis fut promue capitale et résidence officielle (*khénou*) des pharaons. Si la XIIe dynastie préféra fonder sa nouvelle capitale, Licht, plus au sud, en revanche, au Nouvel Empire, les avantages politiques et stratégiques de la situation de Memphis s'imposèrent derechef, et d'autant plus que l'Asie était devenue l'objectif premier de l'impérialisme égyptien. Aussi le prince héritier y fut-il installé dès le début de la XVIIIe dynastie ; les pharaons y séjournaient fréquemment ; c'est là que naquit Aménophis II. Horemheb, quant à lui, y établit sa résidence principale. Quoique Ramsès II ait déplacé à Pi-Ramsès, dans le Delta oriental, sa capitale, Memphis se maintint parmi les principales villes durant le Nouvel Empire. Son éminente situation perdura à travers les tourments de la Troisième Période Intermédiaire et de la Basse Époque ; quoique tour à tour d'autres cités aient été élues comme capitale, les pharaons ne manquèrent pas de marquer une particulière dévotion pour les temples et les cérémonies de Memphis ; certains mêmes y régnèrent (Bocchoris, Khabbach).

Au-delà des fluctuations politiques, elle pesa très lourdement dans l'histoire égyptienne pour trois raisons principales. D'abord parce que s'y concentrait une importante activité économique non seulement autour des temples et des grandes nécropoles, mais dans la ville même ; l'artisanat, et plus particulièrement le travail du métal, y était une ancienne tradition ; au Nouvel Empire fut installé un très important arsenal. Sa fonction de port qui commandait le complexe réseau des bras du Nil et des canaux de Basse-Égypte se trouva démultipliée par l'aménagement, dès la première partie de la XVIIIe dynastie, du port de *Pérou-Néfer*, où s'agglutina une main-d'œuvre dense venue d'Asie. L'ouverture de Memphis sur le monde extérieur, et le cosmopolitisme qui en résultait se marquèrent de nouveau sous le règne d'Amasis, avec l'établissement de colonies grecques et cariennes.

Parallèlement, Memphis demeura tout au long de l'histoire égyptienne un centre de culture, d'art et d'activités intellectuelles ; c'est dans ses bibliothèques, ses officines et ses ateliers que se conservaient ou se transmettaient les manuels, les traités, les canons et le savoir-faire relatifs aux monuments sacralisés. Une partie de l'Égypte était-elle coupée de Memphis que dépérissaient les techniques artistiques et l'écriture hiéroglyphique (en particulier durant la Deuxième Période Intermédiaire).

Enfin, et surtout, Memphis était le plus grand centre religieux. On y célébrait Ptah, par la suite associé en triade à Sekhmet et Néfertoum ; Hathor « maîtresse du sycomore » ; Sokar, dieu de la nécropole, identifié à Osiris ; le taureau Apis, dont les hypostases étaient enterrés au Sérapeum dans la ferveur populaire, et de multiples autres divinités. Plus encore, c'est à Memphis que se déroulaient les grandes cérémonies consacrant la monarchie : révélateur, en ce sens, le fait que l'annalistique égyptienne fasse débuter la domination hyksôs avec le couronnement memphite de Salitis, ou qu'Alexandre le Grand s'y soit fait couronner. Par ailleurs, les. pharaons aimaient à célébrer leurs jubilés à Memphis (Ramsès II, Ramsès III), ou à y fonder des temples funéraires (Aménophis III, Chéchanq I), aussi éloignés fussent-ils de leurs sépultures. Bref, Memphis était par excellence le lieu de la légitimation idéologique.

Qu'elle ait recelé la quintessence même de la civilisation égyptienne explique que les mots « copte » et « Égypte » dérivent de l'égyptien *Hout-ka-Ptah*, « le château du *ka* de Ptah », c'est-à-dire Memphis.

Kees H., *Ancient Egypt. A Cultural Topography*, Londres, 1961, chapitre VI.

MENDÈS

Cette brève forme grecque transcrit, tel qu'on le prononçait (*P-bendèd*), le long toponyme égyptien qui signifiait « la maison du Bélier, seigneur de Djedit » dont le nom survit dans l'appellation du village Tmaï el-Amdid. Ville du Delta oriental, sur une branche secondaire du Nil, Djedit est attestée dès l'Ancien Empire. Son patron divin se présentait sous la forme d'un bélier (ou d'un bouc aux époques récentes). Considéré comme une manifestation de Rê et d'Osiris dès le Moyen Empire et plus tard comme incarnant les quatre divinités élémentaires (Rê/feu, Chou/air, Geb/terre, Osiris/eau), il est perçu comme le moteur de la génération animale, « le mâle qui couvre les femelles ». Cette fonction confère à ce dieu local une petite place dans le panthéon royal (Ramsès II se targue d'avoir été enfanté de ses œuvres).

La ville garde son prestige d'âge en âge. Capitale d'une vigoureuse principauté durant l'anarchie libyenne, honorée par les Saïtes (naos d'Amasis), elle crût en importance au fur et à mesure que la puissance militaire et la prospérité économique se concentraient dans le nord du Delta et donna à l'Égypte sa XXIXe dynastie.

Cf. Mendésienne (dynastie).

MENDÉSIENNE (DYNASTIE)

La XXIXe dynastie, mendésienne, naquit d'un coup de force. Amyrtée de Saïs, qui forme à lui seul la

XXVIIIe dynastie, avait chassé les garnisons perses de presque toute l'Égypte. Un certain Néphéritès de Mendès (~398 ~392) le renversa et acheva la libération. Hakoris « qui renouvelle les couronnes » disputa le trône à Psamouthis et se proclama « élu du Bélier, seigneur du Mendès ». Son successeur, Néphéritès II, fut à son tour renversé par le général Nectanébo de Sébennytos (~378). L'avènement, les convulsions, la chute des Mendésiens traduisent sans doute les ambitions indisciplinées des notabilités militaires qui tenaient les villes dominantes du Delta, au lendemain de l'expulsion des Perses. Hakoris (~390 ~373) est le moins mal connu de la dynastie, grâce notamment à une petite chapelle de Karnak qu'il usurpa sur Psamouthis et où ses mercenaires chypriotes laissèrent leurs signatures. Embauche de soldats grecs, alliances avec des cités helléniques et les Pisidiens, interventions en Phénicie aux côtés de Salamine, la politique étrangère d'Hakoris, tendant à préserver le pays d'une reconquête perse, préfigure celle de la dynastie sébennytique.

Cf. Mendès, Sébennytique (dynastie).

MÉNÈS
~3000, Ire DYNASTIE

La tradition égyptienne, depuis le Nouvel Empire, et les auteurs grecs qui s'en inspirent tiennent que le premier pharaon à avoir régné sur l'Égypte unifée (Haute et Basse-Égypte) s'appelait *Ménès*. On a bien sûr cherché à retrouver son nom sur les documents de la Ire dynastie. De fait, un nom Men, qui pourrait être à l'origine du grec Ménès, se trouve bel et bien attesté, mais tout à la fois sur un scellé de Nârmer (nom d'Horus) et sur une tablette d'Aha (nom d'Horus) ; tout dépend donc du statut de *men* sur ces objets, et selon les interprétations Nârmer ou Aha postulent à l'identification gratifiante avec Ménès. Le débat est fort technique ; il apparaît clairement toutefois que *men* semble désigner un particulier (un prince) sur le scellé de Nârmer, mais est explicitement marqué comme nom de roi (nom « des deux maîtresses ») sur la tablette d'Aha, mais peut-être d'un roi défunt et honoré par son successeur. Pour échapper à ce dilemme, on a conjecturé que Ménès viendrait simplement de l'égyptien *men*, « quelqu'un », désignation forgée par la tradition pour évoquer un pharaon dont le nom avait été perdu.

Ménès aurait inauguré l'histoire dynastique par la fondation de Memphis et du culte de Ptah, ce que rien ne vient infirmer. En revanche, parce qu'il était le premier pharaon, lui furent systématiquement attribuées des inventions culturelles (écriture) ou des créations cultuelles ; l'ignorance ou le souci d'authentifier une tradition locale par un fondateur prestigieux ne sont évidemment pas étrangers à cette tendance.

Manéthon rapporte que Ménès aurait été tué par un hippopotame : même si on ne saurait assurer l'exactitude de cette assertion, comment ne pas la rapprocher des mentions de chasse à l'hippopotame qui figurent dans les annales des pharaons thinites ?

MERENPTAH
~1213 ~1204, XIXe DYNASTIE

Treizième fils de Ramsès II, né de la grande épouse Isetnéfret, il monta sur le trône à un âge déjà avancé et ne régna que huit ans. Temple funéraire et hypogée à Thèbes, palais et temple de Ptah à Memphis, chapelles rupestres à Siririya, au Gébel el-Silsila et, un peu partout, des surcharges sur les murs anciens, l'œuvre du fils ne peut évidemment se comparer à celle du père. Les événements du règne de Merenptah révèlent que la puissance militaire et la sécurité extérieure de l'Égypte avaient régressé dans les dernières années du règne de Ramsès.

En l'an V de son fils, la puissante tribu des Libou, assistée par les Mechouech et le Kehek apparentés et par des contingents de populations pirates venue de l'Égée, fait mouvement vers l'est. L'envahisseur, en marche vers Memphis, est arrêté à Périré, sur le bord du Delta, au prix d'un dur combat. Le chef libou est détrôné, le butin en armes, en captifs, en bétail est considérable. Il fallut aussi réprimer une grave insurrection en basse Nubie.

Pour assurer la présence égyptienne en Palestine, des actions furent menées contre trois villes cananéennes, Ascalon, Gézer et Yénoham, et contre les gens d'Israël. Une des inscriptions chantant la victoire sur les Libyens et rappelant en quelques mots ces interventions en Asie est le seul texte égyptien qui nomme Israël (et de beaucoup la plus ancienne mention de ce nom). Cette « Stèle d'Israël » a contribué à la célébrité de Merenptah. On retiendra que, contrairement à une vieille idée, fâcheusement persistante, celui-ci ne saurait être considéré comme le pharaon sous lequel eut lieu l'Exode. La momie de Merenptah a été retrouvée dans la cachette du tombeau d'Aménophis II.

Lalouette C., *La Gloire des Ramsès*, Paris, 1985, p. 265-295.

Cf. XIXe dynastie, Libyens.

MÉRIKARÊ

Vers ~2090, Xe DYNASTIE

Pharaon de la seconde moitié de la Xe dynastie, connu, outre quelques documents, par un enseignement que lui avait adressé son père, un pharaon nommé Chéty (?) (*Enseignement pour Mérikarê*). La mauvaise qualité et les lacunes des manuscrits connus suscitent d'autant plus de regrets que l'œuvre est exceptionnelle. Car il s'agit moins d'une de ces sagesses un peu terre à terre et conformistes que nous a léguées l'Égypte pharaonique que d'un authentique traité de gouvernement. L'auteur adresse à son fils une série de conseils politiques, fondés sur son expérience personnelle — d'où un bilan de règne —, et la reconnaissance de ses propres erreurs, ainsi le sac d'Abydos par ses troupes victorieuses. Il préconise la coexistence pacifique avec le Sud, c'est-à-dire la principauté thébaine, et, plus généralement, un comportement humain, voire bienveillant à l'égard des simples mortels, ses sujets. Car le démiurge veille sur l'ordre du monde qu'il a institué, et rétribue comme elles le méritent les actions des hommes, fussent-elles celles du pharaon. L'œuvre est sans doute apocryphe, Mérikarê ayant prêté à son père ses propres idées pour apporter une caution prestigieuse à la nouvelle politique qu'il entendait mener.

Lalouette C., *Textes sacrés et textes profanes de l'ancienne Égypte. Des pharaons et des hommes*, Paris, Gallimard, 1985, p. 40-57.

Cf. IXe et Xe dynasties, Première Période Intermédiaire.

MÉROÉ

Transcription grecque du terme soudanais *Méroua* désignant une ville qui fut la métropole du royaume de Kouch ou « Éthiopie » entre ~550 et 350 ap. J.-C. Le lieu se trouve un peu en aval de l'actuelle Chendi, dans la steppe du Boutana, au-dessus du confluent du Nil et de l'Atbara. La région fit partie de l'Empire égypto-nubien de Napata dès la fin du VIIIe siède. Méroé paraît avoir été une des résidences du souverain de Kouch au début du VIe siècle. Le transfert du siège principal de la monarchie issue de Napata dans cette ville du Sud était effectif à la fin du même siècle (Hérodote), mais le cimetière royal ne fut reporté de Nouri (près de Napata) à Méroé que vers ~300.

Les causes du recentrage du royaume soudanais vers sa partie d'amont peuvent avoir été stratégiques (menace saïte, puis perse), mais surtout d'ordre économique et démographique (fixation des populations du Sahel, installation à un carrefour entre mer Rouge, haut Nil et Tchad).

Il aboutit en tout cas au développement dans le Boutana d'importantes cités, à un démarrage certain de la métallurgie du fer (crassiers de Méroé dont il ne faut plus exagérer l'importance panafricaine) et à l'extension de l'agriculture (bassin de rétention des eaux pluviales aux débouchés des grands oueds).

Une civilisation nouvelle se forme et s'épanouit, combinant les patrimoines autochtone et égyptien et recevant produits de luxe et même influences du monde hellénisé. Le régime est caractérisé par l'emprise morale du dieu Amon (et parfois de ses prêtres) et par la place éminente des mères et épouses du roi, les Candaces, ostensible dans les temples et les cimetières. Il y a parfois véritable corégence du pharaon (méroïtique : *kor*) et de la reine (méroïtique : *ketkê*), mais non point de dévolution matriarcale du trône (comme une théorie longtemps de mode l'imaginait), encore moins une dynastie exclusivement féminine (comme les Romains le crurent). Les sanctuaires d'Amon, dans tout le royaume (Napata, Sanam, Kawa, Pnoubs, Amara), sont visités solennellement par les souverains et considérablement embellis. Osiris, Isis et Anubis s'occupent encore des morts, mais on construit des temples pour certaines divinités proprement méroïtiques comme Apedemak et Sbomeker. De petites et élégantes pyramides très pointues se juxtaposent pour reines, princes et rois dans les vastes nécropoles de Méroé (et aussi à Sédeinga), tandis que grands et petits temples sont multipliés dans le Boutana : Méroé même, Basa, Ouad ben-naga, Moussaouarat el-Sofra. Les images des dieux et des souverains procèdent du graphisme égyptien et le répertoire de leurs attitudes rituelles et de leurs attributs est dans l'ensemble conforme aux prototypes égypto-kouchites (doubles uraeus, béliers amoniens). En revanche, les tenues surchargées, les bijouteries énormes et baroques et surtout l'obésité plantureuse des anatomies font un style original de reliefs, qu'on peut appeler

« méroïtique ». Des relations suivies subsistent entre le clergé kouchite et celui de l'Égypte lagide (hymnes « ptolémaïques » aux dieux). L'initiative la plus étonnante est la création (au plus tard au IIe siècle av. J.-C.) d'un alphabet (bien déchiffré) pour noter la langue soudanaise d'alors (dont les structures sont un peu élucidées, mais dont la parenté linguistique est fort discutée). Cet alphabet emprunte le principe au grec et ses vingt-trois signes à l'égyptien ; il se présente sous une forme hiéroglyphique (monumentale) et sous une forme cursive (démotique).

La limite septentrionale du territoire méroïte s'arrêtait entre la Troisième et la Deuxième Cataracte à l'époque des Ptolémées, mais par-dessus des régions inhabitées, certains rois comme Ergamène exercèrent une sorte de condominium religieux jusque dans le glacis du royaume lagide (temples de Dakkeh, Débod et Philae) et placèrent quelques garnisons éthiopiennes en aval de Ouâdi-Halfa (Primis). L'apogée de Méroé se situe aux environs de l'an zéro, au temps du roi Netakamani et de la Candace Amanitéré. Il est à peine troublé par un choc avec Rome, récemment devenue maîtresse de l'Égypte. En ~23, les Éthiopiens enlèvent Philae, les Romains poussent un raid de représailles jusqu'à Napata. La frontière reste finalement fixée à Maharraqa, comme sous les Lagides.

Vaincu par les armes, Kouch prendra sa revanche. Le repeuplement intense et la remise en valeur agricole de la basse Nubie, qui se manifestent aux IIe-IIIe siècles de notre ère, furent le fait de populations qui adoptèrent la langue et la culture de Méroé et se reconnaissaient les vassaux du lointain souverain du Sud en même temps que serviteurs de l'Isis de Philae. Les établissements du Boutana succombèrent obscurément dans le courant du IVe siècle sous les coups des Nouba et des Axoumites. La basse Nubie, harcelée par les Blemmyes du désert oriental, périclita de son côté (culture de Ballana). Contemporains des premiers empereurs byzantins, ses derniers princes païens ont été enterrés avec des couronnes d'argent incrustées ressemblant à celles des rois de Méroé, dernières manifestations de l'iconographie pharaonique.

Adams William Y., *Nubia. Corridor to Africa*, Londres, 1977, p. 294-429.

Histoire générale de l'Afrique. II, *Afrique ancienne*, Unesco, 1980, p. 295-346.

Cf. Kouch.

METJEN

Haut fonctionnaire qui vécut à la fin de la IIIe dynastie et au début de la IVe dynastie, célèbre par les inscriptions de sa tombe, à Saqqara, sans doute les premières inscriptions privées à contenu autobiographique. Elles consistent en une succession d'extraits d'actes officiels entérinant les promotions et les avantages liés à elles, obtenus par Metjen au cours de sa carrière comme administrateur des domaines royaux en Basse-Égypte et en Moyenne-Égypte. L'accent est essentiellement mis sur les domaines ou les rentes susceptibles d'asseoir et de pourvoir son service funéraire. Ainsi, ce qui peut être tenu pour la plus ancienne autobiographie de l'Égypte pharaonique est déjà conditionnée par la nature même du monument où elle figure, c'est-à-dire la tombe.

Roccati A., *La Littérature historique sous l'Ancien Empire égyptien* (Littératures anciennes du Proche-Orient), Le Cerf, Paris 1982, p. 82-88.

MONTOUHOTEP (LES)
XIe et XIIIe DYNASTIES

Comme le nom Antef, le nom Montouhotep a été porté d'une part par des pharaons de la XIe dynastie, d'autre part par des pharaons de la fin du Moyen Empire et de la Deuxième Période Intermédiaire.

XIe dynastie

— Montouhotep I (~2130) ; n'a jamais régné effectivement, mais fut compté par la postérité au nombre des pharaons parce qu'il était le père des deux premiers rois de la XIe dynastie, Antef I et Antef II. Au demeurant, son nom d'Horus « l'ancêtre » suggère clairement que sa titulature a été imaginée *post mortem*.

— Montouhotep II (deuxième nom Nebhepetrê) ; fils d'Antef III, régna de ~2059 à ~2009. Au cours de son règne il parvint à triompher définitivement de la dynastie d'Héracléopolis et à réunifier l'Égypte, mettant ainsi un terme à la Première Période Intermédiaire et ouvrant le Moyen Empire. Cette réunification fut achevée à une date incertaine, un peu avant l'an XXXIX du roi, sans doute autour de ~2022. Le roi marqua l'événement en adoptant un nouveau nom d'Horus, « Celui qui réunit les deux pays », et en opérant quelques modifications dans la graphie de son deuxième nom, Nebhepetrê. L'Égypte réunifiée, les frontières ayant été assurées par quelques opérations en Nubie, Montouhotep mena activement la réfection des temples de Haute-Égypte, à Gébélein, Tôd, Hermonthis, Dendara, Abydos, etc. Pour restaurer les temples et assurer leur fonctionnement, il dépêcha de nombreuses expéditions aux mines et carrières (Hatnoub, Ouâdi Hammâmât, Assouan, Nubie) et aux comptoirs exotiques (Pount, côte syro-libanaise). Il puisa aussi dans la tradition culturelle memphite, quand la réunification la lui eut ouverte. D'où sans doute des modifications dans la conception originelle d'un monument comme le temple funéraire du pharaon à Deir el-Bahri. Creusé au pied de la falaise, l'édifice était constitué d'une terrasse, où aboutissait la chaussée menant au temple de la vallée, et supportant un édifice entouré sur trois côtés d'un déambulatoire à colonnes ; sur cet édifice était dressé un massif représentant la butte sur laquelle avait surgi le soleil lors de la Naissance du monde. Dans l'ensemble avaient été intégrées, tant bien que mal, six sépultures consacrées à des femmes de la famille royale. Le roi avait aussi honoré d'une sépulture collective, creusée non loin dans la falaise, 60 de ses soldats tués au combat.

— Montouhotep III (deuxième nom : Sânkhkarê ; ~2009 ~1997) ; fils de Montouhotep, il poursuivit la politique de restauration des temples : travaux à Hermonthis et Abydos, expédition à Pount. Il projeta de bâtir un temple funéraire à Deir el-Bahri, non loin de celui de son père, mais mourut avant de l'avoir achevé.

— Montouhotep IV (deuxième nom : Nebtaouyrê ; ~1997 ~1991), l'annalistique égyptienne n'a pas reconnu ce pharaon, bien que les monuments indiquent clairement qu'il a effectivement régné comme tel au moins deux ans. Mais bientôt le pays fut en proie à une guerre civile, à laquelle le vizir Amménémès mit fin en fondant la XIIe dynastie.

XIIIe dynastie

Au moins trois pharaons de la XIIIe dynastie ont porté le nom de Montouhotep. De deux d'entre eux, nous ne savons pratiquement rien. Le troisième, Montouhotepi (deuxième nom : Sânkhénrê) a été rangé dans la XVIIe dynastie, mais appartient plus vraisemblablement à la fin de la XIIIe dynastie, quand les faibles pharaons thébains pliaient devant la poussée hyksôs ; une stèle de ce roi semble faire allusion aux combats menés contre eux par ce pharaon.

MOYEN EMPIRE

On s'accorde à faire commencer le Moyen Empire avec la réunification de l'Égypte sous Montouhotep II (~2022). En revanche, point de consensus absolu quant à la date à laquelle il a pris fin, mais la prise de Memphis par les

Hyksôs (~1650) peut être raisonnablement considérée comme marquant son terme et le début de la Deuxième Période Intermédiaire, d'autant plus qu'elle entraîna une nette rupture dans le style monumental. Ainsi défini, le Moyen Empire comprend :

— la fin de la XIe dynastie ;

— la XIIe dynastie ;

— la majeure partie de la XIIIe dynastie, jusqu'aux pharaons qui perdirent Memphis ;

— la XIVe dynastie, laquelle recouvre en fait au moins deux monarchies en partie parallèles à la XIIIe dynastie.

Voilà donc une période de plus de 350 ans qui a beaucoup apporté à la civilisation égyptienne.

Et tout d'abord un réaménagement de son espace utile. À l'intérieur, une soigneuse planification permit de tirer parti du Fayoum, autrefois couvert de fourrés, et voué par là aux seules joies de la pêche et de la chasse (c'est le titre d'une œuvre littéraire du Moyen Empire). Comparée à celle de l'Ancien Empire, la politique extérieure a changé de dimension. Au sud, la vallée de la basse Nubie fut purement et simplement intégrée au territoire égyptien. Au nord, non seulement les traditionnelles relations avec Byblos furent intensifiées jusqu'à l'égyptianisation des princes locaux, mais encore le monde syro-palestinien, cessant d'être circonscrit au rôle de colifichet exotique, entama le dialogue avec la civilisation égyptienne, ne serait-ce que par l'afflux massif d'immigrés asiatiques dès la XIIe dynastie ; de l'expansion égyptienne en Asie au Nouvel Empire, le Moyen Empire a semé les germes. Enfin, il s'est ouvert largement au monde méditerranéen (Chypre, Égée).

Durant le Moyen Empire, aussi, s'est opéré un remodelage du corps social. Avec la réforme des appareils d'État, un saut qualitatif a été effectué, entraînant la liquidation du « féodalisme régional », un élargissement de l'élite lettrée, et corrélativement la constitution d'une petite bourgeoisie qui parvient à accéder à ce qui était auparavant l'apanage de la classe dirigeante supérieure : l'érection de monuments votifs inscrits. Comme, parallèlement, les croyances funéraires, centrées autour du mythe d'Osiris, se sont largement diffusées, Abydos, la ville du dieu, devient une énorme métropole religieuse où pèlerins et gens de passage viennent déposer des ex-voto ; en conséquence, son poids politique s'accroît d'autant.

Autre facteur d'une nouvelle répartition des centres d'influence, l'avènement de Thèbes, capitale de la XIe dynastie, ou simplement ville d'origine, et comme telle choyée, des pharaons des XIIe et XIIIe dynasties, et qui désormais pèse dans la politique comme dans l'idéologie. Des cadres d'origine thébaine accèdent aux hautes responsabilités ; les domaines de ses temples sont accrus ; l'une de ses divinités, Amon, prend depuis la XIIe dynastie des dimensions proprement nationales.

Par une habile synthèse entre l'héritage de l'Ancien Empire et les acquis de l'évolution historique, le Moyen Empire a fondé un nouveau classicisme, et, comme tel, a servi plus d'une fois de modèle, voire de norme culturelle et artistique, ainsi, au début de la XVIIIe dynastie ou à l'Époque saïte. Pourtant, les vestiges du Moyen Empire paraissent bien moins impressionnants que ceux de l'Ancien Empire : des pyramides de la XIIe dynastie ne subsiste que la masse peu attrayante du cœur en briques crues, parce que les parements calcaires en ont été arrachés. Le temple funéraire de Montouhotep II fait pâle figure à cause de sa destruction ; mais Hatchepsout s'en inspira pour édifier le sien. Et, en fait, le Moyen Empire a légué plus d'un chef-d'œuvre, telle la chapelle blanche de Sésostris I à Karnak. De plus, il a introduit certaines innovations, ainsi les statues cubes, et surtout apporté au portrait le sens de l'individualisation, que la Basse Époque exploitera à nouveau.

Mais c'est surtout en littérature que le Moyen Empire

a produit des classiques qui devinrent quasi constitutifs de la culture égyptienne. Il a renouvelé un genre ancien, comme la sagesse, en le mettant au service de l'engagement politique (*Enseignement loyaliste*, *Enseignement de Chéty*, *Enseignement d'Amménémès I*). Il a puisé dans les horreurs mêmes de la Première Période Intermédiaire de quoi nourrir des œuvres dites « pessimistes », mais surtout d'un ton très original, *Le Dialogue du Désepêré avec son ba*, *Les Lamentations d'Ipou-our*, *Les Maximes de Khâkhaperrêseneb*. La littérature du Moyen Empire foisonne d'œuvres diverses, poèmes, comme l'*Hymne au Nil*, éloquence, dans *Le Conte de l'oasien* ; elle brille du plus vif éclat avec les fictions narratives comme *Le Naufragé* et surtout le *Roman de Sinohé* qui pourrait être l'un des chefs-d'œuvre de la littérature universelle.

Lalouette C., Textes sacrés et textes profanes de l'ancienne Égypte. Des Pharaons et des hommes, Gallimard, Paris, 1984.
Wildung D., De l'Âge d'or de l'Égypte. Le Moyen Empire, P.U.F., Fribourg, 1984.

Cf. Amménémès, Ankhou, Antefiqer, XIIe dynastie, XIe dynastie, Sésostris, Sinohé, XIIIe dynastie.

MYKÉRINOS ou MENKAOURÊ
~2480 ~2462, IVe DYNASTIE

Fils de Chéphren, dont la légitimité au trône fut contestée par d'autres prétendants qui régnèrent peut-être parallèlement, avant qu'elle ne s'imposât définitivement. De son activité comme pharaon (~2480 ~2462) demeure essentiellement la troisième pyramide de Giza, bien inférieure par la taille (hauteur : 66,40 m ; largeur à la base : 108 m) aux deux autres, mais très fastueusement conçue, puisque destinée à être couverte d'un revêtement en granit, lequel subsiste encore dans les assises inférieures.

Demeurent aussi des dyades et triades — premiers

exemples de groupes dans la statuaire —, montrant le roi en compagnie de la reine, ou en compagnie d'une déesse et d'une personnification de nome. Sa sépulture fut restaurée à la XXVIe dynastie.

Voir bibliographie à l'article Chéops.

Cf. IVe dynastie.

NAPATA

Nom, d'origine soudanaise, d'un territoire où se trouve l'actuelle Kareima, dans une zone où le Nil coule du nord au sud, un peu en aval de la Quatrième Cataracte. Ce territoire englobe plusieurs sites glorieux : Djébel Barkal, Sanam et les nécropoles de Kourou et de Nouri. Au pied de l'énorme butte rocheuse dite Djébel Barkal et dénommée en égyptien « la montagne pure », la XVIIIe dynastie avait fondé un sanctuaire pour « Amon, seigneur des trônes des Deux Terres », que les Ramessides embellirent (stèles de Thoutmosis III et Séthy I, lions et sphinx d'Aménophis III, etc.). Ce lieu consacré au premier patron de la monarchie thébaine marqua la pointe avancée de son expansion en pays de Kouch. Plus ou moins longtemps après le retrait de l'administration égyptienne, vers la fin de la XXe dynastie, la région devint le siège d'une obscure principauté indigène. Les tombes de treize chefs, inhumés à la soudanaise, couchés sur un lit (et non dans un cercueil) sous des tumulus circulaires, ont été exhumées, à Kourou. Le matériel retrouvé traduit le relâchement puis la reprise des communications avec l'Égypte et la suite de l'histoire suggère une continuité du culte local d'Amon. Au cours du VIIIe siècle, cette dynastie de Napata, avec Kachta et Piyé, étend sa domination au-delà de la Première Cataracte, se dote des attributs de Pharaon, donne à l'Égypte sa XXVe dynastie, « éthiopienne », et égyptianise son domaine d'origine. Piyé puis Taharqa refondent magnifiquement les temples d'Amon au pied du Djébel Barkal (d'où proviennent les stèles du premier et de belles effigies du second). Taharqa crée à Sanam, sur la rive gauche, une ville et un temple dédiés à « Amon, taureau de la Nubie ». À El Kourou, puis à Nouri où la pyramide de Taharqa est le noyau d'un nouveau cimetière royal, les tombes des rois et des reines prennent la forme de pyramides et reçoivent textes funéraires, sarcophages, ouchebtis et autres instruments de survie typiquement égyptiens. Cette « pharaonisation » et l'emploi monumental de la langue égyptienne vont subsister quand, après la perte de l'Égypte, une deuxième dynastie de Napata continue à dominer le Soudan : soit une vingtaine de rois inhumés à Nouri entre ~650 environ et l'an 300. Jusqu'au IVe siècle, une forme évoluée du néo-égyptien sert à rédiger les inscriptions officielles. Amon de Napata — dont le temple du Barka conservera d'importantes inscriptions de statues (Atlanarsa, Senkamanisken, Harsiotef, Nastesen) — est toujours le patron de la monarchie et le demeure même lorsque la capitale va se fixer à Méroé. Les rois méroïtiques se rendent à Napata pour recevoir les insignes de leur pouvoir. Deux petits champs de pyramides, à l'arrière de la montagne Pure, datent de leur époque. En ~23, les Romains, refoulant les Éthiopiens de basse Nubie, vinrent saccager Napata.

Adams William Y., *Nubia. Corridor to Africa*, Londres, 1977, p. 246-293.

Cf. Éthiopienne (dynastie), Kouch.

NÂRMER

Vers ~3000

Le nom de ce roi se trouve sur d'assez nombreux documents, jusqu'en Palestine (sur des objets amenés là à la suite d'échanges, semble-t-il). Sa palette de schiste, qui mérite sa célébrité à la fois par la perfection de son style et l'intérêt de son décor, évoque une victoire sur ce qui paraît être une peuplade des marais (en Basse-Égypte ?) ; mais s'agit-il d'un événement actualisé ou d'un thème déjà conventionnel ? En tout cas, Nârmer porte alternativement des couronnes qui sont celles de la Haute et de la Basse-Égypte à l'époque historique. Par ailleurs, non seulement la composition et les thèmes sont pharaoniques, comme sur les têtes de massue du roi Scorpion, mais encore le nom du roi est enclos dans la représentation de la façade du palais, selon un usage déjà attesté, mais qui devient de règle par la suite. Aussi, beaucoup identifient Nârmer à Ménès, le premier pharaon, et d'autant plus que les deux noms sont associés — mais d'une manière qui n'assure pas qu'il s'agisse de la même personne — sur un scellé. Ceux qui refusent cette identification ne nient pas que Nârmer ait été, à tout le moins, son prédécesseur immédiat.

NÉCHAO II

~610 ~595, XXVIe DYNASTIE

S'il ne reste de son règne qu'assez peu de monuments, la Bible et Hérodote nous informent sur plusieurs activités spectaculaires de son gouvernement. Par l'envoi de contingents sur l'Euphrate, il essaie, vainement, d'empêcher les Babyloniens d'achever l'Assyrie et de s'étendre en Syrie. Au cours d'une opération que Néchao conduisit en personne, il écrase à Megiddo le pieux roi Josias de Juda. Pendant trois ans, l'Égypte domine la Palestine, la Phénicie et la Syrie comme jadis Thoutmosis III, mais son armée est vaincue à Karkémich par Nabuchodonosor qui étend l'Empire babylonien jusqu'à la frontière égyptienne. Selon Hérodote, Néchao (autrement nommé Nécôs) entreprit l'aménagement d'un canal joignant le Nil à la mer Rouge — ce que l'archéologie semble confirmer — mais n'aurait pas terminé cette entreprise. Il aurait envoyé en mer Rouge une flotte phénicienne qui, par un lent cabotage, aurait finalement fait le tour complet de l'Afrique, belle histoire d'exploration qui n'est sans doute qu'une fable. Ce pharaon qui tourna résolument l'Égypte saïte vers le monde extérieur paraît avoir été contesté : son nom se trouve martelé dans plusieurs de ses inscriptions.

Hérodote, Livres II, 158-159 et IV, 42, cf. Hérodote. *L'Enquête*. Livres I à IV, traduction A. Barguet, Gallimard, Paris, 1984, p. 249-250 et 375-376.

Cf. Saïtes (dynasties).

NECTANÉBO (LES DEUX)

XXXe DYNASTIE

Sous cette forme grecque, l'habitude égyptologique confond commodément deux anthroponymes différents : Nekhtnebef (grec : *Necténébès*), qui fut celui du fondateur de la XXXe dynastie, et Nekhthoremhebyt (grec : *Nectanabo*) que portait son petit-fils. Le premier (~378 ~360) attribua au temple de Neith à Saïs la dîme des importations et productions du comptoir grec de Naucratis. Une intense reprise de l'activité architecturale dans les temples, depuis Philae jusqu'à Behbeit et Tanis, illustre l'aisance matérielle du pays et répond à une politique délibérée de recours à l'action providentielle des divinités. Arrêtée par les fortifications de Péluse, une attaque perse vint se perdre dans les marais inondés de la bouche mendésienne. L'Égypte fut sauvée pour un quart de siècle. De Nectanébo II (~359 ~341), qui avait supplanté son oncle Tachos, les œuvres sont d'une ampleur comparable à celles de son grand-père. Sa confrontation avec le Grand Roi, Artaxerxès III, qui tenta dès ~351 de reconquérir l'Égypte, se termina par la victoire et l'invasion des Perses. L'Égyptien se serait encore maintenu dix-huit mois en Haute-Égypte pour se réfugier ensuite en Éthiopie.

À vrai dire, on ne sait comment disparut cet ultime grand

souverain de souche indigène qui prêta à la légende. La fierté nationale se fit plaisir en racontant comment ce roi, magicien travesti en dieu, avait procréé Alexandre le Grand. On adora encore sous les Ptolémées les belles statues de faucon qu'il avait fait tailler pour lui, s'assimilant au dieu Horus. Le magnifique sarcophage que Nectanébo II avait préparé pour sa sépulture a été retrouvé dans Alexandrie où il passait encore récemment dans le folklore local pour le tombeau même d'Alexandre.

Cf. Sébennytique (dynastie).

NÉFERHOTEP I
~1740 ~1730, XIIIe DYNASTIE

Néferhotep I (deuxième nom : Khâsekhemrê) est le vingt et unième roi de la XIIIe dynastie. D'origine roturière — son grand-père n'était qu'un milicien —, il parvint à se maintenir onze ans sur le trône (~1740 ~1730) et à asseoir assez fermement la légitimité de sa lignée pour que ses deux frères, Sahouthor et Sébekhotep IV, pussent, eux aussi, être couronnés. Il s'occupa particulièrement de la ville sainte d'Osiris, Abydos, remettant le sanctuaire en ordre, et réorganisant les cérémonies conformément à la tradition consignée dans les archives sacrées. À Byblos, la dynastie indigène égyptianisée lui marqua encore allégeance. Sa réputation en fit plus tard un symbole assez significatif pour que les Hyksôs aient pris la peine de mutiler ses images sur les objets consacrés et qu'ils récupérèrent au cours de leur conquête.

Cf. Sébekhotep, XIIIe dynastie.

NÉFERIRKARÊ/KAKAÏ
~2433 ~2414, Ve DYNASTIE

Troisième pharaon de la Ve dynastie (~2433 ~2414). Construisit un temple solaire dont l'emplacement exact n'est pas connu et un complexe funéraire à Abousir, avec une pyramide (hauteur : 69 m), qui fut achevé par son successeur. C'est surtout aux hasards des trouvailles que Néferirkarê doit sa notoriété. On a retrouvé, en effet, une partie des archives reflétant l'activité de son temple funéraire durant la Ve et la VIe dynastie. Manne pour les égyptologues qui parviennent à entrevoir l'organisation et le fonctionnement (tableaux de service, inventaires de mobilier, comptes de denrées, bordereau de distribution, etc.) de ces temples funéraires qu'ils ne connaissaient auparavant que par des vestiges archéologiques ou des titres.

Cf. Ve dynastie, Khentkaous, Ptahouach.

NÉFERTITI

Épouse d'Aménophis IV/Akhenaton à qui elle donna six filles. Elle fit précéder son nom du qualificatif *Néfer-Néferou-aton*, étant celle en qui s'accomplissent les perfections du disque solaire. Avec Aton bénissant et son mari, elle forme une sorte de triade. Les temples atonistes de Thèbes et surtout les tombes privées d'Amarna font revivre, en détails charmants, la vie tendre du couple. La reine, comme ses filles, fut dotée par les artistes de la bizarre anatomie qui était, au moins dans l'iconographie, celle même de la personne d'Akhenaton. Les bustes qui ont été retrouvés d'elle à Amarna, les ébauches de quartzite et le fameux portrait polychrome de Berlin (borgne on ne sait trop pourquoi) lui restituent un merveilleux visage. Cette beauté et son étroite association avec le premier des prophètes monothéistes en ont fait une héroïne de rêve. Sa personnalité propre est aussi inconnue qu'est éclatante sa fonction dans le protocole symbolique. Elle incarne sur terre la part féminine dans l'œuvre divine.

Cf. Aménophis IV/Akhenaton, Reines.

NEKHEBOU

Nekhebou, appelé aussi Merptahânkhmeryê, appartient à une famille de directeurs de travaux des Ve et VIe dynasties dont le complexe familial fut bâti à Giza, à l'ouest de la pyramide de Chéops. Dans son autobiographie assez bien détaillée, Nekhebou narre comment, après avoir fait son apprentissage et gravi les échelons dans l'ombre de son frère, il se tira brillamment des délicates missions confiées par Pépy II, comme directeur de tous les travaux : édification de châteaux du *ka* royaux en Basse-Égypte — ce qui nécessita un difficile approvisionnement en bois de charpente ou d'huisserie, creusement de canaux, dans la région de Chemmis (frange marécageuse du littoral) et de Cusae (Moyenne-Égypte), chantier des monuments royaux à Héliopolis. Ses occupations entraînèrent Nekhebou jusqu'aux carrières du Ouâdi Hammâmât, où son nom apparaît dans des graffiti.

Roccati A., *La Littérature historique sous l'Ancien Empire égyptien* (Littératures du Proche-Orient), Le Cerf, Paris, 1982, p. 181.

NÉOUSERRÊ/INI

~2407 ~2384

Pharaon de la Ve dynastie. Édifia une pyramide à Abousir (hauteur : 52 m) et un temple solaire non loin de là, à Abou Gorab. Les bas-reliefs qui en décorent certaines parties représentent la fête-*sed*, une manière de jubilé royal, ou encore illustrent la doctrine naturaliste de l'époque. Ainsi, la « chambre du monde » décrit, pour chacune des trois saisons, inondation, hiver, été, la vie des créations dont Rê a peuplé l'Égypte : croissance des plantes, reproduction et mœurs des animaux, activités des hommes. Bien que très endommagés, ces bas-reliefs manifestent le bon sens de l'observation des Égyptiens, qui avaient noté jusqu'aux déplacements périodiques des muges depuis l'eau saumâtre des marais littoraux vers l'eau douce de la Première Cataracte à Éléphantine. Par ailleurs, différents indices suggèrent que le règne de Néouserrê/Ini constitue le point culminant de la Ve dynastie.

Cf. Ve dynastie.

IXe et Xe DYNASTIES

Ces deux dynasties avaient comme capitale Héracléopolis Magna, une ville de Moyenne-Égypte, au sud de l'oasis du Fayoum, capitale du XXe nome de Haute-Égypte. La IXe dynastie fut fondée par un pharaon nommé Chéty — Achthoès dans la tradition grecque, qui le dépeint comme un cruel tyran, mort dévoré par un crocodile. Outre ce pharaon, elle en comprend trois autres, un dont le nom demeure inconnu, un Néferkarê, mentionné par le nomarque Ankhtyfy, et le troisième : Chéty II. Elle semble s'être étendue sur plusieurs générations, à en juger d'après les généalogies des hauts dignitaires contemporains (~2130 ~2090), et avoir revendiqué la souveraineté sur l'Égypte entière, fût-elle nominale.

Les raisons du changement dynastique de la IXe dynastie à la Xe dynastie sont d'autant plus obscures que les noms des souverains laissent entrevoir une certaine continuité, et que les Égyptiens employaient le même terme, « la maison de Chéty », pour les désigner. Aussi ne saurait-on exclure que la division des pharaons d'Héracléopolis en deux dynasties procède d'une réinterprétation du canon royal égyptien. Quoi qu'il en soit, la Xe dynastie comporte quatorze pharaons, pour la plupart inconnus, et dont les règnes furent en majorité très brefs (~2090 ~2022 ?). Émergent de cet anonymat un Néferkarê, un Chéty, et surtout un Mérikarê, à qui son père a adressé un enseignement célèbre. La Xe dynastie, à la différence de la IXe, ne prétend plus au contrôle de tout le pays, et reconnaît l'existence de la dynastie rivale thébaine en Haute-Égypte, la région d'Abydos et de This, tour à tour perdue et reconquise, constituant la zone frontière entre les deux royaumes. La Xe dynastie s'inspirait de la tradition de l'Ancien Empire, d'autant plus qu'elle détenait Memphis, foyer de cette tradition.

Au demeurant, Mérikarê paraît avoir érigé sa pyramide à Saqqara. Elle semble avoir maintenu ses frontières du Delta oriental contre les Asiatiques, et conservé tant bien que mal l'héritage culturel de l'Ancien Empire ; au point qu'après leur victoire les pharaons thébains feront appel à des artistes et à des cadres du royaume vaincu.

Cf. Ankhtyfy, XIe dynastie, Mérikarê, Première Période Intermédiaire.

NIL

On le nommait *iterou* (passé à la prononciation *éior*), d'un mot qui put s'appliquer à toute rivière permanente. La désignation plurielle des branches du Delta (*Na-éiore*) est sans doute à l'origine du grec *Neilos*, latin *Nilus*. Paradoxalement, ce Nil fut loin de jouer un rôle central dans la théologie politique. Le fameux *Hymne au Nil* servit au Nouvel Empire à exprimer en termes choisis la ferveur populaire, mais ne procédait pas de rituels officiels et une véritable religion du Nil ne se développa guère avant l'époque gréco-romaine. Les anciens Égyptiens avaient divinisé non pas le cours d'eau lui-même, mais le mystérieux être souterrain dont le dynamisme se manifestait une fois l'an, lorsque montaient les eaux : *Hâpy*, consubstantiel à Noun, l'eau primordiale, était figuré sous l'aspect commun des personnifications de la fécondité, soit un dieu vêtu du léger pagne des pêcheurs, doté d'un ventre ballonné et de mamelles pendantes. On lui attribuait deux habitats d'où il était censé jaillir au début de chaque été, l'un à la pointe du Delta (à l'emplacement du Vieux Caire), l'autre près d'Éléphantine. Au total, le culte de cette figure cosmique resta fort localisé et, auxiliaire du dieu majeur, Hâpy fait figure dans l'iconographie des temples de génie secondaire.

Il est alors des idées reçues dont il faut se défaire. Si le développement précoce d'une haute culture en Égypte vient indéniablement de la fertilité de la vallée limoneuse, restaurée annuellement par son fleuve, la naissance de l'État pharaonique ne découla pas de la nécessité d'aménager collectivement la répartition des eaux. Les plus vieux témoignages d'une irrigation par bassins — conséquence de la saharisation — datent des alentours de l'an ~2000, donc bien après l'Ancien Empire et les puissants bâtisseurs de pyramides.

Le pharaon n'est pas le magicien faiseur d'inondation — comme les sorciers font la pluie —, ni même un médiateur direct entre le fleuve et les agriculteurs. L'action de Hâpy relève de la volonté providentielle d'une divinité suprême. L'arrivée de la crue est la manifestation d'un ordre régulier assuré par le culte rendu aux dieux (notamment par le versement de l'eau qui alimente et purifie). Les mauvaises années sont un aspect parmi d'autres d'un désordre résultant de la subversion, de l'ignorance et de la négligence. Le roi ne consacre finalement que peu de soins au Nil lui-même : offrandes à Hâpy au Gébel el-Silsila et à Héliopolis. Il prend des mesures utiles et rend grâce à Amon, quand arrive une inondation désirée ou une très forte crue sans trop de dégâts. Un seul pharaon parle de Hâpy dans sa titulature canonique : Siptah, que son nom d'Horus proclame « aimé de Hâpy ». L'idéologie pharaonique est solaire, horienne (i.e. « politique ») mais pas hydraulique.

NITOKRIS

Vers ~2140, VIe DYNASTIE

Nitokris, forme grecque de Neithiqerty, est le nom d'une reine qui devint pharaon à la fin de la VIe dynastie, comme plus tard Skémiophris, Hatchepsout et Taousert. Elle aurait régné six ou douze ans. Manéthon lui attribue la construction de la troisième pyramide (celle de Mykérinos), sans doute parce qu'elle y avait entrepris d'importants travaux de réfection. En fait, on ne connaît aucun monument au nom de Nitokris, mais seulement des traditions tardives ; elle aurait eu une carnation particulièrement claire ; elle aurait vengé son frère assassiné en noyant ses meurtriers dans la salle où ils festoyaient. Derrière cette anecdote se profile le souvenir des querelles de succession qui déchirèrent la monarchie aux temps troublés de la fin de la VIe dynastie.

Legrand, *Hérodote*, *Histoire II*, Les Belles Lettres, p. 131-132.
Hérodote, *L'Enquête*. Livres I à IV, traduction A. Barguet, Gallimard, 1964, p. 210-211.

Cf. VIe dynastie.

NUBIE

On appelle Nubie le territoire s'étendant depuis le sud de la Première Cataracte du Nil (à Assouan) jusqu'à la région du Dongola, ou même au-delà de la Quatrième Cataracte ; ce territoire est à présent partagé entre la République arabe d'Égypte et la République du Soudan. Le Nil s'y frayait une vallée étroite, avec bien peu d'espaces cultivables (sauf dans le Dongola) ; la navigation était rendue difficile par les cataractes (il fallait parfois éviter l'obstacle par la terre en faisant passer les bateaux par des glissières). De part et d'autre de l'étroite vallée, les plateaux étaient désertiques ; toutefois, dans le désert occidental, il y avait quelques oasis (Dounkoul, Sélima) reliées par pistes caravanières aux oasis égyptiennes.

Pendant toute la période pharaonique, la Nubie fut pour l'Égypte un constant objet de préoccupation. D'abord pour des raisons de sécurité ; il fallait se garantir contre les incursions possibles des différentes peuplades nubiennes. Ensuite pour des raisons économiques : en elle-même, ou en tant que voie d'accès vers l'Afrique profonde, la Nubie offrait maintes ressources : bétail (chèvres et bœufs), plumes d'autruche, mercenaires (le terme *Medjay*, qui désigne à l'origine une peuplade nubienne, deviendra un nom de métier, « le policier »), améthyste, diorite, et surtout or (« Nubie » provient de l'égyptien *noub*, « or »), mais aussi ivoire, bois d'ébène, encens, peaux de panthère, girafes, Pygmées.

Les cultures prédynastiques rayonnaient déjà en Nubie. De l'Époque thinite à la fin de l'Ancien Empire, les relations prirent la forme d'expéditions militaires destinées à assurer l'exploitation des ressources de la basse Nubie ; au-delà de la Deuxième Cataracte, les Égyptiens se contentèrent d'expéditions commerciales ou de voyages d'exploration (Horkhouf) pour établir des liens avec les principautés nubiennes d'alors.

Bien évidemment, les désordres de la Première Période Intermédiaire détournèrent les Égyptiens de la Nubie. Au contraire, de nombreux Nubiens affluèrent en Égypte pour s'enrôler comme mercenaires au service des potentats qui se disputaient le pouvoir.

Avec le Moyen Empire et la restauration de l'unité nationale, les pharaons mirent en œuvre une politique de reprise en main de la Nubie qui fut parachevée sous Sésostris III ; un système de huit forteresses massives verrouillait la frontière, désormais établie à Semna, au sud de la Deuxième Cataracte, empêchait les incursions des nomades du désert et contrôlait le trafic fluvial ; aux pieds d'une de ces forteresses, celle de Mirgissa, avait été fondé un comptoir commercial où s'opéraient d'intenses échanges avec la partie de la Nubie restée indépendante. Car plus au sud, Kerma était la capitale d'une principauté nubienne qui avait réalisé une originale synthèse entre les cultures locales et l'influence égyptienne. Profitant du retrait égyptien à la XVIIe dynastie (ou le provoquant), cette principauté s'étendit en basse Nubie et passa alliance avec le royaume hyksôs contre les dynastes nationalistes de Thèbes, bien qu'utilisant les services de nombreux Égyptiens.

Les pharaons de la XVIIIe dynastie, successeurs victorieux de ces dynastes, s'en souvinrent ; aussi s'employèrent-ils à établir définitivement la suprématie égyptienne sur la Nubie. Les campagnes d'Amosis, d'Aménophis I, de Thoutmosis I, de Thoutmosis III, Aménophis II et Thoutmosis IV portèrent, par avancées successives, la frontière de l'Empire égyptien jusqu'au sud de la Quatrième Cataracte. La Nubie fut annexée et placée sous administration spéciale dirigée par « le fils royal (ou vice-roi) de Kouch », assisté de deux lieutenants. Durant tout le Nouvel Empire, toutes les ressources locales, et particulièrement les mines d'or, furent systématiquement exploitées, tandis que les produits africains transitaient vers l'Égypte ; de nombreux temples furent bâtis dont celui d'Abou Simbel, le plus célèbre d'une série érigée par Ramsès II.

En proie aux luttes intestines, l'Égypte ne put maintenir sa domination sur la Nubie pendant la Troisième Période Intermédiaire. Alors, à Napata, une ville sans doute fondée par Thoutmosis III en aval de la Quatrième Cataracte, une dynastie indigène, mais très fortement égyptianisée, entreprit la conquête de la Nubie, puis de l'Égypte qui se trouvait affaiblie par ses divisions. Piânkhi (Piyé) établit une nouvelle dynastie, la XXVe, dite « kouchite » (*Kouch* étant un des noms égyptiens de la Nubie) ou « éthiopienne » (les auteurs de l'Antiquité appelant la Nubie « Éthiopie »). Expulsés d'Égypte par la monarchie saïte (XXVIe dynastie), les Kouchites se replièrent à Napata, puis, à partir de ~270, à Méroé, un peu en aval de la Sixième Cataracte. Là s'élabora une civilisation originale, la civilisation méroïtique, qui se donna une écriture dont les signes étaient empruntés aux écritures égyptiennes (écritures hiéroglyphique et démotique), mais qui véhiculait une langue encore très mal connue, le méroïtique.

Hintze F. et Hintze U., *Les Civilisations du Soudan antique*, Éditions Leipzig, Leipzig, 1967.
Adams W.Y., *Nubia. Corridor to Africa*, Londres, 1977.

Cf. Aménophis I, Amosis, Éthiopienne (dynastie), Heqa-ib, Horkhouf, Kamosis, Kouch, Méroé, Panéhésy, Ramsès II, Sésostris III, Séthy I, Thoutmosis I, Thoutmosis III, Thoutmosis IV, XXVe dynastie.

OBÉLISQUES

Cette variante bien égyptienne, puisque rigoureusement géométrique, de la pierre dressée, type universel de théophanie, dérive sans doute possible du *benben*, un bétyle matérialisant l'apparition du soleil initial selon un mythe d'Héliopolis. Fait à la semblance du *benben*, un unique obélisque maçonné, juché sur un socle élevé, formait l'idole adorée dans les temples solaires royaux de la Ve dynastie. Les plus anciennes paires d'obélisques qui nous soient connues (début VIe dynastie) étaient précisément destinées au temple de Rê à Héliopolis. Des exemplaires nombreux, bien que dispersés à travers le monde, ainsi que les traditions des historiens classiques et arabes, rappellent qu'une énorme quantité d'obélisques fut dressée dans la ville du soleil où l'on peut voir encore un des deux obélisques érigés par Sésostris I, lorsqu'il en reconstruisit le temple. Les pharaons du Nouvel Empire multiplièrent les aiguilles de pierre à Thèbes, à Pi-Ramsès et chez divers dieux solarisés. Certaines étaient des objets de culte, élevés sur l'axe des temples (ainsi l'« obélisque unique » de Karnak, maintenant place Saint-Jean-de Latran, à Rome). La plupart étaient dressés par paires, de part et d'autre de l'entrée des pylônes. L'usage des obélisques de façade se maintint jusqu'à l'époque ptolémaïque (Edfou, Philae).

La pointe (ou pyramidion) des obélisques était revêtue de plaques d'or ou d'électrum. Ces piliers monolithes, généralement taillés dans des roches dures et denses (granit, quartzite) étaient de dimensions variables : de deux à plus de quarante mètres, voire cinquante-sept mètres selon un texte littéraire. Leur extraction en carrière, leur enlèvement à la faveur de la crue, leur transport et plus encore l'érection sans casse de fûts pesant des centaines de tonnes sont parmi les performances les plus étonnantes de l'ingénierie pharaonique (la mise sur socle se faisait par un mouvement de bascule, en usant de grandes rampes élévatrices et de hauts caissons à trappe remplis de sable). Dédiés au nom du roi, exhibant vers le ciel la présence rayonnante du dieu, ces meubles formidables furent appelés par les Arabes « aiguilles de Pharaon », ce qui leur va mieux que l'ironique formule des Grecs : « brochettes » (*obéliskos*). Les Romains apprécièrent beaucoup leur prestige emblématique et leur présence monumentale. D'Auguste à Constance II, les antiques obélisques de Karnak, Héliopolis, Saïs furent déménagés pour orner leurs capitales (deux au Césareum d'Alexandrie, neuf à Rome, un à Constantinople). Dédié au soleil, celui du Champ de Mars servait d'aiguille à un immense cadran solaire. D'autres obélisques de Rome, qui ne sont pas gravés de textes hiéroglyphiques, furent probablement commandés par Auguste aux carriers égyptiens (ainsi celui du Vatican). Domitien, puis Hadrien firent fabriquer des obélisques inscrits de légendes hiéroglyphiques à leur nom. Les papes de la Renaissance et de l'Âge moderne redressèrent aux quatre coins de la Ville Éternelle les hautes pierres d'Égypte. Napoléon, à son tour, souhaita que la capitale de son empire en possédât au moins un. Son vœu ne fut réalisé que sous Louis-Philippe (place de la Concorde, 1832). Londres (1878), New York (1881), puis, enfin, Le Caire (1962 et 1984) imitèrent Paris. Monument commémoratif ou funéraire, ornement de jardin ou de cheminée, l'obélisque est la seule invention de l'art pharaonique qui soit passée, sans être dégradée, dans notre culture.

H. Labib, *The Obelisks of Egypt.*

XIe DYNASTIE

L'ancêtre de la XIe dynastie, au demeurant honoré comme tel par sa postérité, fut un « prince, gouverneur » nommé Antef fils d'Ikou, contemporain des derniers souverains de la VIIIe dynastie. Il insuffla de l'ambition à une région jusqu'alors assoupie dans l'insignifiance de la province profonde. Sous la IXe dynastie, Thèbes constitua un bloc avec Coptos, bloc qu'Ankhtyfy, potentat de l'Extrême-Sud, dut affronter sans parvenir à l'anéantir. Bien au contraire, la puissance et l'influence thébaines crûrent sous Montouhotep et Antef au point que celui-ci se nomma pharaon et que celui-là fut promu rétrospectivement à cette suprême dignité, en tant que premier roi de la XIe dynastie, quoiqu'il n'ait jamais effectivement régné. Mais la nouvelle dynastie avait à compter avec une autre, celle d'Héracléopolis, qui contrôlait le Delta et une partie de la Moyenne-Égypte ; la région de This et d'Abydos, que les deux parties conquéraient et perdaient tour à tour, constituait la zone frontière. Toutefois, les hostilités ne furent pas ininterrompues ; ainsi, un pharaon d'Héracléopolis conseille à son fils Mérikarê une politique de coexistence pacifique. Louable conseil, mais vain face à l'irrépressible ambition thébaine. Laquelle, en définitive, parvint à triompher de la dynastie d'Héracléopolis, et à réunifier l'Égypte durant le règne de Montouhotep II, à une date incertaine (~2022). Dès lors, la XIe dynastie disposa des ressources naturelles, mais aussi culturelles qui lui permettaient de renouer avec la politique traditionnelle des grands pharaons : expéditions aux mines et carrières, ainsi qu'aux comptoirs exotiques, restauration des temples, édification de vastes monuments funéraires. Toutefois, à peine la XIe dynastie avait-elle écarté sa rivale d'Héracléopolis qu'au sein même de sa classe dirigeante surgissait un prétendant à une nouvelle légitimité ; le vizir de Montouhotep IV, nommé Amménémès, mit à profit la faiblesse du pharaon — au demeurant non reconnu comme tel dans la tradition annalistique — pour prendre le pouvoir au prix ou à la faveur d'une guerre civile. La liste des pharaons de la XIe dynastie s'établit ainsi :

— Montouhotep I et Antef I, ~2130 ~2115.
— Antef II, ~2115 ~2066.
— Antef III, ~2066 ~2059.
— Montouhotep II, ~2059 ~2009.
— Montouhotep III, ~2009 ~1997.
— Montouhotep IV, ~1997 ~1991.

Cf. Antef, Hénénou, Montouhotep, IXe et X^e^ dynasties.

ORACLES

La pratique oraculaire n'est pas attestée avant le Nouvel Empire ; est-ce par aléa documentaire ? Quoi qu'il en soit, le dieu se prononce alors par les mouvements de sa barque de procession, portée par les prêtres à l'occasion des grandes fêtes. Il marque son approbation en faisant avancer ou s'incliner la barque, et sa désapprobation en la faisant reculer, ou en la maintenant immobile. Il statue ainsi sur des cas qui lui sont exposés oralement, ou encore par écrit, sur deux tablettes, l'une avec la version positive, l'autre avec la version négative. Les manifestations vocales de l'oracle, par exemple grâce à un conduit traversant sa statue, ne sont pas assurées avant la Basse Époque.

De très nombreux oracles, en général rendus par des

formes particulières (statue, image) des divinités majeures, ou encore par des hommes divinisés (ainsi, le roi Aménophis I à Thèbes) et des animaux sacrés rythmaient la vie des particuliers qui s'enquéraient auprès d'eux de l'opportunité d'un voyage, du bien-fondé de l'achat d'un âne, des chances qu'avait un nouveau-né d'échapper à la mort (d'où des noms propres du style « le-dieu-X-dit-qu'il-vivra ») ; les oracles servaient aussi d'instance judiciaire pour trancher les innombrables chicanes ou pour établir la culpabilité d'un malfaiteur ; au demeurant, ils étaient cumulatifs, et, si on n'était pas satisfait de la réponse d'un oracle, on pouvait recourir à un ou plusieurs autres !

Le rôle politique de l'oracle a évolué. Pendant la XVIIIe dynastie, il n'intervient qu'à titre exceptionnel, sans être sollicité, pour élire le futur pharaon (ainsi, Hatchepsout, Thoutmosis III). En revanche, s'il arrive que les pharaons consultent le dieu sur tel projet important (expédition à Pount sous Hatchepsout, campagne en Nubie sous Thoutmosis IV), c'est dans l'intimité du sanctuaire, et à travers une inspiration directe. Mais dès l'Époque ramesside apparaît, avec l'extension du domaine du temple d'Amon, l'extension de la portée de son oracle ; Ramsès II le consulte pour nommer le grand prêtre d'Amon Nebounenef. Avec la XXIe dynastie et le début de la Troisième Période Intermédiaire, l'avènement de la théocratie implique un saut qualitatif dans le statut de l'oracle dans les régions qui se trouvent sous la juridiction du domaine d'Amon, c'est-à-dire la Haute et la Moyenne-Égypte, d'une part, la province de Tanis, d'autre part, Amon est censé gouverner directement à travers son oracle, consulté par le grand prêtre ou le pharaon. Cet oracle intervient régulièrement non seulement dans les procédures judiciaires, mais encore comme garantie des actes privés, tels les transferts de biens, et comme caution des rites ou des objets funéraires, dont l'efficacité immanente est désormais mise en doute. Il tranche les affaires politiques, par exemple la question de l'amnistie accordée aux bannis dans les oasis, et, plus encore, contrôle le pouvoir pharaonique ; voilà pourquoi Osorkon II, Taharqa et sans doute bien d'autres pharaons ont soumis leur programme de gouvernement à l'approbation de l'oracle d'Amon. Faut-il insister, tant c'est évident, sur la puissance en conséquence détenue par ceux qui le manipulent, c'est-à-dire le haut clergé ?

Leclant J., dans *La Divination I* (A. Caquot, M. Leibovici, éd.), Paris, 1968, p. 1-23.

ORIGINES (PRÉHISTOIRE, PRÉDYNASTIQUE)

Les premières traces de l'homme — essentiellement des outils de pierre — apparaissent dans ce qui sera l'Égypte durant les dernières phases de transition du pliocène au pleistocène, quand le Nil recreuse son lit à travers les accumulations qui l'avaient précédemment comblé. Ces outils n'ont rien de spécifique, et les préhistoriens reconnaissent sans peine les types bien connus du paléolithique européen, aux noms souvent dérivés des sites de France, voire de la banlieue parisienne (Chelléen, Acheuléen, Levalloisien). En revanche, avec les dernières phases du paléolithique s'affirment les cultures plus différenciées, et assurément apparentées à celles des chasseurs nomades du Maghreb, du Sahara et du Soudan. Avec elles se développent les gravures rupestres où une faune typiquement africaine (girafes, éléphants, autruches, etc.) tente en vain de déjouer les entreprises de chasseurs portant l'étui à pénis, et aussi habiles à décocher leurs flèches qu'à tendre des pièges ingénieusement élaborés ; certains thèmes symboliques, comme le disque entre les cornes d'un bovidé, viendront enrichir le patrimoine culturel de l'Égypte pharaonique. Les cultures paléolithiques se maintinrent très longtemps en Égypte, puisqu'elles sont encore attestées vers ~6000, au bord même du Nil.

De fait, ce n'est guère qu'au cinquième millénaire que surgit le néolithique : sur les hauts plateaux surmontant le Fayoum ou la vallée, et où la dessiccation n'était pas encore achevée, vivaient des populations possédant une poterie assez grossière, mais déjà la vannerie, le textile, et surtout l'agriculture céréalière (blé, orge) et les techniques qu'elle requiert (faucilles, fléaux, silos assez perfectionnés). Il n'en demeure pas moins que l'agriculture apparaît bien plus tardivement en Égypte qu'au Proche-Orient. À ce néolithique un peu fruste du Fayoum ou de Mérimda (Basse-Égypte, près du Caire actuel) s'opposent, durant le cinquième millénaire aussi, mais en Haute-Égypte, des cultures dites énéolithiques ou chalcolithiques en raison de l'usage du cuivre ; usage, au demeurant, apparemment restreint aux objets de prestige ; en revanche, elles avaient atteint une maîtrise remarquable de la céramique et du travail de l'ivoire. On les désigne sous l'appellation « badarien ».

La période qui couvre à peu près le quatrième millénaire avant Jésus-Christ est qualifiée de « prédynastique » ; on va voir comment se justifie le terme. La caractérise une civilisation, attestée en Haute-Égypte, et connue surtout par un mobilier funéraire abondant et fort élaboré : vases de pierre (granit, basalte, albâtre), céramique artistiquement décorée, ustensiles de toilette et figurines d'ivoire, amulettes et aiguilles de cuivre, palettes à fard en schiste, armes votives. Cette civilisation, dite de Naqada, s'est développée en deux phases distinctes, Naqada I, ou Amratien, Naqada II ou Gerzéen, qui s'opposent surtout par des tendances sylistiques ; le goût du schématisme géométrique, voire de l'abstraction, au début, domine l'Amratien, alors qu'avec le Gerzéen s'affirme la propension pour un certain réalisme ; de plus, voici que s'y manifeste explicitement l'influence du monde mésopotamien non seulement sous forme de sceaux-cylindres importés — ce qui pourrait n'être qu'anecdotique —, mais à travers le style et les thèmes iconographiques (l'homme attaqué, de part et d'autre, par deux lions, monstres affrontés). En témoignent hautement des peintures murales (tombe d'Hérakonpolis) et surtout des objets à décor en relief (couteau du Gébel el-Araq, palette « au taureau », palette « aux deux gazelles »).

Plus encore, la dernière phase du Gerzéen (appelée parfois Naqada III) mérite le nom de période « protodynastique » dans la mesure où apparaissent déjà des éléments typiquement pharaoniques (emblèmes de nomes, couronne et attributs du roi), mais aussi des conventions picturales reflétant une vision du monde fort proche de celle qui prévaudra à l'époque dynastique : divisions des scènes en registres et demi-registres, symbiose du texte et de l'image (les premiers balbutiements de l'écriture sont perceptibles), « réalisme idéologique » (la proportion des personnages reflète leur hiérarchie). Au point qu'on ne saurait décider si la palette du roi Nârmer appartient encore à l'extrême fin de la période protodynastique ou constitue l'un des premiers monuments de l'époque dynastique. Il est évident, quoi qu'il en soit, qu'à la fin du prédynastique se sont déjà constituées des sociétés développées, dépassant l'échelle du village ou de la région, dotées d'appareils institutionnels contrôlant la production de certains biens de consommation, et affirmant matériellement ou symboliquement l'unification de la Haute-Égypte, ou d'une partie de la Haute-Égypte en un royaume.

Bien évidemment, la civilisation égyptienne est le produit de populations et d'influences diverses. Certains indices anthropologiques révèlent le maintien d'une forte composante ethnique (méditerranéenne dolichocéphale) du paléolithique au prédynastique, composante à laquelle se sont mêlées d'autres populations. Ainsi, au quatrième millénaire, fait irruption dans la vallée une peuplade brachycéphale de type arménoïde (en relation avec l'influence mésopotamienne ?). Du point de vue linguistique, l'égyptien constitue l'une des branches du chamito-sémitique, avec le sémitique, le libyco-berbère, le kouchitique et le tchadique ; mais c'est avec le sémitique qu'il présente les plus étroites affinités.

Baumgartel E.I., *The Cultures of Prehistoric Egypt*, 2 vols., Oxford, 1955, 1960.

L'Égypte avant les pyramides, IVe millénaire. Grand-Palais 20. 3 septembre 1973, éditions des Musées nationaux, Paris, 1973.

Butzer K.W., *Early Hydraulic Civilization in Egypt. A Study in Cultural Ecology* (Prehistoric Archeology and Ecology), Chicago et Londres, 1986.

Hoffmann M., *Egypt before the Pharaos* (Art Papersbooks), Melbourne, Henley, 1979.

Cf. Scorpion (Roi), Nârmer.

OSORKON (LES)
XXIIe-XXIIIe DYNASTIES

Vers ~1080, un fils de Herihor, créateur de l'État théocratique de Thèbes, portait ce nom typiquement libyen. Vers ~890, Osorkon l'Ancien, présumé l'oncle de Chéchanq I, prend place dans la XXIIe dynastie. Osorkon I (~924 ~889) maintient l'ordre instauré par ce Chéchanq, son père. Il fonde une résidence près d'El-Lahoun. Reliefs et chapiteaux de Bubastis illustrent les embellissements du foyer où s'était proclamée la XXIIe dynastie. Osorkon dote richement les temples d'Héliopolis. Sa statue de Byblos témoigne de relations avec le Liban.

Le hasard des découvertes fait que c'est le règne de son petit-fils, Osorkon II (~874 ~850), qui illustre le mieux l'apogée des Chechanquides. À Bubastis, une monumentale porte de granit commémore la célébration du jubilé royal. À Tanis et Bubastis, de fines colonnes palmiformes, enlevées de Pi-Ramsès et surchargées à son nom, attestent la proscription du dieu Seth. De beaux reliefs sont sculptés dans la tombe qu'il fit réaménager pour lui à Tanis et dans le caveau bâti à Memphis par son aîné, le grand prêtre de Ptah, Chéchanq. Avec les souvenirs de son secrétaire privé, Hormès, le trousseau funéraire du prince Hornakht, premier prophète d'Amon inhumé à Tanis, et celui du pontife memphite Chéchanq offrent un appréciable florilège des arts appliqués. Osorkon II consacre une chapelle à Thèbes que gouverne un autre de ses fils, Namart, premier prophète d'Amon. Il fait restaurer le temple majeur d'Éléphantine par le vice-roi de Kouch qui est son petit-fils. Le testament politique présenté par le roi à l'oracle d'Amon demande le maintien de sa progéniture dans les apanages qu'il leur a conférés, souhaitant que « le frère ne jalouse pas le frère ». Dès la génération suivante, les héritiers de ces apanagés et les fils des nouveaux rois se trouveront en conflit. C'est par les longues inscriptions gravées à Karnak par un petit-fils d'Osorkon II que nous apprenons la faillite du système. Fils aîné de Takelot II, promu premier prophète d'Amon, le « prince Osorkon », usant d'une phraséologie royale et couvrant ses actions politiques et ses œuvres pies sous les décisions oraculaires d'Amon et de Hérychef, dut reconquérir plusieurs fois son siège contre des compétiteurs issus de lignées collatérales. À la fois premier prophète d'Amon et pharaon, Osorkon III (~787 ~757) ne gouverne que la Haute-Égypte au sud d'Héracléopolis. Quelques monuments de Thèbes témoignent de l'habileté de ses sculpteurs et des premiers pas de la renaissance archaïsante.

Osorkon IV (~730 ~715), confirmé dans le Delta oriental, fut un des derniers pharaons chéchanquides, contemporain impuissant de la montée de Saïs, de l'expansion éthiopienne et de l'avance des Assyriens jusqu'aux confins de l'Égypte.

Tanis. L'Or des pharaons, Paris, Grand-Palais, 1987.

Cf. Bubatis, Troisième Période Intermédiaire.

OUDJAHORRESNÉ

Ce fut, pourrait-on dire, un faiseur de pharaons, bien que, de manière sans doute anachronique, il soit volontiers dénoncé comme « collaborateur ». Ce prêtre saïte avait administré la flotte royale sous les deux derniers rois de la XXVIe dynastie et exercé différentes fonctions administratives, lorsqu'en ~525 les Perses occupèrent l'Égypte. Agréé comme chef médecin par Cambyse, il rédigea la titulature égyptienne du conquérant et obtint de lui que la garnison étrangère ne pollue plus le téménos de Neith par sa présence. Plus tard, en séjour à Suse, il fut mandaté par Darius I pour revenir chez lui restaurer la « maison de vie » (ou Institut des sciences sacerdotales) de Saïs. Oudjahorresné raconte très simplement comment il sut intéresser les nouveaux maîtres à la théologie de sa patrie et les initier aux devoirs rituels d'un seigneur des Deux Terres. Ses compatriotes furent moins sévères pour ce mainteneur de l'ordre sacré et de la sécurité morale que les historiens actuels : à l'époque ptolémaïque, un prêtre memphite fit restaurer, « cent soixante-dix-sept ans après », une statue de lui pour faire survivre sa mémoire.

Lalouette C., *Textes sacrés et textes profanes de l'ancienne Égypte*. 1, Unesco, 1984.

Cf. Cambyse, Darius, Perses.

OUNAS
~2350 ~2321, Ve DYNASTIE

Dernier pharaon de la Ve dynastie (~2350 ~2321). Son premier complexe funéraire, derrière la pyramide de Djoser à Saqqara, est encore assez bien conservé. La chaussée, qui reliait le temple haut au temple de la vallée, était décorée de bas-reliefs illustrant divers thèmes : bataille contre des Bédouins, scènes d'artisanat et de marchés contrastant avec la douloureuse description d'une famine.

La pyramide ne dépasse guère une quarantaine de

mètres ; elle fut restaurée sous Ramsès II par Khâemouaset. Pour la première fois les murs de la chambre funéraire et de son couloir d'accès sont couverts d'inscriptions, reproduisant cette collection des formules funéraires appelés *Textes des Pyramides*.

Piankoff A., *The Pyramid of Unas (Egyptian Texts and Representations, 5*), Princeton University Press, Princeton, 1968.

Cf. V[e] dynastie.

OUNI

Haut responsable de la VIe dynastie, justement célèbre par son autobiographie, gravée dans son mastaba d'Abydos, et qui a émerveillé non seulement les égyptologues, mais aussi les Égyptiens eux-mêmes, à en juger par des citations implicites dans des œuvres postérieures.

La carrière d'Ouni traversa les règnes de Téti, Pépy I et Mérenrê, progressant selon les étapes suivantes : « directeur de l'ergastule », « contrôleur des responsables d'unité de production de la Grande Maison », « ami, prophète de la ville de pyramide de Pépy I », « juge, bouche de Nekhen », « ami unique, directeur des responsables d'unités de production de la Grande Maison », « curateur du Grand Château, porte-sandales », et enfin « gouverneur, directeur de la Haute-Égypte ». La réussite d'Ouni tient à la compétence avec laquelle il traita de délicates affaires : il eut à juger les personnes impliquées dans un complot fomenté dans le harem, à mener plusieurs campagnes militaires dans le sud de la Palestine, à diriger des expéditions aux carrières de Hatnoub (albâtre), d'Éléphantine (granit rose), d'Ibhat (diorite nubienne) afin d'extraire les matériaux nécessaires à la table d'offrandes, la fausse-porte, le sarcophage et le revêtement de la pyramide de Merenrê. Inversement, un pharaon lui fit procurer des éléments de sa tombe, en calcaire fin.

L'autobiographie d'Ouni, par sa clarté, sa précision et ses qualités littéraires — elle comporte un passage en style poétique —, demeure l'une des plus accomplies que nous ait léguées la civilisation égyptienne.

Roccati A., *La Littérature historique sous l'Ancien Empire égyptien* (Littératures anciennes du Proche-Orient), Paris, Le Cerf, 1982.

PALAIS

En fonction des besoins des grands cultes locaux et des contraintes de la politique intérieure et extérieure, le souverain et son entourage se déplaçaient souvent. Les palais étaient donc nombreux — Memphis, qui fut de tout temps la principale résidence ; Licht, qui la remplaça sous les XIIe-XIIIe dynasties ; Thèbes ; Amarna, sa rivale éphémère. Héliopolis, Tanis, Saïs, Gourob (d'où la cour allait se divertir au Fayoum), Pi-Ramsès en possédaient. Il est probable que, déjà sous l'Ancien Empire, chaque nouvelle ville de pyramide incluait en principe une demeure royale. Chaque téménos majeur était censé comporter un palais d'où le roi sortait pour venir officier au temple. Aux côtés des temples funéraires thébains, de petits palais étaient attenants. Les textes apprennent que les monarques de la XVIIIe à la XXe dynastie fondèrent presque tous leur propre « maison », dont relevaient des domaines pour leur entretien, à Memphis, Héliopolis, Thèbes ou ailleurs.

Ces habitats étaient construits en brique crue et en bois, les encadrements de porte, les grands supports et certains dispositifs techniques étant seuls faits de pierre. Les vestiges en sont donc rarement bien préservés. Les façades à redans des monuments funéraires archaïques sont habituellement considérées comme reproduisant l'aspect des premières habitations palatiales. On ne sait pas grand-chose des palais des hautes époques (des restes du Moyen Empire en ont été identifiés à Bubastis et à Avaris). Des

XVIIe-XVIIIe dynasties, les palais de Ballas se présentaient comme de spacieux immeubles bâtis sur une terrasse formée de caissons, type qui sera attesté à la Basse Époque (palais d'Apriès à Memphis). À Malgatta, où Aménophis III construisit sa « maison du Disque resplendissant » et à Amarna, chez Aménophis IV, on se trouve en présence de vastes villes royales, incluant bâtiments officiels, annexes économiques, temples, et jardins, dont l'habitation principale du pharaon. Cette habitation comporte des appartements avec chambres à coucher, salle d'habillage, salle d'eau et réduits, une salle du trône et un hall hypostyle de réception. La même structure survit naturellement à l'époque ramesside. De cette époque subsistent en plan un palais de Merenptah à Memphis et celui de Ramsès III à Médinet Habou. De belles séries de tuiles de faïence, servant aux décors muraux, rappellent le luxe des palais de Séthy I et Ramsès II (Pi-Ramsès), et de Ramsès III.

Dans les palais des Aménophis et des Ramsès, l'ornementation des salles privées était champêtre et prophylactique (Bès). Celle des parties officielles, analogue à celle des temples, symbolisant la puissance triomphante du roi. Ce genre de décor est particulièrement expressif sur le podium où se dressait le trône et au-dessous des grandes « fenêtres d'apparition » d'où le roi présidait les parades

PÉPY I

~2289 ~2247, VIe DYNASTIE

Fils de Téti et de la reine Ipout I. Fut sans doute écarté quelque temps de la succession de son père par l'usurpateur Ouserkarê. Monté enfin sur le trône, il eut un long règne (~2289 ? ~2247), au cours duquel il changea son prénom de Néfersahor en Méryré. Il dut réprimer une conjuration fomentée dans le harem. Il épousa deux filles d'une famille d'Abydos, nommées Ânkhnesméryrê toutes deux, et dont le frère (?), Djâou, portait le titre de vizir.

De son activité monumentale subsistent de nombreux

vestiges : à Éléphantine (naos), Abydos, Bubastis (château du *ka*), sans compter une célèbre statue de cuivre trouvée à Hiérakonpolis. En promulguant un décret d'immunité en faveur de la ville de pyramide de Snéfrou, Pépy I cède déjà à la pression autonomiste des régions et des institutions, pression qui ira grandissante au cours de la dynastie. Des expéditions à Byblos, au Sinaï, en Nubie, des opérations contre les Asiatiques rythmèrent la politique extérieure. Pépy I édifia à Saqqara une pyramide de dimensions plutôt modestes, mais dont le nom est à l'origine de celui de Memphis.

Cf. Nekhebou, Ouni, VIe dynastie.

PÉPY II

~2248 ~2147, VIe DYNASTIE

Cinquième roi de la VIe dynastie, fils de Pépy I et demi-frère de Mérenrê. Il monta sur le trône encore enfant, sa mère Ânkhnesméryrê faisant office de régente, et le vizir Djâou d'éminence grise. Ce fut un bien long règne de quatre-vingt-quatorze ans (~2241 ~2148), trop long, sans doute. On croit percevoir, au fil de son déroulement, l'affaiblissement progressif du pouvoir central devant l'affirmation des particularismes locaux : ainsi Pépy II promulgua deux décrets d'immunité, exemptant les personnes et les biens du temple de Min à Coptos de toute imposition ou réquisition de l'administration centrale. Par ailleurs, les nomarques tendirent à s'arroger des titres comme « directeur de Haute-Égypte » ou « vizir », claire proclamation de leurs prétentions autonomistes. En politique extérieure aussi se révèle la fissuration progressive de la puissance pharaonique. Certes, les expéditions aux mines et aux carrières du Sinaï ou de basse Nubie ne cessent pas, non plus que la quête de produits exotiques à Byblos ou à Pount ; plus encore, on mène la recherche de partenaires commerciaux jusqu'aux principautés du Dongola. Toutefois, on ne dissimule déjà plus la vulnérabilité des caravanes égyptiennes et l'impuissance des troupes de protection ; tel officiel tire gloire d'avoir récupéré le corps d'un collègue massacré par les Bédouins au cours d'une expédition.

Pépy II érigea sa pyramide dans la partie sud du plateau de Saqqara ; de taille moyenne (hauteur à peine supérieure à 52 m), elle a la particularité d'avoir eu sa base ceinte, sans doute secondairement, par un muret de renforcement ; trois petites pyramides, avec leurs enceintes particulières, furent consacrées à trois des reines de Pépy II : Oudjebten, Ipout II, Neith.

Cf. Heqa-ib, Horkhouf, VIe dynastie.

PERIBSEN

Vers ~2700, IIe DYNASTIE

Pharaon de la IIe dynastie qui régna dans la première moitié du XXVIIe siècle avant Jésus-Christ. Il a particulièrement retenu l'attention parce que celui de ses noms qui est inscrit dans la représentation de la façade du palais n'est pas surmonté, comme habituellement, de l'image d'Horus, mais de celle de Seth : or son successeur ou son post-successeur Khâsekhemouy fera figurer les deux divinités affrontées. Ainsi se dessine durant la IIe dynastie un mouvement dialectique Horus, Seth, puis Horus et Seth dans l'apparat idéologique, qui recouvre probablement un processus politique ; mais lequel ? L'antagonisme, puis la réconciliation d'une aristocratie nourrie de la tradition des chasseurs nomades et d'une plèbe paysanne ? Toujours est-il que Peribsen semble avoir régné sur le Sud, tandis que le Nord était contrôlé par une lignée memphite, concurrente, mais pas nécessairement hostile : dans le temple funéraire du pharaon Sénedj avait été érigée une chapelle consacrée à Peribsen ; bel exemple de cohabitation, même si c'est dans l'au-delà !

Cf. Khâsekhemouy, Thinite (Époque).

PERSES

L'Égypte fut par deux fois intégrée dans l'Empire perse. La première domination perse dura cent vingt ans (~525 ~404). Les Grands Rois sont représentés à Memphis par un satrape et par un trésorier, mais ils assument idéologiquement la succession des Saïtes et forment la XXVIIe dynastie manéthonienne. Libéré et vaillamment défendu de ~404 à ~342, le pays subira une seconde domination perse qui ne fera que passer : neuf ans !

Les Saïtes avaient permis à l'économie et à la culture de briller d'un vif éclat et c'est d'une province spécialement rentable que Cambyse et Darius I firent l'acquisition. Ces mêmes Saïtes avaient ouvert l'Égypte vers l'extérieur et introduit des immigrants dans le royaume (Grecs, Cariens, Phéniciens, Juifs), mais en les encadrant strictement et en cantonnant leurs établissements. Le pouvoir perse, tout en embauchant à son service les fonctionnaires indigènes, hautement qualifiés pour gérer le pays, implante ou renforce les garnisons étrangères (Judéo-Araméens d'Éléphantine) et donne champ plus libre aux négociants grecs et phéniciens. C'est sous Artaxerxès I, vers ~445, qu'Hérodote vint mener son enquête auprès des Grecs d'Égypte et des prêtres-interprètes sur les merveilles passées et présentes de la contrée. En sens inverse, des médecins égyptiens vont à la cour du Grand Roi, des ouvriers égyptiens participent à l'ornementation de ses résidences, des marins et des guerriers égyptiens servent durant les guerres médiques. L'Égypte s'asiatise un peu. Elle reçoit le dromadaire, le lotus blanc, et l'astrologie.

Avec les premiers pharaons perses, l'acceptation réciproque du dominateur et des dominés paraît entière : Cambyse (~525 ~522), quoi qu'on ait médit par la suite, et surtout Darius I (~522 ~485) font figure de vrais pharaons dans les sources monumentales et privées. Sous les rois suivants, les choses se gâtent. L'exploitation par le satrape et les restrictions qu'elle impose aux temples sont d'autant plus pesantes que les guerres médiques ont mis au jour les faiblesses de l'Empire. Révolte au lendemain de Marathon, écrasée vite par Xerxès (~486) ; révolte plus grave, soutenue par Athènes, sous Artaxerxès I (~460) ; révolte décisive enfin, sous Darius II, dans les dernières années du ve siècle. En nombre et en qualité, le contraste est parlant entre les monuments canoniques et objets rituels au cartouche de Darius I et les *alabastra*, simples livraisons de tributaires, gravés, du cartouche et de la titulature cunéiforme de Xerxès et d'Artaxerxès. Dans leurs inscriptions, les notables contemporains ne citent jamais le nom du roi achéménide, qui n'est plus nommé que dans la datation des actes. Une sorte de nationalisme théologique va entraîner l'identification de l'envahisseur asiatique avec Seth, meurtrier d'Osiris et perturbateur des temples. Les répressions portent jusque sur les symboles sacrés (déportations d'idoles). Le travestissement du Mède en âne typhonien sera jeté sur la personne d'Artaxerxès III.

Ce Grand Roi qui réussit, non sans mal, à réduire de nouveau l'Égypte en satrapie (~342) frappa une monnaie le figurant habillé à la perse mais coiffé du pschent. Les notaires démotiques ne purent que dater leurs actes du « Pharaon Artaxerxès », mais le peuple raconta que ce dernier avait fait servir à table le taureau Apis et le bélier de Mendès. Après sa mort (~338), un pharaon indigène, Khabbach, se fit reconnaître un temps. En ~330, vainqueur de Darius III Codoman, Alexandre substituait une nouvelle domination, celle des Grecs, de vieux comparses.

Bresciani E., « Egypt in the Persian Empire », dans *The Greeks and the Persians* (H. Bengston, éd.), Londres, 1968, p. 333-353.

Cf. Cambyse, Darius I, Oudjahorresné, Saïtes (dynasties).

PÉTOUBASTIS
TROISIÈME PÉRIODE INTERMÉDIAIRE

Ce nom — « le donné de Bastet » — se réfère à la déesse lionne et chatte de Bubastis, patronne des pharaons libyens et qui connut une popularité croissante à partir du xe siècle.

Manéthon fit d'un roi Pétoubastis le premier d'une dynastie de quatre rois « tanites », mais la liste que ses abréviateurs ont transmise de cette dynastie semble corrompue et n'est aucunement confirmée par les sources contemporaines. Celles-ci permettent au moins d'établir qu'à une époque où le pays souffrait de guerres intestines, un certain Pétoubastis, « fils de Bastet » (environ ~818 ~793), coexista avec Chéchanq III et qu'il fut reconnu à Bubastis, Héracléopolis, Memphis et Thèbes (rien de lui à Tanis). Plus tard, un Pétoubastis II, « roi de Tanis », fut un des roitelets contemporains des invasions assyriennes (vers ~680 ~665). Il existe quelques monuments de lui, trouvés à Tanis et à Memphis.

On ne saurait exclure que la figure manéthonienne ne procède à la fois de ces deux personnalités, comme en procède sans doute le « Pharaon Pétoubastis » de Tanis au temps duquel seront censées s'être déroulées les épiques aventures de plusieurs héros guerriers, racontées dans plusieurs romans que les Égyptiens des époques grecque et romaine lisaient en langue démotique. Dans ce « Cycle de Pétoubastis » se mélangent les souvenirs des batailles de princes et des mœurs courtoises de l'époque libyenne, des allusions marginales aux Assyriens (tenus en échec !) et l'énoncé de prétentions impérialistes situées dans un univers qui est à la mesure de celui d'Alexandre le Grand. L'influence d'Homère et des gestes helléniques est patente. Les vassaux de Pétoubastis s'en vont au-delà de Babylone combattre et s'allier avec la reine des Amazones et poussent jusqu'à l'Inde. Les guerriers de Tanis, Mendès, Sébennytos et Léontopolis s'opposent en discours et en joutes aux contingents des autres provinces. Un prêtre de Bouto entraîne jusqu'à Thèbes les Bouviers des marais prendre en otage la barque fluviale d'Amon, pour se faire rendre un bénéfice sacerdotal. Les lettrés qui, dans une Égypte domestiquée et dominée par l'étranger, se transmettaient ces créations rutilantes découvraient dans le règne du pharaon Pétoubastis un rêve d'exploits virils et d'indépendances ombrageuses.

Maspéro G., *Contes et légendes de l'Égypte ancienne*, 2e éd., Paris.

Cf. Troisième Période Intermédiaire.

PHARAON

Le terme « pharaon » vient de l'égyptien *per-âa*, « la grande maison », qui désignait à l'origine le palais (en tant qu'institution), et qui en est venu à s'appliquer à la personne du roi à partir du Nouvel Empire. Par ailleurs, le roi est appelé *nesou* ou encore « Sa (Ma) Majesté », souvent suivi de la formule « vie, intégrité, santé ! ». Sa titulature — ou protocole — comporte cinq noms, le « nom d'Horus », le « nom des deux maîtresses », le « nom d'Horus d'or », le « nom de roi du Sud et du Nord » (ou « prénom », ou « nom de couronnement »), et le « nom de fils de Rê » (ou « nom de naissance ») ; les deux derniers noms sont inscrits dans le « cartouche », à l'origine un cercle magique, étiré en ovale pour s'adapter à l'écriture.

L'apparence, les attributs, les activités, et l'ensemble de la personnalité du pharaon sont, bien évidemment, hautement codifiés et ritualisés. Il dispose d'un jeu complexe d'insignes, barbe postiche, sceptres, couronnes — dont la couronne blanche de Haute-Égypte, la couronne rouge de Basse-Égypte, et leur combinaison : le *pschent* —, uraeus (diadème en forme de cobra), queue d'animal. La conservation et l'entretien de ses insignes et de ses vêtements ou parures, mais aussi les soins corporels dont il bénéficie sont conçus comme des sacerdoces, confiés à de hauts dignitaires, à l'origine exclusivement des membres de sa famille. Au demeurant, tout ce qui a pu être en contact physique avec lui est imprégné d'une sorte de *mana* exigeant vénération et précaution : parmi le mobilier de la tombe de Toutânkhamon, on compte un sac destiné à contenir les bâtonnets à kohol utilisés dans l'enfance !

Faut-il ajouter que son règne est rythmé par de complexes cérémonies : couronnement, confirmation chaque Nouvel An, jubilé (ou fête-*sed*) destiné originellement à vérifier et renouveler les capacités du pharaon ? Que son appareil funéraire, tombe, temples funéraires, mobilier, culte d'entretien, met en jeu une énorme machinerie rituelle ? Tout cet apparat, et le fait que le pharaon soit représenté de même taille que les dieux, montrent assez que la monarchie égyptienne est une « royauté sacrée » ; encore reste-t-il à préciser ce que désigne ce terme appliqué à l'Égypte.

Fonctions et rôles de la monarchie égyptienne

La monarchie fut créée par le démiurge qui la transmit aux dieux, ses successeurs, puis à des créatures divines, les « suivants d'Horus », qui dans les listes royales précèdent immédiatement les rois historiques. En tant que « gouvernement d'un seul », elle reflète son origine même, puisque la qualité principale du démiurge est d'être le « seul ». Autrement dit, la fonction essentielle du pharaon est de prolonger l'œuvre du créateur en maintenant l'ordre qu'il a institué, la « Maât », et en assujettissant à cet ordre l'histoire qui s'écoule, c'est-à-dire, en définitive à nier l'histoire en la réduisant à la répétition d'archétypes établis la Première Fois. À cela se ramènent tous les rôles du pharaon.

— L'*éponymat*. Les événements sont datés par rapport aux années d'un règne, et, en remontant la succession des règnes, à la Création. De même, comme le démiurge qui nomme, parce qu'il crée, le pharaon nomme d'après son nom les territoires conquis sur les peuples voisins ou gagnés en Égypte même, sur les marécages, les cours d'eau, ou les régions incultes. Les fondations nouvelles, les domaines agricoles, les unités de production créées pour répondre aux nécessités du moment sont organisées en institutions définies par un aspect de la personnalité du roi et susceptibles d'être matérialisées par un temple, une pyramide, une statue ; lesquelles matérialisations sont l'objet d'un culte : ainsi voit-on Ramsès II officier au bénéfice d'une statue de lui-même, hypostase de l'institution Ramsès-miamoun-prince-des-princes !

— *Le culte des dieux*. Maintenir l'ordre du monde c'est, bien sûr, « satisfaire » les divinités qui en commandent les grands principes. Aussi le pharaon se doit-il de bâtir, restaurer, agrandir leurs temples, mais également veiller à leur culte. Aussi est-il par excellence l'agent des rites à leur bénéfice effectués ; c'est lui qui officie dans les représentations. Dans la pratique, il délègue cette charge au clergé dont il supervise le collège. Les devoirs du pharaon envers les dieux sont ceux d'un fils à l'égard de ses « pères ». Ce sont ses « pères » aussi que ses prédécesseurs ; donc, l'entretien de leurs monuments et de leur culte funéraire lui incombe également.

— *Les relations extérieures*. Comme le démiurge fit surgir l'être du non-être et en repousse sans cesse le retour, de même, le pharaon se doit de créer de l'être en « élargissant les frontières » et préserver l'Égypte des assauts des peuples voisins à travers lesquels se manifeste la menace du chaos. Aussi est-il le chef de l'armée et de la diplomatie.

— *Le gouvernement du pays*. En tant que représentant du démiurge, le pharaon est le maître des terres, des biens et des hommes. Il gère donc, en principe, l'ensemble des forces et des moyens de production à travers l'enchevêtrement complexe des institutions et des hommes entre lesquels ils se répartissent : biens de la couronne, administration centrale et ses offices, domaine des temples, fondations funéraires privées ; chacun d'eux possède une autonomie variable, mais dépend, en dernier ressort, du pharaon, qui peut les assujettir à l'impôt ou à toute prestation de service, sauf statut immunitaire particulier. Il arbitre les conflits de compétence, fait respecter les statuts transgressés, règle les litiges territoriaux, rétablit ou réorganise ce qui était tombé en désuétude, prend les initiatives sociales ou économiques requises par la conjoncture, nomme ou confirme dans les charges, etc.

Exercice du pouvoir

Dans son exercice du pouvoir, le pharaon s'appuie sur le vizir, une sorte de premier ministre qui fait exécuter ses décisions. Lesquelles sont prises après consultation du conseil des courtisans et des hauts dignitaires ; dans la topique officielle de la « nouvelle royale », leur irrésolution et leur pusillanimité servent de repoussoir à l'esprit d'initiative du pharaon. Il est vrai qu'il a sur eux le guère mince avantage d'être inspiré par la parole divine (*Hou*) et le discernement divin (*Sia*) qui le transissent. Toute parole prononcée sous le coup de cette inspiration est couchée par écrit, et émise, avec l'apparat formel qui l'authentifie comme « décret royal » (*oudj nesou*). Ces « décrets » s'adressent à un particulier comme à une collectivité, leur contenu va de la lettre de félicitations à des décisions d'intérêt général. Il n'y a pas de législation autonome à laquelle le roi devrait se référer, mais un agrégat de « lois » qui représentent la substance normative de tous les « décrets royaux » et des « écrits anciens » ; ces écrits anciens, il les compulse sans cesse tant l'exercice de son pouvoir est dominé par le maintien de l'ordre originel qui en constitue la justification et la limite.

Légitimité du pharaon

Ce qui fonde la légitimité du pharaon dans le dogme, c'est l'ascendance divine, le démiurge solaire l'engendrant en s'unissant à une humaine sous les traits de son époux. Voilà qui, dans la pratique, se laisse diversement interpréter !

Puisque la monarchie est une « fonction », pèsent sur elle les principes coutumiers qui règlent la dévolution des fonctions, c'est-à-dire la primogéniture masculine, ou, par défaut, la transmission au frère aîné. De fait, la succession de père en fils ou de frère en frère s'est bien souvent réalisée au cours de l'histoire égyptienne.

Faute d'héritier mâle, la fonction peut échoir à une femme de la famille, rarement en tant que détentrice consacrée comme telle (Nitokris, Skémiophris, Hatchepsout, Taousert), mais surtout en tant que dépositaire jusqu'au moment où elle la transmettra à son époux. Ce qui ne signifie nullement que la légitimité monarchique, en général, repose sur le mariage avec une fille de sang, d'où l'inceste, comme on l'affirme trop souvent, par manque d'esprit critique, ou par souci du spectaculaire.

Il arrivait que le démiurge se prêt à élire un pharaon que ni les principes coutumiers de succession, ni même son origine sociale ou géographique ne semblaient prédisposer à cette dignité. Alors il marquait son choix par quelque signe, naissance prodigieuse (les trois pharaons de la Ve dynastie), rêve inspiré à l'heureux élu (promis au trône pendant son sommeil au pied du sphinx ; Tanoutamon), oracle ou manifestation inattendue (Hatchepsout ; Horemheb). On devine aisément alors les manipulations idéologiques des coteries ou des ambitieux soucieux de cautionner leurs coups d'État à coup de prodiges fabriqués. Enfin, tel pharaon pouvait, à la limite, légitimer sa prise du pouvoir en faisant valoir que le rapport de force qui l'avait permise manifestait la volonté divine, s'appuyant par là sur une croyance ancienne selon laquelle la royauté trouve sa justification dans la capacité même à l'exercer ; cette croyance explique certains rituels archaïques de vérification des compétences du roi (fête-*sed*), et aussi le thème plus récent (Nouvel Empire) du pharaon « sportif ».

Ainsi, point de règle objective définissant la légitimité monarchique. Et on entrevoit bien que chaque succession suscitait son lot d'ambitions, de cabales et de rivalités. Voilà pourquoi les pharaons s'ingéniaient à conforter les prétentions de leur fils aîné ou de celui qu'ils avaient choisi comme successeur en le nommant « prince héritier *erpâ* » et chef de l'armée, ou encore en se l'associant comme corégent. Voilà pourquoi, inversement, les pharaons fraîchement couronnés devaient s'employer à affermir leur position par une intense propagande, et par exemple en faisant publier un bilan apologétique du règne de leur prédécesseur (ainsi, *L'Enseignement d'Amménémès I*, écrit sous son fils, Sésostris I, ou encore le papyrus Harris, bilan de règne de Ramsès III, achevé sous son fils Ramsès IV).

Le pharaon : divinité humaine ou humanité divine ?

Voilà qui montre bien le pharaon aux prises avec l'humaine contingence. D'autres sources le soulignent encore plus. En particulier la littérature où bien des pharaons historiques mis en scène ne sont guère flattés : de Chéops rabroué pour son mépris de la vie humaine à Pépy II grimpant nuitamment à l'échelle afin d'assouvir sa passion pour son général, les portraits ne manquent pas en contrepoint des trompettantes épithètes dont les textes officiels parent le pharaon, jusqu'à l'assimiler aux dieux. À examiner de plus près ces derniers, leur caractère rhétorique se révèle. Ce qui est divin, c'est la fonction. Celui qui la détient est élu par le démiurge comme vecteur de sa volonté ; si l'inspiration divine le traverse, les pouvoirs divins ne l'habitent point. Le pharaon bénéficie à l'occasion de prodiges, mais jamais il ne les accomplit par lui-même ; loin d'agir en dieu, il est agi par le dieu. Bref, ce n'est qu'un intercesseur par l'entremise duquel les plans divins descendent investir le monde, ou, inversement, grâce auquel les activités des hommes s'organisent de façon à satisfaire l'ordre établi par les dieux.

Frankfort H., *La Royauté et les dieux*, Payot, Paris, 1951.
Posener C., *De la Divinité du pharaon*, Cahiers de la Société asiatique, Paris, 1960.
Vernus P., dans *Les Monarchies* (E. Le Roy Ladurie éd.), Centre d'analyse comparative des systèmes politiques, P.U.F., Paris, 1986, p. 29-42.

Cf. Amménémès I, Conspiration, Corégence, Loyalisme, Mérikarê, Ramsès III, Sources, XXIe dynastie.

PINODJEM
~1070 ~1032, XXIe DYNASTIE

Piânkh, soldat d'origine obscure, avait recucilli la succession de Herihor à la tête de la Haute-Égypte, durant les dernières années de Ramsès XI. Son fils Pinodjem devint après lui premier prophète d'Amon et généralissime. Sa politique monumentale fut comparable à celle de Herihor : embellissements et restaurations à Karnak et Médinet Habou, soins apportés aux momies des rois anciens (cachette de l'hypogée d'Aménophis II). Sa carrière est également comparable à celle du fondateur de l'État théocratique du Sud, mais le poussa encore plus loin. Au bout d'une quinzaine d'années, Pinodjem s'arrogea les attributs canoniques du pharaon, devenant le collègue de Smendès, fondateur de la XXIe dynastie. Avec sa femme Hénouttaoui, issue de la famille ramesside, il forme une sorte de pivot dans la redistribution des pouvoirs. Marié à sa sœur Moutnedjmet, un de ses fils, Psousennès I, vint à Tanis succéder à Smendès. Sa fille, l'adoratrice Maâtkarê, fut la première épouse vierge d'Amon. Des fils, Masaharta et Menkheperrê, hériteront tour à tour du pontificat qui passera ensuite en ligne directe dans la descendance du second. Les corps du roi Pinodjem et de ses proches — à l'exception de ceux des pontifes Menkheperrê et Smendès qu'on cherche encore — ont été retrouvés dans la Cachette royale de Deir el-Bahri, où ils avaient été regroupés, de même que les dépouilles de rois antiques, avec les sépultures du grand prêtre Pinodjem II — petit-fils du premier —, de ses femmes et de ses filles.

Cf. Cachettes royales, Grand-prêtre d'Amon, Herihor, Troisième Période Intermédiaire.

PI-RAMSÈS

C'est-à-dire « la maison de Ramsès » et, selon la formulation complète, « la maison de Ramsès-aimé-d'Amon, grand par les victoires », rebaptisée au cours du règne en « maison de Ramsès-aimé-d'Amon, le grand *ka* de Rê-Horahkty ». Les deux appellations résument le programme de Ramsès II : politique offensive et exaltation de l'aura solaire du monarque. Elles désignaient la principale des nombreuses fondations du grand roi, une métropole nouvelle dont le noyau était l'ancienne Avaris.

Située vers l'aval de la branche orientale, entre le Nil et le désert arabique, Avaris, ci-devant capitale des Hyksôs, avec son antique temple de Seth, avait retrouvé quelque activité à la fin de la XVIIIe dynastie. Sous Séthy I, filleul de Seth et militaire originaire de la région, une résidence royale y fut installée, que Ramsès II développa en une vaste cité dès son accession à la royauté. Comparable à El-Amarna, un ensemble prestigieux de palais, de temples, de bâtiments de service, de villas et de quartiers populaires se constitua, englobant Avaris au sud et la débordant largement vers le nord. La ville-magasin, nommée « Ramsès », où peinèrent les Enfants d'Israël, n'est autre que Pi-Ramsès. La promotion du foyer patrimonial de la XIXe dynastie était un acte de portée stratégique, face aux agitations récurrentes des

Bédouins de l'isthme et à la poussée des Hittites vers la Palestine. La résidence du roi, le cantonnement de ses forces armées et les arsenaux de sa flotte seraient mieux placés pour contrôler les confins orientaux du Delta et pour intervenir plus vite en Canaan et en Phénicie. La ville remplira encore pleinement sa fonction de capitale sous Ramsès III. Elle déclina, comme le reste, sous les Ramessides suivants. Condamnée par la réduction du débit de la branche orientale, exposée aux incursions libyennes et asiatiques, elle fut surclassée par Tanis comme siège de gouvernement et comme relais portuaire vers l'an ~1100.

Pi-Ramsès est localisée un peu au nord de Faqous, entre Tell el-Dabaâ, Khatana et Qantir, arasée fort bas sous le niveau des cultures. Trois catégories de sources permettent de se représenter ses fonctions et ses splendeurs : un joli corpus de textes et deux séries d'évidences archéologiques :

1. Plusieurs relations sur pierre d'actions de Ramsès II, des documents administratifs ou techniques, des titulatures de hauts fonctionnaires et des éloges littéraires font entrevoir cette cité, place d'armes et base navale à la limite de la terre égyptienne et de la terre asiatique, lieu de séjour confortable où il fait bon venir s'établir, résidence fastueuse où Pharaon reçoit les tributaires et célèbre ses jubilés et où le culte est rendu aux trois dieux majeurs de l'État, Amon, Rê et Ptah, au Seth dynastique, aux autres « dieux de Ramsès » et aux différents génies de la personne royale, manifestés dans de formidables colosses.

2. Enlevée de la métropole déchue, devenue une carrière et un garde-meubles pour les rois des XXIe-XXIIe dynasties, une saisissante série de monuments remployés à Tanis et quelques pièces retrouvées à Bubastis et à Léontopolis révèlent les proportions, la facture excellente, le panthéon des temples de Ramsès : colosses (dont un fragment du plus grand qui soit connu), statues originales et sculptures anciennes surchargées par les

Ramessides, hautes colonnes et chapelles monolithiques, grands et petits obélisques, fragments d'immenses parois, stèles vantant la piété et les victoires de Ramsès II, le tout taillé dans toutes les sortes de pierres que le fondateur avait fait venir des déserts et de la cataracte. Une inscription singulière, la Stèle de l'an CCCC, commémore le Seth-Baâl de Ramsès et les ancêtres du roi.

3. Le sol même de Qantir et lieux environnants ne contient plus guère que de maigres débris épars des temples, mais il a rendu les brillants revêtements céramiques d'un palais, les moules qui servaient à émettre des scarabées à la gloire de la monarchie et des colosses adorés, les vestiges d'ateliers où se fabriquaient les armes, les belles huisseries des villas où habitaient princes et ministres et quantité de stèles sur lesquelles soldats et employés se sont fait représenter priant les effigies colossales de Ramsès II.

Bietak M., *Avaris and Piramesse : Archaelogical Exploration in the Eastern Nile Delta*, British Academy, Oxford, 1981.

Cf. Avaris, Ramsès II.

PITHÔM

Autrement dit « la maison du dieu Atoum dans le territoire de Tchekou ». Avec Ramsès qui est Pi-Ramsès, ce fut, d'après l'Exode, une des deux villes magasins pour lesquelles les Enfants d'Israël durent fabriquer des briques. Situable à Tell el-Retaba, une première Pithôm fut une petite fondation ramesside, base secondaire dont la forteresse contrôlait l'accès de l'isthme sinaïtique. Son temple d'Atoum fonctionnait encore au temps d'Osorkon II. À la période saïte, la base et son temple d'Atoum, avec certaines des statues qui l'ornaient, furent transportés quelques kilomètres vers l'est, à Tell el-Maskhouta, et constitua une étape sur le canal entre Nil et mer Rouge qui fut aménagé sous Néchao II et Darius I.

PIYÉ, ou **PIÂNKHY**
~747 ~716, DYNASTIE ÉTHIOPIENNE

C'est là le premier des pharaons soudanais de Napata qui soit bien connu, grâce à sa sépulture d'El-Kourou, à son temple du Barkal et surtout par deux stèles découvertes sur ce site. Son nom est écrit Piânkhy en hiéroglyphes, littéralement « le Vivant », mais il apparaît que cette graphie cache un mot soudanais, *piyé*, de même sens (transcrit phonétiquement *py* en hiératique). Une des stèles évoque la création d'un empire égypto-soudanais, proclamant que, par la volonté d'Amon de Napata, le souverain de Kouch faisait et défaisait à son gré les rois et les chefs en Égypte comme en Nubie. L'autre stèle, dite « triomphale », raconte de façon circonstanciée comment Piyé, refoulant vers le nord une coalition conduite par Tefnakht, étendit la suzeraineté éthiopienne sur le Delta.

Document exceptionnel, illustrant une première adaptation des manières littéraires égyptiennes et des critères de l'idéologie pharaonique pour le compte de la dynastie sortie du Sud, cette œuvre originale caractérise la stricte dévotion de Piyé, son respect des interdits canoniques et la sollicitude qu'il portait aux écuries royales. Elle témoigne, avec une sorte d'objectivité naïve, de la compatibilité entre les conceptions universalistes d'un outsider incarnant la théocratie amonienne et la reconnaissance des prétentions émises par les épigones ultimes de Chéchanq I à la condition royale. Grâce à la jeune école des scribes servant à Napata, on entrevoit, pour une fois, la personnalité d'un stratège et d'un diplomate, et en même temps le statut complexe des pouvoirs à la fin du VIIIe siècle.

Lalouette C., *Textes sacrés et textes profanes de l'ancienne Égypte*. I, Unesco, 1984, p. 124-140.

Cf. Éthiopienne (dynastie), Kouch, Napata.

POUNT

À son lever, le soleil apparaissait « au sud-est, derrière le pays de Pount ». Cette contrée extrême est quelquefois mentionnée dans les inscriptions royales ou les autobiographies privées comme le but d'expéditions pacifiques, envoyées par le roi pour quérir, principalement, des encens, myrrhe et oliban, produits indispensables au culte des dieux et au luxe des humains (fumigations, onguents). Un accès à cette terre des aromates se faisait par bateau. Des navires préfabriqués étaient convoyés par les pistes du désert oriental et lancés sur la mer Rouge à partir de Qoseir ou de Ouâdi Gaouasis (le voyage à Pount se combinant parfois avec une expédition dans le sud-est du Sinaï) ; les Pountites eux-mêmes amenaient leurs petites embarcations jusque sur le littoral égyptien. Il y a beau temps qu'on a renoncé à situer Pount dans l'Arabie heureuse (Yémen) et à la confondre, aventureusement, avec la biblique terre d'Ophir et avec ses « mines du roi Salomon ». Une communication par voie continentale permettait en effet d'en faire arriver les produits jusqu'en Égypte ; la montagne de Pount et ses bassins aurifères étaient manifestement limitrophes de Kouch, dans la vallée nubienne du Nil. Il n'y a donc pas lieu, non plus, de s'en aller jusque vers Zanzibar ou Socotra, pas même de chercher Pount en Somalie.

Pount, au sens large, abritait divers arbres à encens (*Boswellia* et *Commiphera* qui prospèrent sur les moyens reliefs secs), des palmiers-doum et des essences noires et dures (*hében* en égyptien, d'où « ébène »). On y rencontrait des panthères et des guépards, des cercopithèques et des babouins (ceux-ci hôtes habituels des collines arides), mais aussi des girafes et des rhinocéros, animaux de plaines. De Pount venait aussi de l'or. La pluie, en plein été, ne se manifestait sur son djébel que sous la forme miraculeuse de formidables déluges. Ces données qu'on glane dans les textes permettent de circonscrire assez bien les fameux rivages de Pount et leur vaste arrière-pays. La contrée ainsi nommée incluait une aire désertique et une aire sahélienne entre le 22e et le 18e parallèle Nord. Vers le sud, Pount pouvait recouper l'actuelle province de Kassala et le nord de l'Érythrée. Vers l'ouest et le nord-ouest, une frontière imprécisable le séparait de Kouch et du pays des Medjay (en gros l'Etbaye).

Approchable par terre pour les explorateurs égyptiens, mais au-delà de vastes étendues montueuses et desséchées, accessible par mer, au prix d'un gros effort logistique et de longs cabotages aller et retour, cette terre est divine et familière à la fois. Le dieu Min de Coptos, patron des grandes pistes orientales, est le prototype du *medjay* qui vient de Pount et des rangers qui l'explorent. La céleste Hathor, dame des grands voyages hors d'Égypte, est « dame de Pount ».

L'importation des précieux encens « de main en main et au prix de nombreux échanges » est aléatoire et irrégulière. Pousser une expédition navale expose aux périls de la mer et aux mystères du bout du monde (c'est en allant par là que le *Naufragé* du conte se retrouva sur l'éphémère île du Serpent). L'envoi d'une importante flotte vers cet Orient des encens, de l'or et des raretés africaines est pour un roi un acte de portée économique et religieuse considérable. Un tel acte, inspiré par Amon, fut le seul grand exploit extérieur de la reine Hatchepsout, qui en a relaté les heureuses circonstances en beaux discours et en de pittoresques images synthétiques.

Les premières mentions connues de relations avec Pount datent de la Ve dynastie, donc du XXVe siècle avant J.-C. (Sahourê, puis Asosi auquel un Pygmée fut alors ramené). Les plus récentes attestations d'expéditions vers cette contrée datent de la XXVIe dynastie et on se demandera si, quand il projeta un canal des deux mers et quand il lança des trières phéniciennes sur la mer Rouge, Néchao I n'entendait pas, face à la concurrence sud-arabe, introduire les aromates et autres denrées de Pount sur le marché méditerranéen.

Lalouette C., *Thèbes ou la naissance d'un Empire*, Paris, 1986, p. 246-256.

Cf. Antefiqer, Henenou, Hatchepsout, Ramsès III, Sahourê.

Ire DYNASTIE : voir THINITE (ÉPOQUE)

PREMIÈRE PÉRIODE INTERMÉDIAIRE

On appelle Première Période Intermédiaire la période commençant avec l'effondrement de l'Ancien Empire à la fin de la VIe dynastie (~2140), et finissant avec la victoire définitive de la dynastie thébaine et la réunification de l'Égypte au cours du règne de Montouhotep II (~2022), réunification marquant le début du Moyen Empire. La Première Période Intermédiaire comprend donc les VIIe, VIIIe, IXe, X^e dynasties, et une partie de la XIe dynastie. L'unité de cette période, c'est en quelque sorte le démembrement de l'unité de l'Égypte, au terme d'un processus d'affaiblissement progressif du pouvoir pharaonique devant le séparatisme local et l'affirmation du principe de transmission héréditaire de la fonction, processus aggravé par les conséquences d'un changement climatique. De fait, les nomarques, qui considèrent leur charge comme une propriété familiale, agissent en potentats dans leur nome, en s'appuyant sur une clientèle qu'ils entretiennent et récompensent à la manière du pharaon vis-à-vis de ses courtisans. Au demeurant, ils ignorent le faible souverain du moment, ou ne lui reconnaissent qu'une autorité purement nominale. Ils cumulent les titres civils (« gouverneur », « grand chef de nome ») avec les titres religieux (« directeur des prophètes », impliquant le contrôle des biens du temple), et se parent bien souvent aussi du titre de « directeur du Sud », qui, à l'origine, définissait la supervision des nomes de Haute-Égypte, ou, à tout le moins, d'une partie de la Haute-Égypte. Bien évidemment, beaucoup de ces nomarques se laissèrent tenter par l'ambition : de gré ou de force ils s'associaient à d'autres nomes pour constituer un cartel susceptible de le disputer à un cartel voisin, les alliances se faisant et se défaisant tour à tour. Conséquences de ces déchirements quasi féodaux : la multiplication des famines que les inscriptions mentionnent presque obsessionnellement ; le nomarque était-il puissant qu'il les jugulait, mais malheur à la région qui n'entrait pas dans la mouvance d'une coalition favorisée par le rapport de force du moment ! Peu à peu, les antagonismes se polarisent entre une monarchie héracléopolitaine inspirée par le modèle memphite, et qui contrôlait le Delta et une partie de la Moyenne-Égypte en s'appuyant sur la puissante famille des monarques d'Assiout, et l'ambitieuse dynastie thébaine qui avait réussi, avec l'aide de Coptos, à subjuguer la Haute-Égypte. Elle parviendra à imposer son pouvoir sur tout le pays, mettant fin à la Première Période Intermédiaire.

Cette période a profondément marqué la civilisation égyptienne non seulement matériellement par les dommages et les destructions, mais surtout intellectuellement et idéologiquement. En effet, d'une part s'est formée une vision pessimiste du monde, laquelle nourrira un courant de pensée désormais entré dans le patrimoine culturel des lettrés, mais aussi s'est opérée une « démocratisation » des croyances funéraires : la destinée solaire *post mortem*, auparavant privilège exclusif du pharaon, les simples particuliers y prétendent aussi désormais, et les textes qui l'illustrent sont rédigés à leur bénéfice (les *Textes des Sarcophages* privés s'inspirent largement du corpus des textes des pyramides royales).

Cf. Ankhtyfy, Antef, VIIe, VIIIe, IXe, X^e^ et XIe dynasties, Merikarê, Montouhotep.

PRINCES, PRINCESSES

Les garçons et les filles nés des œuvres du roi portent les titres de « fils du Roi » et « filles de Roi ». À différentes époques, cette distinction est étendue à des particuliers. Les vrais « fils royaux » du début de la IVe dynastie comptent parmi les plus hauts dirigeants.

Sous les dynasties suivantes, certains de leurs descendants, moins influents, sont titrés princes et princesses. La filiation pouvant entraîner délégation, on retrouve des « fils royaux » théoriques parmi les gouvernants locaux de la Deuxième Période Intermédiaire, usage que le protocole du Nouvel Empire retiendra pour désigner ceux qui conduisent les processions divines à la place du roi (fils royaux d'Amon, de Nekhebet) et le vice-roi de Nubie, « le fils royal de Kouch ».

On notera que certaines filles réelles du souverain sont étroitement associées à leur père sur les monuments et dans les actes cultuels, leur nom étant entouré du cartouche (rien de tel concernant les garçons). Les princes et princesses, même adultes, sont figurés portant sur la tempe une mèche postiche, insigne de jeunesse (tressée jusque dans le courant de la XVIIIe dynastie, tombante et serrée dans un bandeau par la suite).

Sous le règne bien connu de Ramsès II qui fit représenter les interminables processions de ses enfants des deux sexes, plusieurs fils furent investis de fonctions militaires et sacerdotales, ce qui ne semble pas avoir été très fréquent dans l'histoire égyptienne. À la fin de la XVIIIe dynastie, un vieux titre, *erpâ* (originellement *iry-pât*, signifiant à peu près « celui qui fait partie de la noblesse terrienne »), est repris pour désigner le premier personnage du royaume.

Cette qualification, commodément traduite par « prince », servira sous les Ramessides à distinguer celui de ses fils que le monarque régnant a choisi pour être son lieutenant et son héritier présomptif.

PSAMMÉTIQUE (LES)
XXVIe DYNASTIE

Le nom, dont on se demande s'il n'était pas libyen, fut porté par trois rois qui marquent trois moments cruciaux de la dynastie saïte : implantation, apogée, chute brutale. De Psammétique I (~664 ~610), Hérodote rapportera maintes histoires : comment il élimina douze autres rois, comment il recruta des pirates grecs et cariens, comment l'armée égyptienne déclassée migra vers le Soudan, comment il créa un corps d'interprètes pour nouer avec l'Hellade des liens fructueux et irréversibles. Les sources du temps recoupent ces traditions.

En ~664, les Éthiopiens qui viennent reconquérir les principautés du Delta sont refoulés jusqu'au Soudan par les Assyriens. Psammétique stoppe un retour des Kouchites, liquide les chefferies mechouech du Nord et, dès ~656, annexe la Thébaïde où sa fille Nitokris devient « adoratrice d'Amon ». Il fait gérer la Moyenne et la Haute-Égypte par des ralliés ou par des notables venus du Delta d'où les « grands chefs » autonomes disparaissent.

L'État redevient militairement et diplomatiquement fort : une mobilisation générale met fin aux incursions libyennes, les hordes scythes sont détournées du territoire égyptien, un raid pénètre en basse Nubie et Psammétique peut même envoyer des troupes sur l'Euphrate pour tenter de secourir l'Assyrie mourante.

Le règne du premier Psammétique fut remarquablement long. Celui de son petit-fils, Psammétique II (~595 ~589), fut très bref. Le grand nombre et la qualité plastique des monuments parvenus de lui et de ses ministres n'en sont que plus significatifs. L'événement de son temps fut sa guerre contre le royaume éthiopien de Napata ; soldats égyptiens et auxiliaires étrangers dépassèrent la Troisième Cataracte et poussèrent sans doute jusqu'à Napata. Ultime apuration du vieux contentieux opposant Saïtes et Kouchites, on arasa les noms des rois de la

XXVe dynastie, vouant rétrospectivement à la non-existence les prétentions des Soudanais sur l'Égypte.

Jusqu'à l'époque grecque, de nombreux Égyptiens reçurent à leur naissance le glorieux nom de Psammétique. Un de ceux-ci, fils du parvenu Amasis, eut le malheur de monter sur le trône lorsque les Perses s'attaquèrent à l'Égypte. Son règne dura six mois (~525 ~526). Le Grand Roi Cambyse le détrôna puis le contraignit au suicide.

Hérodote, Livre II, cf. Hérodote. *L'Enquête*. Livres I à IV, traduction A. Barquet, Gallimard, Paris, 1984. Index p. 597 ; Psammétique et Psammis.

Cf. Saïtes (dynasties).

PSOUSENNÈS
~1040 ~993, XXIe DYNASTIE

Ce fils du pontife thébain Pinodjem vint à Tanis succéder à Smendès. Son règne fut spécialement long. À l'occasion, il se nommait « Ramsès Psousennès », en épigone de la XXe dynastie, mais l'œuvre de ce personnage, qui se proclamait à la fois roi et premier prophète d'Amon, le caractérise comme l'instaurateur en Basse-Égypte d'une monarchie dominée par la théologie thébaine. Sur la butte sableuse de Tanis, il fonde pour Amon un téménos de quatre hectares et demi. De belles sculptures anciennes, les fameux monuments « dits hyksôs », embellissent le sanctuaire. En bâtissant son tombeau à Tanis, Psousennès rompt avec la vieille tradition qui faisait creuser la dernière demeure du pharaon dans la Vallée des Rois. Les infrastructures de ce tombeau, miraculeusement épargnées, ont été dégagées et explorées par Pierre Montet entre 1939 et 1946. Aussi le « pharaon de l'an ~1000 » doit-il sa célébrité à son masque d'or, son cercueil d'argent, ses vaisselles précieuses et son abondante collection de bijoux que complètent les trésors de son ministre Oundebaounded et de son successeur Amenemopé. La quantité des métaux précieux montre que la trésorerie royale était relativement à l'aise en ces temps de reflux de l'expansion égyptienne. C'est au temps de Psousennès que Saul, puis le jeune David jettent les assises des royaumes de Juda et d'Israël, sans que l'Égypte intervienne en Asie.

Montet P., *Les Constructions et le tombeau de Psousennès* (*La Nécropole royale de Tanis II*), Paris, 1951.

Cf. Pinodjem, Tanis, Troisième Période Intermédiaire.

PTAHHOTEP

La tradition attribue à Ptahhotep, qui aurait été vizir de Djedkarê/Asosi, un *Enseignement* si fameux qu'il a pu influencer jusqu'à l'idéal monastique des Coptes ! La réalité historique du personnage de Ptahhotep est loin d'être avérée, mais, à tout le moins, l'esprit qui anime l'œuvre semble bien celui de l'Ancien Empire ; le monde est régi par un ordre, immanent (la *Maât*), qui châtie quasi automatiquement celui qui le transgresse, alors que le démiurge, qui a établi cet ordre, se tient un peu en retrait.

Lalouette C., *Textes sacrés et textes profanes de l'ancienne Égypte. Des Pharaons et des hommes* (Connaissances de l'Orient), Gallimard, Paris, 1984, p. 235.

PTAHOUACH

Directeur des travaux et vizir sous les règnes de Sahourê et de Néferirkarê. Lui advint une si prodigieuse aventure que ce dernier pharaon ordonna que le récit en fût gravé dans la tombe de Ptahouach. Hélas, l'inscription nous est parvenue fort endommagée ; on entrevoit, à tout le moins, que cette aventure lui apporta la gloire en même temps que la mort : en effet, il fut frappé par une maladie aux symptômes si exceptionnels qu'il fallut consulter les écrits anciens. En vain, au demeurant, car on ne put le sauver. Mais, inestimable consolation ! le pharaon prit à sa charge de lui assurer de fastueuses funérailles.

Roccati A., *La Littérature historique sous l'ancien Empire égyptien* (Littératures anciennes du ProcheOrient), Le Cerf, Paris, 1982, p 108.

PTOLÉMÉE (LES)

Satrape d'Égypte lors du partage de l'empire d'Alexandre, le général macédonien Ptolémée, fils de Lagos, en devient le roi — « le Pharaon Ptolémée » pour les indigènes — après la disparition de son très nominal suzerain, Alexandre Aigos (~309). Son nom sera porté par ses quatorze successeurs sur le trône d'Alexandrie. Cette dynastie « ptolémaïque » ou « lagide » allait régner un peu plus de trois siècles (~323 ~30). Elle appartient à la fois à l'histoire politique et culturelle du jeune monde hellénistique et à l'histoire culturelle et politique du vieux monde égyptien. Elle présente ainsi deux aspects, l'un alexandrin, l'autre pharaonique. Les Ptolémée, qui pratiquent le mariage consanguin, se dotent en grec de qualificatifs caractérisant leurs relations familiales, présumées affectueuses, ou leur attribuant certaines vertus que la morale grecque du temps confère au souverain idéal : Philadelphe, Philopator, Philomètor ; Sôter (« sauveur »), Évergète (« bienfaisant »), Épiphane (« révélé »), Eucharistos (« bien doué de grâce divine »). Ces titres, traduits en égyptien, prennent place dans leurs titulatures hiéroglyphiques ainsi que d'autres, proprement indigènes, qui les apparentent ou les associent aux divinités du pays : Rê, Amon, Ptah, Isis et le taureau Apis. On se rappellera le rôle politique majeur joué par les reines-sœurs, depuis Arsinoé Philadelphe, divine compagne de Ptolémée II, jusqu'à la merveilleuse Cléopâtre VII.

Bien qu'Hécatée d'Abdère ait traité philosophiquement des mérites exemplaires de l'antique monarchie pour l'information de Ptolémée I et que le prêtre Manéthon de Sébennytos ait rédigé en grec sous Ptolémée II des ouvrages relatifs au passé et aux croyances de sa patrie, ce que l'histoire rapporte des querelles internes, de plus en plus confuses et sanglantes, qui allaient déchirer la famille et agiter Alexandrie ne relève guère des affaires pharaoniques. Des prêtres égyptiens n'y furent que rarement impliqués. Dans Alexandrie où le sérail, la soldatesque, la populace faisaient la politique, la législation, les mœurs, les tenues, l'architecture, la plastique, la langue, les sciences et la culture étaient choses grecques pour l'essentiel (sauf dans le quartier mixte du Sérapeum). La politique extérieure est conduite à l'échelle du monde hellénisé : les trois premiers Lagides, géopolitique oblige, conquièrent la Palestine et la Syrie méridionale à l'instar d'un Ramsès, mais leur horizon grec et maritime les amène à dominer l'Égée, la Cyrénaïque, la Cilicie, la Carie et Chypre. La force militaire réside dans les colons grecs et autres implantés en masse comme bénéficiaires de tenures héréditaires. Ptolémée IV réarmera la caste guerrière égyptienne dont le rôle fut décisif lors de la victoire défensive remportée à Raphia sur l'adversaire syrien Antiochos III (~217). Ce réveil de l'indigénat se retournera contre les régimes : plusieurs révoltes nationalistes éclateront et, sous Ptolémée V, des pharaons autochtones, Horounnéfer et Ânkhounnéfer, émanciperont même la Thébaïde. Ces résistances de l'Égypte profonde et les faiblesses mêmes du gouvernement alexandrin accroîtront aux IIe-Ier siècles l'autonomie des clergés, puissances économiques bien placées pour encadrer psychologiquement les populations. Les prêtres héréditaires qui contrôlent les revenus sacrés et sont les conservateurs des écritures et des arts ancestraux ont bien intégré les rois et reines gréco-macédoniens dans leur système rituel. Un produit typique du temps est la rédaction des décrets honorifiques par des congrès sacerdotaux pour exalter les victoires et les œuvres pies du Ptolémée, textes affichés en hiéroglyphique, démotique et grec. Certains Lagides, au cours de leurs tournées dans le Delta et jusqu'en Haute-Égypte, ont eu l'occasion de revêtir le costume et d'accomplir les gestes immémoriaux de Pharaon : « apparitions » couronnées à Memphis, visites aux taureaux sacrés, fondation ou consécration de temples. Les archiprêtres de Memphis fréquentèrent la cour alexandrine et celle-ci reçut les communications d'un petit prêtre visionnaire habitant Saqqara. À côté de Sérapis, identifié à Osiris-Apis, Isis devient déesse grecque et les souverains helléniques empruntent ses insignes.

Sous la dynastie lagide, les temples de nombreuses villes furent agrandis ou intégralement faits à neuf en pur style égyptien. Philae, Ombos (Kôm Ombo), Edfou, Esna, Dendara, Médamoud sont les mieux conservés des grands chantiers ouverts aux noms des Ptolémées. Usant d'un système graphique fort complexe qui pousse à l'extrême les virtualités expressives des signes-images, raffinant la sémantique architecturale et la grammaire ornementale, les savants auteurs de ces monuments ont plus largement que jamais explicité par les figures et les textes les rites nécessaires à la sécurité du monde et les mythes qui en déterminaient la configuration. Comme jadis, la personne royale, dans les tableaux et les récitations, est le seul médiateur, entretenant les dieux et recevant des dieux pour le compte du royaume et de ses habitants. Ce sont donc les vastes « temples ptolémaïques » intacts, les écrits « ptolémaïques » surabondants qui nous ont transmis les sources les plus exhaustives pour reconstruire le système de l'idéologie pharaonique et en comprendre les symboles. Et pourtant, sous les Ptolémées, une autre esthétique, une autre description du pouvoir et de l'homme, d'autres interprétations de l'univers gagnaient les élites de l'intérieur.

PYRAMIDES

Médiatrice entre le peuple et l'univers régi par les dieux, la fonction royale assure une nature divine à celui qui l'exerce et cette destinée supérieure se poursuit au-delà de la mort. Dès l'époque archaïque, rites et bâtiments destinés à la sépulture du pharaon sont différents de ceux dont profitent les sujets. L'Ancien Empire illustrera démesurément la différence. De grands massifs de brique (mastabas) s'élevaient au-dessus des caveaux des rois thinites. Sous Djoser, une superposition de mastabas de pierre donne la pyramide à degrés qu'un vaste simulacre de palais jubilaire entoure. Sous Snéfrou, la pyramide vraie est réalisée par étapes : monument à degrés de Méidoum, « rhomboïdale » de Dahchour (Sud), pyramide parfaite de Dahchour (Nord). Chéops réalise la plus grande des pyramides. Celle de Chéphren est presque aussi haute. Les souverains suivants, à Giza, Saqqara, Abousir, se contentent de montagnes de pierre beaucoup moins ambitieuses, mais la différence reste encore très marquée entre ces monuments et les mastabas de leurs dignitaires, répartis à l'entour. Chaque pyramide, installée sur le plateau occidental, au-dessus de la plaine memphite, est desservie par un temple haut, adossé à son pied, qu'une chaussée couverte joint à un temple bas et à une « ville de pyramide » dont les habitants mettent en valeur la campagne. De plus petites pyramides sont édifiées auprès de celle du roi pour recevoir la sépulture des reines. À partir d'Ounas sont recopiés dans le caveau du souverain (puis des souveraines) les *Textes des Pyramides*, formules dont la récitation permet à l'Osiris-Roi de retrouver son intégrité corporelle, de rejoindre le ciel, de partager l'éternité du soleil, d'échapper aux dangers infernaux et de se nourrir. La pyramide à degrés représente sûrement l'idée d'ascension. La forme de la pyramide parfaite ne peut être l'objet que de conjonctures (projection des rayons solaires, tertre primordial). Les spécialistes d'architecture antique discutent encore certains détails des procédés de construction, principalement de savoir comment étaient agencées les rampes servant à faire monter les pierres, et reconnaissent le savoir-faire croissant et les indéniables tâtonnements des constructeurs. Les très ostensibles pyramides de Dahchour et de Giza, pas plus que les autres pyramides memphites, ne furent conçues pour éloigner les pillards, inimaginables alors, ni pour transmettre quelque message à notre époque. Certes, le volume des pleins est énorme par rapport à celui des boyaux d'accès et des chambres (ce qui ne fait pas pratique). Mais la pyramide n'est pas seulement un local funéraire, elle est le sommet du monument où s'accomplit un règne.

Exception faite au moins pour Montouhotep II, doté à Deir el-Bahri d'une sorte de mastaba étagé à portiques, les rois du Moyen Empire donneront à leur tombe une forme pyramidale : cimetières d'El-Tarif (XIe dynastie), de Licht, El-Lahoun, Dahchour et Haouara (XIIe dynastie), de Mazghouna et Saqqara-Sud (XIIIe dynastie) et de Dra Abou'l Negga (XVIIe dynastie). Dès la XIe dynastie, les *Textes des Pyramides* se vulgariseront au profit de particuliers et, en dimensions réduites, la forme pyramidale sera courante comme couronnement des chapelles des nobles au cours du Nouvel Empire. Les XVIIIe-XXe dynasties creuseront des hypogées dans la Vallée des Rois et les dynasties postérieures placeront leurs monuments funéraires dans des temples urbains. Toutefois, les Éthiopiens de la XXVe dynastie renoueront avec l'ancien usage, dressant des pyramides royales en Nubie, et le transmettront à leurs successeurs napatéens et méroïtiques.

Lauer J.-P., *Le Problème des pyramides d'Égypte*, Paris, 1952.

Goyon G., *Le Secret des bâtisseurs des grandes pyramides*, Paris, 1977.

Edwards I.E.S., *The Pyramids of Egypt*, Pelican Book, revised edition, 1985.

XIVe DYNASTIE

Sous l'étiquette XIVe dynastie se dissimulent, en fait, au moins deux monarchies qui régnèrent, en partie parallèlement, sur des portions différentes de la Basse-Égypte :

— Les pharaons des Xoïs qui contrôlaient une partie du Delta occidental ; on ne sait pratiquement rien sur eux, sinon qu'ils régnaient peut-être déjà en même temps que Sébekhotep IV (~1730 ~1723).

— Un royaume fondé dans le Delta oriental par Néhesy aux environs de ~1720, avec pour capitale Avaris, port fluvial par où passait le commerce avec l'Asie. C'était une monarchie égyptienne, mais établie sur un territoire à denses populations asiatiques. Elle fut emportée par la vague des Hyksôs qui étendirent leur domination sur l'Égypte à partir de son territoire.

IVe DYNASTIE

Les raisons et les conditions du changement dynastique de la IIIe à la IVe dynastie demeurent obscures. La succession des pharaons s'établit à peu près ainsi :

— Snéfrou (~2561 ~2538).

— Chéops, son fils (~2538 ~2516).

— Râdjedef, fils de Chéops, enterré à Abou Roach (~2516 ~2509).

— Chéphren, fils de Chéops (~2509 ~2484).

— Sans doute deux lignées de prétendants : d'une part deux pharaons, dont un nommé Baka (Bichétis), fils de Rêdjedef, d'autre part Mykérinos, qui après avoir régné parallèlement s'imposa comme pharaon légitime (~2484 ~2467).

— Chepseskaf fils de Mykérinos (~2467 ~2464) ; il termina le complexe funéraire de son père à Giza, mais édifia pour lui-même un curieux monument en forme de sarcophage, entre Saqqara et Dahchour (mastabat Faraoun).

— La fin de la dynastie fut dominée par les querelles des prétendants : seul un nom émerge, celui de Ptahdjedef (Thamphthis).

La IVe dynastie est, bien sûr, avant tout la dynastie des bâtisseurs des grandes pyramides. Quel meilleur symbole d'une époque où la société entière s'organise autour du pharaon comme valeur suprême ? De fait, non seulement il draine à son bénéfice les ressources du pays, mais encore les hautes charges civiles et religieuses ne sont confiées qu'aux membres de sa famille. C'est un cliché facile, mais sans doute justifié, que de s'apitoyer sur le peuple égyptien. « Qu'écrasait le granit pour Chéops entassé », selon le vers de Sully-Prudhomme.

L'art de l'époque, en particulier les statues royales, reflète la perfection massive et écrasante atteinte par l'institution pharaonique, quand culmine une logique née à l'Époque thinite, et déjà amplement développée sous la IIIe dynastie. Toutefois, au moment même où elle atteint son acmé, se laissent discerner les premiers signes d'une évolution qui remettra en cause le statut idéologique du pharaon.

Cf. Chéops, Chéphren, Hordjedef, Metjen, Mykérinos, Snéfrou.

XVe DYNASTIE : voir HYKSÔS

RAMESSIDES

Ainsi désigne-t-on aussi bien la période d'environ cent trente-quatre ans qui constitue la deuxième partie du Nouvel Empire (~1293 ~1089) et les souverains de ce temps, qui forment nos XIXe et XXe dynasties. L'adjectif vient du nom *Ramessès*, variante de *Ramsès*, deux transcriptions grecques de l'égyptien *Ra-messou*, « Rê l'a créé ».

De la XIXe dynastie, illustrée principalement par Ramsès II, tous les représentants — sauf l'exception possible d'Amenmessou — descendent du vizir Ramsès, fils de Séthy, qui devint Ramsès I. Au fondateur de la XXe dynastie, Sethnakht, succédèrent ses fils et petits-fils : Ramsès III et Ramsès IV. Lignée issue de Ramsès III, les souverains suivants présentent tous le nom « Ramsès » préfixé à leur nom de naissance (exemple : Ramsès-Amenherkhepshef = Ramsès VI et Ramsès IX).

Il est pertinent d'élargir aux institutions, à l'art et à la culture le qualificatif « ramesside ». Toute la période possède un style qui a pris forme, pour l'essentiel, durant le très long règne de Ramsès II.

Tout en transmettant les œuvres classiques de l'Ancien et du Moyen Empire, l'époque produit un enrichissement foisonnant de la littérature, écrite en néo-égyptien. Des *Miscellanées* — essais satiriques, modèles de lettres administratives bien tournées, petits hymnes et éloges royaux, etc. — servent à la formation des étudiants. Dans le même genre, la longue *Lettre d'Hori* fournit une vivante image de ce qu'étaient les tâches et les compétences des scribes sous le règne de Ramsès II. Des contes sont mis par écrit, moralisants (*Vérité et Mensonge*), mythologiques (*Les Aventures d'Horus et Seth*), fantastiques (*Le Prince prédestiné, Le Conte des deux frères*). De nouveaux textes de sagesse sont publiés, notamment le fameux *Enseignement d'Ani et d'Amenemopé*.

Lalouette C., *L'Empire des Ramsès*, Paris, 1985.

Cf. XIXe dynastie, Ramsès II, XXe dynastie.

RAMSÈS II
~1279 ~1213, XIXe DYNASTIE

Fils de Séthy I et de Mouttouya (*sive* Touya). Son père l'avait familiarisé très tôt avec le métier de roi et, pour affermir la jeune dynastie, lui conféra de son vivant les couronnes et une titulature complète. Ramsès corégent fonde déjà ses propres temples (Abydos, Beit el-Ouâli).

Son règne personnel est inauguré par un surcroît d'activités dans les mines d'or, les carrières et les chantiers (développement de Pi-Ramsès).

La politique extérieure, bien connue par le recoupement des témoignages monumentaux de Ramsès lui-même et des archives hittites, va ensuite occuper longtemps cet orgueilleux batailleur.

En l'an IV, une tournée militaire pousse jusqu'en Phénicie et l'Amourrou (Liban) se détache de la mouvance hittite.

Guerre ouverte en l'an V. Le roi hittite Mouwatalli concentre l'énorme coalition de ses vassaux anatoliens et syriens près de Qadesh. Ramsès, qui commande le premier corps d'armée égyptien, se laisse abuser par des agents ennemis, et se retrouve surpris au repos, tandis que les trois autres corps sont encore en marche, loin derrière. La résistance désespérée du pharaon et des Chardanes de sa garde déconcerte les chars hittites. L'arrivée des renforts évite le désastre. La trêve qui suit n'est guère un succès pour l'Égypte, qui va reperdre l'Amourrou, mais l'action de Ramsès, moralement secouru par le dieu Amon, le révélait conforme à l'idéal qui veut que le roi soit le seul artisan réel des victoires. *Le Poème de Qadesh* et d'immenses tableaux dans les temples en tirent un effet de propagande personnelle pour le souverain. Au lendemain du choc, Ramsès doit pacifier les possessions ébranlées de Canaan et de Transjordanie, puis il lance des raids jusqu'en Syrie et sera en mesure d'intervenir diplomatiquement dans les querelles intestines des Hittites (Ourhi-Techoub contre Hattousil). La menace assyrienne amène finalement les deux adversaires à mettre fin à seize ans de conflit (traité de l'an XXI), puis à une coopération qui se traduit par deux mariages successifs de Ramsès II avec des filles de Hattousil. La frontière égyptienne inclut le sud du Liban et la plaine de Damas (une stèle taillée dans une roche locale et gravée sous Ramsès II en hommage à Baâl Seth a été découverte en 1993 dans la capitale syrienne). Le pays de Kouch est parfaitement tranquille et bien géré par de fastueux et dévoués vice-rois. De grands courtisans, dont la loyauté au prince et l'opulence privée sont attestées par de magnifiques monuments votifs et funéraires, savent manifestement faire régner la tranquillité et la prospérité en Égypte même. Ramsès guerrier refoule les peuplades marginales qui inquiètent le Delta : les Chasous, remuants Bédouins de l'Est ; les Chardanes, pirates tenus en échec par une flotte de guerre ; les hordes libyennes de Marmarique, surveillées par une ligne de forteresses.

Ramsès II fait terminer à son nom le décor des temples bâtis par son père (Abydos, Gourna, salle hypostyle de Karnak, etc.) ou par des rois plus anciens (fond extérieur de Karnak) et restaure les images effacées sous Akhenaton, mais, surtout, il programme des dizaines de fondations et de bâtiments nouveaux. De Napata à la Palestine, il est peu de sites où n'ait pas été retrouvée quelque pierre portant son nom. Parmi bien d'autres œuvres, les deux temples d'Abou Simbel, son temple thébain dit Ramesseum, ses obélisques, ses colosses sont les témoins de nouvelles plastiques : géométrisme massif (colonnes monostyles, groupes statuaires en haut-relief, statues adossées, etc.), généralisation du relief en creux (de symbolisme « solaire », apogée du genre historique, prolixité épigraphique). Longtemps mal aimé des historiens d'art, le règne de Ramsès crée un nouveau style, harmonieusement énorme, et qui n'est pas corruption et bâclage. Il usurpa beaucoup moins d'œuvres anciennes qu'on ne l'a dit (et plutôt sur le tard).

Ramsès II, entre l'an XXX et sa mort, à quatre-vingt-dix ans passés, célébra au moins treize jubilés. Il fut enterré dans son très vaste hypogée de la Vallée des Rois. Sa momie a été retrouvée dans la Cachette de Deir el-Bahri. L'homme était roux, comme le dieu Seth, patron de sa famille. Ses différentes « grandes épouses » — dont Néfertari fut la première et dont une des dernières fut Maathor-Néfrourê, la princesse hittite — et ses autres femmes lui donnèrent quantité de garçons et de filles (on dénombre une centaine d'enfants royaux). Il honora volontiers les divinités cananéennes (sa fille aînée et son chien de guerre furent nommés d'après la déesse Anat). Marquant ses relations directes et intimes avec tous les dieux, il proposa même à l'adoration des idoles particulières dites « dieux de Ramsès » et multiplia les aspects théologiques de sa propre personne, incorporés dans des colosses. Il justifia bien, à Karnak et ailleurs, son surnom de *Meïamoun*, « aîné d'Amon », mais ses fondations et gestes pieux favorisaient plutôt le culte héliopolitain du soleil et le terrible dieu Seth, patron de sa famille. Comparé à celui d'Aménophis IV, le cas Ramsès II (qui paracheva l'œuvre d'Horemheb et Séthy I) montre comment une forte personnalité pouvait s'accomplir et s'affirmer dans le rôle traditionnel de pharaon. Le style monumental et épigraphique du temps fixa un modèle qui servit de référence jusque vers la fin de l'époque libyenne. Bien qu'occultée par celle de Sésostris, la gloire de Ramsès, perpétuée par ses formidables bâtisses et ses bulletins de victoire, se perpétua jusqu'à l'époque romaine (Osymandias de Diodore, Ramsès de Tacite). Deux de ses fondations ont perpétué le nom de Ramsès dans les esprits (Ramsès de la Bible) et sur le sol égyptien (Ramsîs de Beherah). Il est le seul pharaon dont le nom soit attribué à une grande artère du Caire.

Kitchen K.A., *Ramsès II*, *Le Pharaon triomphant. Sa vie, son époque*, Monaco, 1985.

Ramsès le Grand (Exposition Grand-Palais), Paris, 1976.

Cf. Diplomatie, XIXe dynastie, Khaemouaset, Merenptah, Ramessides, Séthy I.

RAMSÈS III
-1187 -1156, XXe DYNASTIE

À Médinet Habou, le temple funéraire de Ramsès III, presque entièrement préservé, est l'exemple le plus démonstratif de ce qu'étaient les « châteaux de millions d'années » érigés par les Ramessides sur la rive occidentale de Thèbes. Plan général, programme décoratif, phraséologie des grandes et petites inscriptions, composition des tableaux et même emprunts directs de textes et d'images y pastichent le Ramesseum, monument homologue de Ramsès II (qui était toutefois plus spacieux). Deuxième représentant d'une dynastie nouvelle, Ramsès III relaie avec brio le look du souverain qui avait fait la grandeur de la dynastie précédente. La situation du royaume n'était cependant plus la même. Ramsès II s'était battu sur l'Oronte. Ramsès III se bat pour la sécurité du Delta. Sur terre, il dut en nettoyer tout l'ouest des hordes libyennes et mener deux guerres pour les maintenir en Marmarique. La seconde guerre libyenne est une des épopées que racontent, en tableaux dramatiques et en poèmes prolixes, les reliefs de Médinet Habou. Une autre épopée y est consacrée aux batailles qui sauvèrent l'Égypte des Peuples de la Mer, Philistins, Tchekker, Chekelech, Danéens. Leur flotte fut défaite par les forces navales et terrestres à l'entrée d'un bras du Nil ; les familles d'immigrants, arrivant d'Asie sur des chars à bœufs, furent massacrées ou capturées. Ramsès III sut conserver quelques bases en Canaan (Bethshan), pacifier les Bédouins d'Idumée, exploiter le cuivre de Timna, sur le golfe d'Akaba, et expédier une flotte au Pount.

Trois dossiers sur papyrus illustrent ce qui se passait à l'intérieur. Le grand papyrus Harris, écrit sous Ramsès IV, énumère les fondations et comptabilise les donations que son père avait faites aux dieux. Amon de Thèbes y apparaît comme la puissance économique de beaucoup prépondérante. Ce document et d'autres textes font ressentir une subordination croissante du pouvoir royal au pouvoir divin. Les « papyrus des grèves » témoignent de difficultés alimentaires : les ouvriers de Deir el-Médina revendiquent le versement de leur salaire en nature auprès d'une administration dépassée. Quatre procès-verbaux, mis en forme après la mort du roi, énumérèrent de grands domestiques du Palais, y compris un médecin et des chefs militaires qui, en collusion avec des femmes du harem, complotèrent en vue de fomenter des rébellions et d'attenter à la vie du roi en usant d'envoûtements. Un ostracon apprend que les mouvements d'un « ennemi » troublèrent la tranquillité de Thèbes vers la fin du règne. On ne sait si Ramsès III mourut des suites du complot ou des maléfices. Sa momie, qui avait pris place dans la Vallée des Rois (hypogée n° 11) et se retrouva dans la Cachette royale de Deir el-Bahri, ne conserve pas trace de violences. De beaux hypogées, préparés en série pour quatre de ses fils et deux de ses épouses (Iṣet et Tity), subsistent dans la Vallée des Reines. De belles plaques de faïence proviennent de ses deux palais de Médinet Habou et de Tell el Yahoudiya.

Lalouette C., *L'Empire des Ramsès*, Paris, 1985, p. 298-344.

Cf. Grève, Ramessides, XXe dynastie.

RAMSÈS IV
~1156 ~1150, XXe DYNASTIE

Fils de Ramsès III et son successeur désigné. On ne sait pourquoi il changea son prénom de couronnement pour un autre dès l'an II de son règne. Son activité monumentale dans les temples se réduit à peu de choses : la décoration du fond du temple de Khonsou à Karnak et, un peu partout, la reconsécration ou la restauration d'édifices existants, marquées par des bandeaux hiéroglyphiques sur les marges vierges des bas-reliefs et par des insertions de cartouches. Il avait d'abord jeté des fondations d'un immense temple funéraire pour finalement se contenter d'un bâtiment fort modeste. Outre les inscriptions laissées au Ouadi-Hammâmât par les importantes expéditions envoyées pour exploiter la pierre *békhen* (greywacke) destinée à la statuaire, les souvenirs les plus vivants du souverain consistent dans les deux stèles où il prie en termes personnels les dieux d'Abydos. Il demande notamment à Osiris, alors qu'il avait atteint la quarantaine, à régner aussi longtemps que Ramsès II (67 ans !), autrement dit d'atteindre la limite extrême que l'Égyptien attribuait à la longévité (110 ans !). À l'appui de sa supplique, il affirme avoir plus enrichi le dieu en quatre ans que ne l'avait fait au total son formidable devancier. Pour accélérer l'aménagement de sa sépulture, il augmente radicalement les effectifs des ouvriers de la Vallée des Rois (peut-être craignait-il pour sa santé ?). Il décède en l'an VI. Premier des Ramsès obscurs, Ramsès IV donne l'impression d'avoir eu l'âme plus religieuse que politique. Aucune attestation d'activités en Asie (missions minières au Sinaï seulement). La momie a été retrouvée dans la Cachette de la tombe d'Aménophis II.

Cf. Ramessides (dynasties), XXe dynastie.

REINES

Le couple égyptien était singulièrement moderne. Les hommes ne possèdent qu'une seule épouse en titre à la fois. La femme dispose de ses propres biens et d'une pleine capacité juridique ; l'iconographie la représente de taille proportionnée à celle de son mari. L'exogamie est de règle, le mariage consanguin ne devenant courant qu'à l'époque hellénistique. Le roi, cependant, est suprahumain. Son régime matrimonial et le statut de ses femmes s'en ressentent. Lui possède plusieurs épouses dont une titrée « grande épouse du roi » (à partir de la XIIe dynastie). Il peut, lui, épouser ses sœurs. Ce fut une pratique suivie dans la première moitié de la XVIIIe dynastie que la « grande épouse » soit la sœur consanguine du roi (et quasiment la règle dans la famille macédonienne des Ptolémées). Certaines des « filles du roi » prennent parfois le rang de « grande épouse ». Le prince, couramment, a pris femme parmi les sujettes. Le monarque, parfois, accueille la fille d'un souverain allié.

Le matriarcat pharaonique et le principe de la nécessaire consanguinité solaire sont des modèles spéculatifs auxquels on ne peut plus croire. Le rôle du ventre dans la transmission d'une légitimité était passif, doctrinalement limité à une « théogamie » mythique : la mère du roi est censée avoir conçu un bébé prédestiné des œuvres du dieu suprême, s'incarnant dans le corps du père charnel. Un particulier parvenu n'a pas à se légitimer par un mariage avec une héritière de la dynastie précédente (les cas vraiment établis de telles unions, de portée politique plus que juridique, sont rarissimes).

Dès l'Époque thinite, les reines jouissent d'un statut qui les différencie des sujets et que manifestent leurs titres et leurs sépultures. À l'Ancien Empire, leur sépulture est une petite pyramide (non un simple mastaba). Au Nouvel Empire, elles seront inhumées dans la Vallée des Reines. À partir de la Ve dynastie est attestée la coiffure en forme de vautour (= la déesse Nekhebet), à la VIe, l'uraeus frontal (= Ouadjyt). Au Moyen Empire, l'usage apparaît d'enclore dans un cartouche le nom de certaines épouses et filles du roi. Les titulatures qui se diversifient au cours des siècles résument ce qu'est une femme royale : fille d'un dieu, unie aux couronnes, dame des Deux Terres, céleste maîtresse du monde. Elles vantent en elle une gracieuse beauté, odorante source de joie dans le palais, modèle de pureté rituelle, souveraine entre toutes les dames. Les reines assument des fonctions de prêtresses. Il leur revient de manier les sistres et les colliers bruisseurs (*menat*) devant les dieux. Les reines sont les seuls êtres humains à partager les ornements céphaliques du pharaon (les uraeus) et des déesses (cornes hathoriques, plumes, vautour). Dans la statuaire monumentale et les représentations de rites, la présence est fréquente de la mère, des femmes du roi, ainsi que de certaines de ses filles, distinguées par les mêmes insignes. Cette participation de deux générations féminines au protocole théophanique du souverain s'explique bien par référence à la double fonction, maternelle et filiale, de la déesse parèdre du soleil, compagne, créatrice et organe générateur du démiurge (les familiales et familières exhibitions de Néfertiti et de ses fillettes dans l'imagerie atoniste sont un exemple un peu outré de cette fonction sacrale). L'interprétation de cette thématique religieuse ne saurait oblitérer l'impression vulgaire que donnent les monuments de monarques nourrissant une réelle affection pour leurs épouses (Aménophis III Tiyi, Ramsès II-Néfertary), l'amour conjugal étant une vertu exemplaire pour la sagesse égyptienne. La plastique égyptienne, comme on sait, postulait la beauté parfaite et la fraîcheur éternelle de toute dame représentée, en sculpture comme en dessin. Les images qui nous charment, de souveraines parées divinement, sont évidemment conformes à ce principe. Bien entendu, les reines disposaient de leur propre maison (résidence, domaines et personnels) et participaient à la gestion et aux profits des grands « harems ».

Les aimables personnes qui incarnent rituellement la part féminine de la royauté divine étaient bien placées pour participer à l'occasion à l'exercice de la souveraineté terrestre. Au début de la XVIIIe dynastie, les douairières Ahhotep et Ahmès-Néfertary furent manifestement des personnalités politiques et leurs régences préparèrent sans doute l'étonnante carrière d'Hatchepsout, la reine qui devint un roi. Ce serait sous Ninétcher, le troisième roi de la lointaine IIe dynastie, qu'on aurait décidé qu'une femme pouvait exercer la fonction de roi (et le nom Ouadjenès que la tradition conserve du quatrième est effectivement un nom féminin). En fàit, le précédent ne se reproduisit que quatre fois, à des époques fort espacées, et fit problème chaque fois :

— Nitokris, à la fin de la VIe dynastie, et qui se serait suicidée selon la légende.

— Skémiophris, demeurée incontestée, mais qui marque la fin de la XIIe dynastie.

— Hatchepsout, dont le corégent, Thoutmosis III, et la tradition annulèrent la mémoire.

— Taousert, dernier souverain de la XIXe dynastie, condamnée elle aussi *post mortem*.

On pouvait imaginer que le prestige sacral des épouses et filles des rois et la haute position morale et juridique des femmes égyptiennes auraient entraîné, pour les deux sexes, une chance et une réussite égales en matière de royauté. Il n'en fut rien. Comme on le voit, les cas où la conjoncture a permis qu'une femme devienne le roi divin lui-même furent exceptionnels, sans lendemain et, pour les deux qui sont mieux connus, réprouvés après coup. Certes, la théologie intégrait la féminité dans les mythes et les rites, mais les sagesses et l'habitude cantonnaient le deuxième sexe dans son rôle : celui de dame du foyer, de compagne et mère honorée. On connaît très peu de scribesses et de femmes médecins et les reines n'ont généralement pas de compétences administratives autres que d'ordre religieux. Le commandement des hommes de guerre et des hommes de bureau restait une affaire d'hommes.

Troy L., *Patterns of Queenship in Ancient Egyptian Myth and History*, Uppsala, 1986.

Cf. Adoratrices, Ahmès-Néfertary, Harem, Hatchepsout, Néfertiti, Nitokris, Princes, Taousert, Tiyi.

REKHMIRÊ

Vizir depuis la seconde partie du règne de Thoutmosis III jusqu'au début du règne d'Aménophis II ; descendant d'une famille de vizirs (son grand-père Âmtchou et son oncle Ouser(amon) avaient, eux aussi, exercé cette fonction) ; mais aussi dernier membre de cette famille à l'avoir détenue. Entre autres tâches lui incomba la supervision de l'édification du temple de Thoutmosis III à Deir el-Bahri. Mais Rekhmirê doit surtout sa célébrité à sa tombe de la nécropole thébaine ; y furent copiés deux textes fondamentaux du vizirat : *L'Installation du vizir* et *Les Devoirs du vizir*. En outre, de nombreuses scènes décrivent Rekhmirê dans l'exercice de sa fonction, surveillant la bonne marche des ateliers du temple d'Amon, ou encore recevant les tributs de nombreux pays étrangers, et, en particulier, ceux du monde égéen.

James T.G.H., *Pharaoh's People. Scenes from Imperial Egypt*, Oxford, Melbourne, 1985, p. 56-71.

Cf. Aménophis II, Thoutmosis III.

ROMAINS

En ~30, Octave conquiert l'Égypte. Le dernier rejeton lagide, Ptolémée Césarion, le fils que Cléopâtre avait eu de Jules César, est liquidé. Le royaume devint une province de la République romaine, province de statut impérial, ne relevant que du *princeps* qui délègue un préfet et des procurations équestres à Alexandrie. L'armée romaine d'Égypte ne jouera que très rarement un rôle dans la désignation des empereurs. Notables hellénisés et masses campagnardes, sur cette terre surexploitée, n'ont aucun poids politique. Les Romains sécularisent les biens des temples et fonctionnarisent leurs desservants. Le clergé n'en sauve pas moins le concept pharaonique (dont on trouvera quelques traces dans la philosophie hermétiste).

Le principat romain n'est pas une « royauté », mais, pour les hiérogrammates, peu enclins à réviser leurs sagesses, l'absence de l'immuable seigneur des Deux Terres est existentiellement inconcevable. Sur les murs des temples et pour les notaires démotiques, César Auguste et les Césars qui lui succéderont deviennent « Pharaon ». Deux cartouches entoureront leurs noms et titres, et comme les anciens rois, un Tibère, un Marc Aurèle, un Caracalla seront figurés en pagne, coiffés du *némès*, du pschent ou d'une autre couronne à pointe, l'uraeus, officiant devant les dieux. Est composé pour Auguste et repris pour ses successeurs un long protocole synthétique rappelant, certes, la domination qu'il exerce sur l'univers à partir de Rome, mais affirmant ses liens avec les divinités primordiales et les animaux sacrés dont le Romain se moquait bien. Innovation toutefois : César ne reçoit plus de prénom solaire, ni la titulature canonique de cinq noms.

Le culte impérial s'organise à la romaine, mais il arrive encore, sous Caracalla par exemple, que le maître du monde soit colossalement statufié à l'égyptienne. Même les empereurs qui eurent de la sympathie pour la religion d'Isis que Romaines et Romains pratiquaient ne paraissaient pas avoir jamais revêtu le costume de Pharaon. Peu de Césars abordèrent à Alexandrie ; moins encore firent le voyage touristique de Haute-Égypte (Hadrien, les Sévères). Les prêtres, dont les activités sont réglementées sous la surveillance de l'*idiologue*, continuent à inclure dans leurs psalmodies le nom d'un roi-dieu bien lointain. Les constructions et décorations de temples continuent, en un style qui prolonge la manière ptolémaïque, la période antonine marquant même une singulière renaissance des arts et écritures sacrés. La formidable hyposyle d'Esna fut commencée sous Claude et principalement décorée sous Domitien, Trajan et Hadrien et les monuments de Haute-Égypte où se lisent les cartouches des divers empereurs (d'Auguste à Marc Aurèle) sont assez nombreux. Un hiérogramme vint à Rome rédiger le texte gravé sur un obélisque destiné par Hadrien à la tombe de son favori Antinoüs. Avec les crises du IIIe siède, constructions et inscriptions (égyptiennes aussi bien que grecques) se font rares ; ce qui reste comme sculpteurs d'hiéroglyphes est de moins en moins qualifié (on écrit encore à Esna le nom de Décius et tout travail cesse). La dernière stèle officielle hiéroglyphique qui soit connue est l'épitaphe d'un taureau Bouchis, l'animal sacré d'Hermonthis, mort en 340 de notre ère. À cette date, sous Constance II, fils de Constantin le Grand, le christianisme prime dans l'Empire. Les prêtres ont daté la stèle de l'ère posthume de Dioclétien, recourant au cartouche du dernier grand empereur qui ait bien défendu le polythéisme et à qui l'Égypte avait encore pu faire tenir le rôle cosmique de Pharaon.

Derchain P., *Le Dernier Obélisque*, Bruxelles, 1987.
Bell H.I., *Cuils and Creeds in Greco-Roman Egypt*, Liverpool, 1953.

SAHOURÊ
~2444 ~2433, Ve DYNASTIE

Deuxième pharaon de la Ve dynastie (~2444 ~2433). Édifia un temple solaire dont l'emplacement exact demeure encore inconnu, et un complexe funéraire, avec une pyramide (hauteur : 49 m) à Abousir. Les bas-reliefs du temple haut et du temple de la vallée illustrent, entre autres, les différents types de relation avec les peuples étrangers : guerre contre les Libyens, mais envoi d'escadre pacifique en Asie (probablement Byblos), avec notations pittoresques des faits de civilisation exotiques (représentations d'ours). Les chroniques officielles attribuent à Sahourê non seulement des expéditions au Sinaï ou aux carrières de diorite nubienne, mais aussi à Pount (probablement sur la côte soudanaise).

Cf. Ve dynastie, Khentkaous.

SAÏS

Ville du Delta oriental, située sur l'actuelle branche de Rosette. Le site porte encore son nom ancien : Sa (el-Hagar), mais est déplorablement détruit. Sa déesse, Neith, dont la couronne rouge de Basse-Égypte et l'arc étaient les emblèmes et qui s'identifiait à la vache Methyer, image de l'océan primordial, a tenu une large place dans les représentations religieuses depuis l'Époque thinite. La promotion proprement politique de la ville fut tardive. Devenue la capitale du vaste royaume construit au VIIIe siècle par les grands chefs des Libou, elle donna les XXIVe et XXVIe dynasties qui luttèrent de ~730 à ~650 pour réunifier l'Égypte démembrée. Sous la renaissance saïte (~664 ~525), puis sous les Perses (~525 ~404), Neith, mère de Rê, supplante Amon comme premier patron de la monarchie. Magnifiquement embellie par les Psammétique et par Amasis, Saïs devient un prestigieux foyer des sciences sacrées (Platon et d'autres Grecs en témoignent). Sa position stratégique, au contact de la Libye, de deux branches aboutissant à la Méditerranée et des proches marais, refuges et habitat de populations belliqueuses (les Bouviers ou *Boukoloï*), permet à ses princes de résister efficacement aux Perses. Amyrtée de Saïs fonda une XXVIIIe dynastie.

Cf. Amasis, Bocchoris, Oudjahorresné, Perses, Psammétique (les), Saïtes (dynasties), Tefnakht.

SAÏTES (DYNASTIES)

Au temps de l'« anarchie libyenne » (VIIIe siècle), les chefs des Libou et des Mechouech unifièrent autour de Saïs les nomes du Delta occidental, tandis que le reste du pays demeurait divisé. Ce territoire, vaste et compact, adossé à la Libye et à la Méditerranée, était à même de recruter des renforts étrangers (Libyens puis Grecs) et formait réduit devant les assauts de conquérants venus de loin, Éthiopiens ou Assyriens. Avec Tefnakht et Bocchoris (XXIVe dynastie), puis avec les premiers et obscurs représentants de la XXVIe dynastie, ce royaume, entre ~730 et ~665, entrave les entreprises des Éthiopiens et leur dispute Memphis. Du sage Bocchoris, de Néchepso dont on fera un expert en astrologie et de Néchao I, tué au combat, la postérité gardera mémoire. Psammétique I, fils de ce Néchao, jouant partie serrée entre Kouchites, Assyriens et principicules, réunifiera l'Égypte (~656). De dynastie régionale qu'elle était, la XXVIe dynastie devient l'unique dynastie nationale. Fidèles à leur foyer, ses membres implantent leurs tombes à Saïs et Neith, leur patronne, devient une figure dominante du panthéon royal. La capitale réelle se fixe à Memphis, mais on parle d'une « époque saïte » pour catactériser le régime et la culture du temps où régnèrent les Psammétique, Néchao, Apriès et Amasis (~664 ~625). Période de paix, de prospérité économique, de belles performances artistiques où l'innovation se glisse dans un moule archaïsant, la « renaissance saïte » voit l'Égypte prendre sa place dans un nouveau concert international : embauche d'hoplites grecs et cariens, d'auxiliaires juifs, d'armateurs phéniciens ; vocation maritime et échanges avec les cités grecques ; confrontation avec les Kouchites et avec les Babyloniens, long combat où, si Pharaon ne peut durablement s'élargir en Asie ni sauver Juda, il n'en garde pas moins la terre d'Égypte inviolée et prestigieuse. Les Perses abattront cette maison de Saïs par le seul effet d'une force militaire incommensurablement supérieure, mais les premiers pharaons iraniens, proclamés fils de Neith, maintiendront les formes sacrales et la richesse héritées des Saïtes... Au ve siècle, un homme de Saïs, Amyrtée, mènera la révolte contre les Perses et un second Amyrtée formera la XXIXe dynastie (~404 ~398).

Cf. Amosis, Apriès, Bocchoris, Néchao, Psammétique (les), Saïs, Tefnakht.

SCORPION (LES ROIS)
ÉPOQUE PROTODYNASTIQUE

Scorpion I

Probablement le plus ancien roi de la dynastie zéro (vers 3150 avant J.-C. Dans sa tombe, découverte en 1988 dans la nécropole archaïque d'Abydos, se trouvait un riche mobilier, dont beaucoup d'objets inscrits (dipinti sur jarres, étiquettes d'ivoire).

Scorpion II

Roi de la période protodynastique dont le nom, de lecture incertaine, s'écrit avec le signe du scorpion. Il est connu avant tout par des fragments de tête de massue historiée en calcaire, trouvés à Hiérakonpolis. Le roi y est représenté coiffé de la couronne qui, dans l'Égypte pharaonique, est celle de Haute-Égypte ; la houe à la main, il inaugure solennellement des travaux d'irrigation. Le décor montre déjà une organisation et des thèmes usuels durant l'époque historique, en particulier des emblèmes de nomes auxquels sont pendus des vanneaux, oiseaux qui désignent le commun de la population égyptienne ; ainsi non seulement le symbole, mais son utilisation sémiotique, appartiennent à l'arsenal culturel proprement pharaonique. Aussi considère-t-on unanimement Scorpion comme l'un des prédécesseurs immédiats de Nârmer, et qui a régné peu de temps avant le début de la période historique.

Cf. Origines ; Dynastie zéro ; Nârmer.

SÉBEKHOTEP (LES)
XIIIe DYNASTIE

Le nom « Sébekhotep », qui signifie « le dieu Sébek est satisfait », a été porté par huit pharaons s'étageant du début à la dernière partie de la XIIIe dynastie.

Sébekhotep I, Sébekhotep V, Sébekhotep VI et Sébekhotep VII ne sont connus que par quelques rares monuments peu informatifs. Sébekhotep VIII, qui régna à une époque où la pression hyksôs se faisait probablement déjà sentir, a érigé à Karnak une stèle relatant les mesures prises par lui pour préserver le temple d'une crue exceptionnelle. Trois autres Sébekhotep se détachent tant soit peu de l'obscurité où baignent les précédents :

— Sébekhotep II (deuxième nom : Sékhemrê-Khoutaouy), quinzième roi de la XIIIe dynastie, outre une activité monumentale assez pleine dans le sud de la Haute-Égypte (Médamoud, Nubie, où il effectua une campagne militaire), ce pharaon mérite attention dans la mesure où c'est de son règne que date une comptabilité de la cour de Thèbes (papyrus Boulaq 18).

— Sébekhotep III (deuxième nom : Sékhemrê-souadjtaouy) ; vingtième roi de la XIIIe dynastie ; régna trois ans et quelques mois. Il mérite le même commentaire que le précédent pour son activité en Haute-Égypte, et pour avoir été lui aussi tiré de la grisaille par un hasard documentaire — de son règne date, en effet, le verso d'un registre d'écrou d'un intérêt exceptionnel pour notre connaissance de l'organisation de la main-d'œuvre à l'époque.

— Sébekhotep IV (deuxième nom : Khânéferrê) ; régna au moins huit ans (~1730 ~1723), en succédant à ses frères Néferhotep I et Sahouthor, avec lesquels il constitue une des plus puissantes, ou des moins insignifiantes, lignées de la dynastie. Il œuvra dans un grand nombre de temples de Haute-Égypte en se procurant des matériaux grâce à des expéditions menées aux mines et carrières, alors que beaucoup de ses prédécesseurs et de ses successeurs se contentaient d'usurper des monuments anciens. Il marqua son attachement à Thèbes, sa ville d'origine, en accroissant l'offrande divine d'Amon par des prestations assignées à des offices administratifs. Il mata une tentative hostile menée en Nubie. En revanche, s'il tenait encore Licht et Memphis, un royaume indépendant s'était déjà, semble-t-il, constitué dans le Delta autour de Xoïs.

Cf. Ankhou, Néferhotep, XIIIe dynastie.

SÉBENNYTIQUE (DYNASTIE)

Une XXXe dynastie prit le relais de la XXIXe dynastie mendésienne, lorsque le général Nectanébo, homme de Sébennytos, eut détrôné Néphéritès II par la force. En trente-sept ans (~378 ~341) trois souverains — Nectanébo I, Tachos et Nectanébo II — écrivent l'épopée angoissante de la « dernière dynastie indigène », parvenant, en dépit de crises de palais, à couvrir le pays de splendides monuments de pierre et à assurer une prospère indépendance à l'Égypte restée seule face à l'énorme Empire perse. Techniquement, la défense nationale est assurée par des mercenaires amenés par de grands condottieres grecs (dont l'affreux Agésilas de Sparte et Chabrias d'Athènes). En matière militaire, le sort de la nation égyptienne lui échappe. Dans l'imaginaire, les prêtres qui la représentent veillent rituellement à sa sauvegarde. Assumant brillamment le rôle sécuritaire qui est celui du roi divin, les deux Nectanébo pourvoient scrupuleusement à l'entretien des dieux et à la sépulture des animaux sacrés et entreprennent dans les temples de vastes programmes de développement architectural (enceintes, propylônes, dromos, naos, monolithes, etc.), ce qui assure un rajeunissement de l'art saïte. Les Grecs, sous Alexandre, huit ans après la disparition du dernier roi égyptien de souche, prendront possession de l'Égypte où la culture nationale brillera longtemps encore.

Cf. Nectanébo, Sébennytos, Tachos.

SÉBENNYTOS

Le nom, qui survit sous la forme *Samanoud*, est la transcription grecque de l'égyptien *Tchebenouti*. La ville est située sur la branche centrale du Delta, un peu au sud de Mansoura. Son passé aux hautes époques est pratiquement inconnu. Sébennytos, en l'état actuel des sources, entre dans l'histoire à l'époque libyenne. Son panthéon, le dieu-guerrier Onouris et sa compagne Tefnout la lionne (autrement appelée Mehyt), en fait une succursale religieuse de This. Siège de principauté vers ~730, elle comptera parmi les cités ambitieuses du Delta septentrional et sera le foyer de la dernière dynastie indigène, la XXXe, dont deux représentants se disent « élus d'Onouris ». Les rares vestiges retrouvés sur le site sont des souvenirs de cette dynastie et des premiers rois gréco-macédoniens.

Connue par les textes dès le Nouvel Empire, centre d'un culte d'Isis, *Hebyt* (aujourd'hui Behbeit el-Hagar) faisait partie du nome sébennytique. Déjà honorée par les Saïtes, elle fut dotée par Nectanébo II, « aimé d'Isis », et par Ptolémée II, d'un formidable et magnifique temple de granit.

Cf. Sébennytique (dynastie), Nectanébo (les), Tachos.

XVIe DYNASTIE

Sous ce terme on désigne les chefferies asiatiques vassales des Hyksôs, et qui se partageaient la Basse-Égypte (en dehors du Delta oriental), et aussi des petits royaumes de Moyenne-Égypte tenus par des Égyptiens collaborateurs de l'occupant, parallèlement aux XVe et XVIIe dynasties.

Cf. Deuxième Période Intermédiaire, XVIIe dynastie, Hyksôs (XVe dynastie).

SÉMENEKHKARÊ
~1337 ~1335, XVIIIe DYNASTIE

Ce nom personnel, très peu attesté, est une fois associé à un prénom « Ankh kheperou-rê, aimé de Néfer-kheperou-rê (= Akhenaton) », lequel figure ailleurs, quelquefois, précédant un nom personnel « Néfer-néferou-aton, aimé de l'Unique de Rê (= Akhenaton derechef) » ! Cette fantomatique figure n'est connue que par de rares mentions lapidaires, par un certain nombre de petits objets et par plusieurs pièces de son mobilier funéraire qui, telles quelles ou usurpées, prirent place parmi les biens posthumes de Toutânkhamon. On sait qu'elle s'apparia à Mérytaton, fille aînée d'Akhenaton, et régna plus de deux ans. Pour le reste, ce qui concerne ce souverain est débattu. Quelques monuments, chez Toutânkhamon, pourraient conserver ses portraits, mais les reliefs amarniens où l'on avait cru le voir, en associé d'Akhenaton, peuvent tout aussi bien représenter une reine. Aucun argument ne permet de dire sûrement s'il fut corégent ou seulement successeur du roi hérétique. On a même avancé que Sémenekhkarê était une femme, bien mieux : qu'il était Néfertiti devenue pharaon, thèse que beaucoup d'amarnologues tiennent pour aventurée. Il va sans dire que sa généalogie est discutée. Son successeur, Toutânkhamon, aurait été son frère (d'après un diagnostic craniologique). Car on posséderait la momie de Sémenekhkarê, un corps masculin retrouvé au fond de la tombe 55 de la Vallée des Rois, couché dans un cercueil doré qui aurait appartenu à une reine et que des profanateurs ont rendu anonyme (noms et visages arrachés), entouré d'un mobilier disparate et incomplet dont des éléments ont appartenu à la reine-mère Tiyi, à la reine (Kiya) et à Akhenaton (rien aux noms de Sémenekhkarê !). Encore que plusieurs autorités égyptologiques et médicales aient conclu que ce mort serait plutôt Akhenaton.

Un souvenir certain du règne lui donne heureusement quelque signification : notre pharaon possédait à Thèbes un temple funéraire « dans le domaine d'Amon », renouant avec une pratique préatoniste fondamentale. Un prêtre obscur l'atteste dans un graffiti pieux où il exprime son désir intime de voir, des yeux et du cœur, la consolante présence d'Amon revenu. La restauration qui sera effective sous Toutânkhamon était amorcée sous son peu saisissable prédécesseur.

Cf. Aménophis IV/Akhenaton, Toutânkhamon.

SENENMOUT

Issu d'une famille moyenne d'Hermonthis, Senenmout dut son éminente position à sa dévotion sans faille envers Hatchepsout, dont il fut le favori, et peut-être l'amant. Il cumula les charges de gestionnaire du domaine d'Amon (« intendant », « directeur des deux greniers », « directeur des champs »), et des domaines personnels de la famille royale ; en outre, en tant que « directeur des travaux » du roi et d'Amon, il supervisa les grandes entreprises du règne, telle la taille, l'acheminement et l'érection d'une paire d'obélisques dans le temple de Karnak, ou l'édification du temple funéraire d'Hatchepsout à Deir el-Bahri. Par ailleurs, d'autres distinctions l'associent étroitement à l'intimité de la famille royale : ainsi était-il le précepteur de Néfrourê, la fille de Thoutmosis II et d'Hatchepsout, et responsable des parures et insignes de la reine-pharaon à l'occasion de son jubilé. Loin d'être un grossier parvenu, Senenmout se piquait d'érudition ; il sut inventer des cryptogrammes sophistiqués en exploitant les ressources spécifiques de l'écriture hiéroglyphique. Sa réussite sociale se mesure au nombre et à la qualité de ses monuments : il déposa plus d'une vingtaine de statues dans les temples de Thèbes et de Haute-Égypte, aménagea un cénotaphe au Gébel el-Silsila, se fit creuser deux tombes, dont l'une, cachée dans un angle de la cour du temple funéraire d'Hatchepsout, contenait un sarcophage d'un type propre aux pharaons. Qui plus est, il fut même représenté dans ce temple, privilège rare pour un simple particulier, même si ces représentations étaient dissimulées grâce à une disposition astucieuse.

Comme il arrive souvent à ce genre de favori, la Roche tarpéienne est proche du Capitole : Senenmout tomba en disgrâce avant même la mort d'Hatchepsout, semble-t-il, et subit une *damnatio memoriae* acharnée : martelage de son nom et de ses images, bris de ses monuments.

James T.G.H., *Pharaoh's People. Scenes from Life in Imperial Egypt*, Oxford, Melbourne, 1985, p. 31-37.

Cf. Hatchepsout.

VIIe DYNASTIE

Selon Manéthon, la VIIe dynastie comprendrait 70 pharaons ayant régné chacun soixante-dix jours. Cette formulation, évidemment légendaire, trahit le désarroi de l'annalistique égyptienne devant une période où de multiples prétendants se disputaient le trône sans qu'aucun ne parvînt à s'imposer, probablement après la mort de Nitokris (~2140).

SÉQENENRÊ TAÂ
~1550, XVIIe DYNASTIE

Avant-dernier pharaon de la XVIIe dynastie. Un conte, connu par une copie ramesside, *La Querelle d'Apophis et de Séqenenrê*, narre comment le pharaon hyksôs Apophis provoqua Séqenenrê en lui demandant de « s'écarter de la mare des hippopotames » parce que le bruit l'incommodait ; sous cette formulation allégorique se dissimulait une exigence humiliante, sans doute que les Thébains cessent de pratiquer le rite de tuer l'hippopotame, animal de Seth, divinité adoptée par les Hyksôs. Comme le manuscrit du conte s'interrompt, on ne connaît pas la suite. On suppose que Séqenenrê fut entraîné dans une guerre où il succomba : les nombreuses blessures, visibles sur sa momie, paraissent avoir été occasionnées par des armes de type hyksôs.

Lefebvre G., *Romans et contes égyptiens de l'époque pharaonique*, Paris, Maisonneuve, 1949, p. 131-136.

Cf. Apophis, XVIIe dynastie, Hyksôs (XVe dynastie).

SÉSOSTRIS ou SENOUSERT
XIIe et XIIIe DYNASTIES

Ce nom, qui signifie « l'homme de la déesse Ousert », a été porté par des pharaons de la XIIe dynastie et de la XIIIe dynastie.

XIIe dynastie

SÉSOSTRIS I
~1971 ~1926

Il revenait d'une expédition contre les Libyens lorsqu'il apprit l'assassinat de son père Amménémès I, dont il était le corégent depuis dix ans. Il eut donc à surmonter une grave crise politique. Il y parvint et plus, encore, établit fermement la légitimité de la XIIe dynastie, encore contestée auparavant, en inspirant à des intellectuels inféodés des œuvres dont la qualité littéraire faisait aisément passer un contenu insidieusement, voire ouvertement, apologétique. *L'Enseignement d'Amménémès I*, testament politique en forme de prosopopée proférée par le roi assassiné ; le *Roman de Sinohé*, chef-d'œuvre de la littérature égyptienne, illustrant le thème de la démence d'Auguste, je veux dire de Sésostris I ! *L'Enseignement loyaliste*, plaidoyer pour la fidélité à la monarchie sous forme d'une sagesse traditionnelle.

Cette propagande, adressée évidemment à l'élite lettrée, fut renforcée par des mesures concrètes, entre autres la continuation de la pratique de la corégence avec le successeur élu, en l'occurrence le fils de Sésostris I, Amménémès II. La stabilité intérieure ainsi acquise, la sécurité extérieure assurée par quelques opérations en

Nubie, Sésostris I put mener à bien la tâche entreprise, mais non achevée par son père : restaurer un ordre conforme à l'ordre ancien, tenu pour celui du démiurge, tout en tenant compte des réalités contemporaines. D'où commémoration des pharaons prestigieux de l'Ancien Empire, Snéfrou, Sahourê, mais aussi de l'ancêtre des dynasties thébaines, le « prince » Antef. Car, tout en s'inspirant de l'esprit de l'Ancien Empire, Sésostris I marqua son attachement à la ville d'origine du Moyen Empire ; fut alors élaborée la thématique de « Thèbes la victorieuse ».

Concrètement, l'ordre démiurgique c'est d'abord le bon fonctionnement des temples, dont beaucoup avaient souffert des désordres et des guerres civiles. Un programme systématique de construction et/ou de restauration fut mis en œuvre, si bien que, de Bubastis à Éléphantine, il n'est guère de villes dont les sanctuaires n'aient été l'objet des soins du roi d'une manière ou d'une autre : édification d'un nouveau temple, ajouts, érection d'obélisques et de statues, accroissement de l'offrande, etc. Les matériaux nécessaires étaient fournis par une exploitation intensive des mines et des carrières ; une expédition envoyée au Ouâdi Hammâmât en l'an XXXVIII ramena rien de moins que 60 sphinx et 150 statues ! et elle comprenait 17 000 hommes. À ce bilan impressionnant une réserve toutefois : la nouvelle dynastie devait compter avec une tradition « féodale » toujours puissante, particulièrement en Moyenne-Égypte où les nomarques maintenaient leurs fonctions dans leurs familles, même si l'assentiment du pharaon demeurait requis à l'occasion de chaque transmission. D'une manière générale, l'organisation des appareils administratifs et des institutions se conformaient, *mutatis mutandis*, au modèle ancien.

Sésostris I établit son complexe pyramidal à Licht, où son culte funéraire fut longtemps perpétué. Les hauts faits de son règne, avec ceux d'autres pharaons, sont à la source de la légende grecque de Sésostris.

SÉSOSTRIS II

~1897 ~1878

Fils et successeur d'Amménémès dont il fut le corégent pendant trois ans. Son règne, dont la durée exacte n'est pas précisément établie, constitue une transition entre les deux parties de la XIIe dynastie. D'une part, il continue la politique antérieure : s'inspirer de l'ordre traditionnel sans renier l'enracinement thébain. D'autre part, on distingue déjà les germes des grandes innovations de la seconde moitié de la XIIe dynastie : début de la mise en place d'un système de fortifications dans la vallée du Nil en basse Nubie et, surtout, commencement de la bonification des marais du Fayoum. En effet, Sésostris II édifia son complexe pyramidal, avec la ville des travailleurs, à El-Lahoun (ou Illahoun), là où le Bahr el Youssef, branche détachée du Nil, pénètre dans la dépression de l'oasis pour se jeter dans le lac.

SÉSOSTRIS III

~1879 ~1843

Fils de Sésostris II. Deux faits saillants durant son règne, outre l'habituelle activité monumentale dans les temples, et la capture de Sichem, en Palestine :

— L'achèvement de l'intégration de la basse Nubie dans le territoire égyptien ; creusement d'un canal à Séhel pour faciliter le passage des rapides de la Première Cataracte ; quatre campagnes (an VIII, an X, an XVI, an XIX) pour venir à bout des populations hostiles ; mise en place définitive du dispositif formé par huit forterresses massives surveillant la vallée du Nil jusqu'à la Deuxième Cataracte ; nul Nubien n'était désormais autorisé à passer, sauf s'il était en mission ou s'il venait faire du commerce dans le comptoir à cet effet ménagé au pied de la forteresse de Mirgissa. Cette politique valut à Sésotris III d'être divinisé en Nubie ; et de compter parmi les pharaons qui inspirèrent la légende grecque de Sésostris.

— La mise en œuvre d'une réorganisation de l'administration ; sous Sésostris III s'éteignirent les dernières lignées de nomarques de l'ancienne mode ; corrélativement apparurent des titres qui reflétaient une nouvelle réorganisation des appareils administratifs et des institutions centrales ; leurs détenteurs constituèrent une couche dirigeante inférieure, mais qui partageait avec l'élite la capacité de dresser des monuments funéraires inscrits, fussent-ils de qualité moyenne, voire médiocre.

Sésostris III édifia à Dahchour son complexe pyramidal. Les archéologues y ont découvert d'importantes cachettes, celant bijoux et parures d'apparat.

XIIIe dynastie

Deux pharaons de la XIIIe dynastie ont porté le nom de Sésostris, et peuvent, en conséquence, être comptés comme Sésostris IV et Sésostris V. C'est à peu près tout ce qu'il est possible d'avancer à leur sujet, étant donné le très petit nombre et l'insignifiance de leurs monuments.

SETHNAKHT

~1190 ~1089, XXe DYNASTIE

Bon nombre des rares mentions qui nous sont parvenues du fondateur de la XXe dynastie consistent en surcharges usurpant les monuments des souverains réprouvés de la XIXe dynastie finissante ou sont des hommages à lui rendus par ses successeurs. On ignore d'où sortait l'homme, un militaire très probablement, quand il liquida la guerre civile et l'anarchie morale qui affaiblissaient l'Égypte, quarante ans après Ramsès II. Son petit-fils, Ramsès IV, le caractérisera comme celui que les dieux délaissés avaient désigné pour éliminer les factieux, réhabiliter la fonction royale et restaurer l'économie des temples. Une stèle d'Éléphantine conserve une belle proclamation de Sethnakht lui-même qui confirme ce tableau : assumant le rôle démiurgique du soleil, déployant l'énergie de Seth, son parrain, mandaté par les oracles divins, il a expulsé les mauvais dirigeants et leurs auxiliaires asiatiques. Certains hauts fonctionnaires (un vizir, le vice-roi de Kouch) demeurèrent en place.

Sa tombe fut installée dans l'hypogée agrandi de Taousert, le pharaon féminin qui l'avait précédé. Le règne de ce restaurateur ne dura pas plus de deux ans. Son fils, Ramsès III, successeur désigné, prit la suite.

Lalouette C., L'Empire des Ramsès, Paris, 1985, p. 295-298.

Cf. Ramsès III, Taousert.

SÉTHY I

~1291 ~1279, XIXe DYNASTIE

Son père, Ramsès I, fondateur de la XIXe dynastie, ne régna pas plus de deux ans. Successeur désigné, Séthy conduisait déjà les affaires et fut même peut-être investi corégent. Continuateur d'Horemheb, il allait confirmer le rétablissement international de l'Égypte et pratiquer en faveur des dieux une puissante politique monumentale. D'un règne qui ne fut pas tellement long subsistent plusieurs belles inscriptions et quantité de bâtiments intacts. Le « temple de millions d'années », flanqué d'un cénotaphe souterrain, en Abydos, l'autre temple funéraire de Thèbes (Gourna), l'immense hypogée creusé dans la Vallée des Rois offrent parmi les plus fines productions en matière de bas-reliefs. La gigantesque salle hypostyle de Karnak fut terminée sous Séthy I et décorée partiellement à son nom. L'obélisque Flaminius, sur la Piazza del

Popolo à Rome, est un souvenir des importants embellissements apportés à Héliopolis. De belles tuiles émaillées sont parvenues du palais qu'il se fit construire à Avaris. Au Ouâdi Miya, sur une des pistes du désert oriental, un spéos raconte les dispositions prises pour relancer l'exploitation des mines d'or.

L'Égypte, manifestement prospère et tranquille de Napata à la mer, reprend l'initiative hors de ses frontières. Une campagne vers l'ouest est la première de ces actions par lesquelles les Libyens, devenus menaçants, furent remis en place. Vers l'est, Séthy pacifia d'abord les Bédouins de l'isthme sinaïque dont les agitations perturbaient les confins arabiques et la circulation vers Gaza. La Palestine et la Transjordanie furent reconquises. Une stèle de Bethshan décrit la tactique employée par Séthy pour disloquer des bandes rebelles au nord du Carmel. La marche vers le nord provoqua un choc ouvert avec les Hittites, à Qadesh sur l'Oronte. Lorsque Séthy I meurt, laissant la place à Ramsès II auquel il a conféré de son vivant certains attributs formels de la royauté, l'Égypte a récupéré la partie sud de son ancien empire asiatique, les dieux sont bien servis, la haute administration est solide et fidèle (dossier du vizir Paser). La momie du roi, décédé dans la cinquantaine, a été retrouvée dans la Cachette royale de Deir el-Bahri.

Lalouette C., *L'Empire des Ramsès*, Paris, 1985, p. 88-104.
Kitchen K.A., *Ramsès II, pharaon triomphant*, Monaco, 1985, p. 40-66.

Cf. XIXe dynastie, Ramessides.

SINOHÉ

On s'accorde à tenir le *Roman de Sinohé* pour le chef-d'œuvre de la littérature pharaonique ; au demeurant, les Égyptiens eux-mêmes le comptaient parmi les classiques élus pour former les apprentis scribes ou délecter les fins lettrés.

Sous forme d'autobiographie, Sinohé narre ses tribulations exotiques. Sur le chemin de retour d'une expédition en Libye, à la suite de Sésostris I, il surprend l'annonce de la mort d'Amménémès I. Craignant d'être impliqué dans le complot qui a provoqué cette mort, il déserte. Ayant traversé le Delta, il aboutit en Palestine, mourant de soif ; un cheikh le sauve ; il poursuit son périple asiatique, passant par Byblos, jusqu'à ce que le prince du Retchenou supérieur le prenne en sympathie, et lui donne et sa fille et un fief. Dès lors, Sinohé prospère au service de ce prince, au point qu'il suscite l'envie ; un arrogant Asiatique le défie pour le dépouiller ; Sinohé en triomphe. Mais avec l'âge grandit la nostalgie de l'Égypte. Heureusement, Sésostris I l'autorise à y revenir et lui signifie son pardon au cours d'une audience solennelle le comblant d'avantages.

L'œuvre est fort riche, littérairement, mettant en jeu divers genres : hymne, décret royal, narration, folklore. Son arrière-fonds historique est précisément documenté — crise de succession, description réaliste des mœurs asiatiques, onomastique exotique, personnages historiques. Elle est fortement inspirée par la propagande loyaliste que la nouvelle dynastie faisait diffuser à travers d'excellents écrivains stipendiés (apologie d'Amménémès I et de Sésostris I, thème de « la clémence d'Auguste », plaidoyer pour une politique extérieure active).

Lefebvre G., *Romans et contes égyptiens de l'époque pharaonique*, Paris, Maisonneuve, 1949, p. 1-25.

Cf. XIIe dynastie, Sésostris I.

VIe DYNASTIE

Les raisons du changement dynastique de la Ve à la VIe dynastie demeurent inconnues, mais il ne semble guère s'être opéré dans une tourmente politique.

La liste des pharaons de la VIe dynastie s'établit comme suit :

— Téti (~2321 ~2289), fondateur de la dynastie.

— Ouserkarê (~2289 ~?), un usurpateur qui ne dut pas régner bien longtemps.

— Pépy I, fils de Téti, rétablit la succession légitime (~2289 ? ~2247).

— Mérenrê (~2247 ~2241) lui succéda très jeune, sa mère faisant peut-être fonction de régente au début de son règne.

— Pépy II, demi-frère de Mérenrê, eut un très long règne (~2241 ~2148) au cours duquel il perdit progressivement le contrôle du pays.

— Mérenrê/Nemtyemsaf, fils de Pépy II, accéda au trône dans une période de troubles et d'agitation, et ne dut guère s'y maintenir très longtemps (peut-être un an et un mois).

— Nitokris (Neithiqerty), une femme qui, comme Hatchepsout ou Taousert, devint pharaon. Elle régna six ou douze ans au milieu des complots et du désordre qui marquent la fin de la VIe dynastie et le début de la Première Période Intermédiaire.

Durant la VIe dynastie se développe un processus déjà en germe dans le cours de la Ve dynastie et tendant à amoindrir le contrôle du pharaon sur le pays :

— Certaines institutions, « villes de pyramide », temples régionaux, obtiennent un statut d'immunité les exemptant de l'assujettissement aux impôts et aux réquisitions de l'administration centrale.

— Les hauts responsables imposent de plus en plus le principe de la transmission héréditaire de la fonction au détriment du libre choix du pharaon ; d'où constitution de lignées détentrices d'une même fonction.

— Cette tendance s'affirme particulièrement à l'échelon régional ; les nomarques s'érigent en potentats locaux, s'arrogeant les titres de l'administration centrale (vizir, directeur du Sud), et deviennent parfois si puissants que le pharaon doit composer avec eux (ainsi Pépy I épousant deux filles d'une influente famille d'Abydos).

Il est clair que l'effondrement de l'Ancien Empire à la fin de la VIe dynastie procède essentiellement, même si ce n'est pas exclusivement, de l'exacerbation de ces tendances autonomistes.

Cela posé, le processus n'a abouti que très progressivement à son terme et n'affecte pas l'image globale de la VIe dynastie, qui a maintenu, dans l'ensemble, le haut niveau de civilisation de la période précédente. L'approvisionnement en denrées et produits exotiques (Sinaï, Byblos, Pount) n'a pas cessé ; au contraire, la pénétration en Nubie a été repoussée jusqu'aux principautés du Dongola par l'intermédiaire desquelles l'Égypte est entrée en contact avec l'Afrique profonde (voir le Pygmée de Horkhouf). De même, on ne saurait véritablement parler d'une décadence des techniques durant la VIe dynastie ; bas-reliefs, sculptures ne manquent pas de finesse, même si s'allège la massivité vigoureuse des IVe ou V^e dynasties. Les pharaons construisent encore des pyramides avec leur complexe (temple haut et temple de la vallée), sur un modèle relativement uniformisé qui est celui d'Ounas ; ces pyramides sont édifiées en blocs maçonnés avec du limon et couverts d'un revêtement calcaire ; leurs dimensions sont, bien sûr, inférieures à celles de la IVe dynastie (hauteur : environ un peu plus de 50 m) ; dans les temples funéraires se manifeste encore une grande habileté architecturale, même si l'emploi de matériaux « chers » (granit, quartzite) se fait plus parcimonieux.

Edwards I.E.S., *The Pyramids of Egypt*, revised edition, 1985, p. 176-190.

Cf. Heqa-ib, Horkhouf, Isi, Kagemni, Nekhebou, Nitokris, Ouni, Pépy I, Pépy II, Téti.

SMENDÈS
~1069 ~1043, XXIe DYNASTIE

Le nom se réfère au culte du dieu bélier de Mendès. L'homme était sans doute natif de cette antique cité du

Delta oriental. Le récit d'Ounamon, vers ~1080, le montre installé plus à l'est, à Tanis, d'où il administre la Basse-Égypte et commerce avec l'Asie. Il devient roi à la disparition de Ramsès XI, fondant la XXIe dynastie, tanite, et rétablissant la paix intérieure, si l'on en croit la titulature ronflante qu'il se donne. Son règne aurait duré environ un quart de siècle, mais ses monuments sont déplorablement rares. Deux de ses canopes ont éte clandestinement détournés de la nécropole royale de Tanis dont il fut très probablement le premier occupant.

« Le voyage d'Ounamon » (Lalouette C., Textes sacrés et profanes de l'ancienne Égypte, II. Unesco, 1987, p. 240-248).

Cf. Mendès, Tanis, Troisième Période Intermédiaire.

SNÉFROU
~2561 ~2538, IVe DYNASTIE

Premier pharaon de la IVe dynastie, régna au moins vingt-quatre ans (~2561 ~2538), peut-être davantage. Quatre pyramides, pas moins, sont associées à son nom :

— La pyramide de Meidoum (sud de la plaine memphite), conçue comme une pyramide à degrés, peut-être destinée originellement au prédécesseur de Snéfrou ; elle demeura inachevée.

— Deux pyramides à Dahchour ; celle du sud est appelée « rhomboïdale » parce que la pente marque un brusque changement d'angle à mi-hauteur ; celle du nord, pyramide régulière, et dont l'angle de pente est constamment celui de la partie supérieure de la pyramide « rhomboïdale » (environ 45°). Les deux pyramides formaient un important ensemble cultuel sur lequel se greffait un complexe socio-économique (ville de pyramide, conçue comme institution réglementée).

— Tout récemment, les fouilles ont montré qu'il fallait attribuer aussi à Snéfrou la petite pyramide de Seila, dans le Fayoum, non loin de Méidoum. Que Snéfrou ait pu entreprendre d'aussi vastes entreprises indique tout à la fois son contrôle étroit des appareils de production, et leur efficacité ; de fait, sous son règne, le recensement du bétail s'ajoute aux recensements déjà auparavant connus d'autres biens de consommation. Bien entendu, les ressources extérieures n'échappaient pas au pharaon : une expédition de 40 vaisseaux fut envoyée au Liban pour chercher du bois de charpente (sapin, cèdre) ; le Sinaï fut si efficacement exploité sous le règne de Snéfrou que le pharaon devint une divinité locale, quoiqu'il ne fût pas le premier à y dépêcher ses troupes de militaires et d'ouvriers ; enfin, des opérations menées en Nubie et à la frontière libyenne assurèrent la sécurité des marches et un important butin de bétail.

Les célèbres statues de Rêhotep et de Néfert témoignent hautement de la maîtrise technique atteinte par les artistes sous son règne. Lequel laissa à la postérité un si bon souvenir qu'elle en fit le plus populaire des pharaons égyptiens : non seulement son culte se maintint longtemps localement à Dahchour ou au Sinaï, mais encore la littérature, contes ou œuvres de propagande, l'a dépeint comme le modèle du souverain débonnaire et sympathique, dont le patronage ne laissait pas d'être gratifiant pour les dynastes qui s'en réclamaient.

Cf. Kagemni.

SONGES

Le sommeil est une phase à la fois délicate et privilégiée, où l'homme peut entrer en contact avec les morts et les dieux par les songes, qu'ils soient spontanés, ou sollicités par la pratique de l'incubation (nuit passée dans une chapelle funéraire d'un défunt ou dans le sanctuaire d'une divinité). Ce qui vaut pour de simples particuliers vaut évidemment pour les pharaons auxquels les dieux se manifestent en songe, comme ils se manifestent, par ailleurs, à travers des prodiges ou des oracles, ou encore par inspiration directe. Le message transmis dans le rêve est politique ou historique : la divinité demande au roi de restaurer son sanctuaire tombé en ruine — ainsi se justifient les travaux de Sésostris I dans le temple d'Éléphantine —, ou alors elle promet la victoire à la veille d'une bataille — ainsi pour Aménophis II et Merenptah —, ou encore elle fait savoir au futur pharaon qu'elle l'a choisi pour tel — ainsi Tanoutamon auquel son rêve, une fois déchiffré, révéla qu'il détiendrait le pouvoir sur Kouch et sur l'Égypte, ou encore Thoutmosis IV auquel, assoupi, Harmachis promit le trône, pourvu qu'il se chargeât de désensabler le sphinx de Giza, une de ses hypostases.

Sauneron S., *Les Songes et leur interprétation dans l'Égypte ancienne* (Sources orientales. 2) Paris, 1959.

Cf. Famine, Thoutmosis IV.

SOURCES DE L'HISTOIRE

Quelles sources pour quelle histoire ? Telles sont les interrogations qui tenaillent le savant moderne. Face à l'Égypte pharaonique, le voici tout à la fois écrasé par la masse et la difficulté de la documentation et frustré par la pauvreté de son contenu informatif. *Grosso modo*, les sources se répartissent en quatre catégories inégales quantitativement et qualitativement.

1. L'historiographie égyptienne

Il existe bel et bien une historiographie égyptienne, quoiqu'elle mette en jeu une conception de l'histoire bien différente de la conception moderne, on s'en doute. Elle répondait à deux nécessités. Une nécessité pratique : les activités juridiques et administratives — en particulier la fiscalité — exigeaient évidemment une chronologie ; comme le comput des années était remis à zéro à chaque règne, il fallait établir des listes de pharaons pour disposer d'un repérage précis.

Une nécessité idéologique : l'histoire étant conçue comme le prolongement et la répétition de la création, il fallait enregistrer les événements, ou ce qui était considéré comme événements, afin de les ramener à des stéréotypes fondamentaux et de les fixer comme tels dans une forme sacralisée. Aussi, on tenait des chroniques des activités du pharaon ; quand il était engagé dans une entreprise importante, comme une guerre, des scribes étaient chargés de véritables journaux de campagne. Parfois, ces documents servaient de sources à des compositions triomphalistes, comme les *Annales de Thoutmosis IV*, ou encore la *Bataille de Qadesh*, menée par Ramsès II, et dont un double récit, littéraire et pictographique, fut gravé dans plusieurs temples, parallèlement à une diffusion sous forme de « poème ». Ces chroniques de règne nourrissaient une véritable annalistique : ainsi, la *Pierre de Palerme* comporte l'énumération de faits marquants de chacun des règnes des cinq premières dynasties, célébration de fêtes, construction de temples, érection de statues, expéditions militaires. *Le Canon royal de Turin* dressait la liste de tous les pharaons, avec leur durée de règne ; cette liste était tant soit peu raisonnée, puisque des groupes étaient distingués et caractérisés, par exemple par la capitale qu'ils avaient élue ou par leur origine. Cet effort de périodisation révèle l'amorce d'une réflexion historique, et, par là, le *Canon royal de Turin* tranche sur d'autres listes, compilées dans les temples, et qui ne visent qu'à commémorer les pharaons ayant localement œuvré, et dont les constructions avaient dû être déposées lors des travaux d'agrandissement. Enfin, un Égyptien, Manéthon, écrivit en grec une histoire égyptienne sous les deux premiers Ptolémées, en utilisant la documentation historiographique de la période pharaonique. Elle ne nous est, hélas, parvenue qu'à travers les extraits cités par des abréviateurs ou des écrivains qui l'utilisaient à des fins particulières.

Ainsi, des produits de l'historiographie égyptienne, nous ne possédons que des vestiges, eux-mêmes très lacunaires. C'est d'autant plus regrettable que la critique récente leur reconnaît une certaine valeur, *mutatis mutandis* ; ce ne sont point les tissus de fariboles et de légendes qu'avait dénoncés une égyptologie encore adolescente, et quelque peu infatuée de ses premiers déchiffrements.

2. Sources anciennes non égyptiennes

Pour avoir été pendant presque trois millénaires l'une des grandes puissances du Proche-Orient méditerranéen, l'Égypte pharaonique n'a pas manqué d'entrer, d'une manière ou d'une autre, dans les préoccupations des autres civilisations, et, en conséquence, d'apparaître dans la documentation qu'elles nous ont léguée. Les archives hittites, puis, plus tard, les chroniques des rois d'Assyrie font assez large place aux relations et démêlés avec l'Égypte. Plus encore, la Bible s'est plus d'une fois tournée vers un pays si étroitement lié à l'histoire la plus ancienne du peuple hébreu, et dont la culture lui fournit une importante source d'inspiration.

Mais ce sont les auteurs grecs et latins qui fournissent l'essentiel des sources antiques. Car l'hellénisme fut proprement fasciné par l'Égypte pharaonique. Dès la période minoenne, des contacts avaient été noués. Ils s'intensifièrent avec la XXVIe dynastie et la concession du port de Naucratis, et davantage encore, cela va sans dire, avec la monarchie ptolémaïque, puis l'annexion à l'Empire romain. Les récits de visiteurs curieux, les souvenirs des commerçants, des militaires ou des administrateurs venus pour raisons professionnelles, ou encore les ouï-dire transmis de ports en ports nourrirent une dense tradition classique relative à l'Égypte où s'entremêlent en strates complexes de pures légendes, des agrégats de notations chronologiquement hétérogènes, de distorsions et réinterprétations de faits réels, mais aussi d'authentiques données. Parmi ces œuvres classiques se détachent particulièrement celle de Plutarque (~46 ~120 après Jésus-Christ), surtout orientées vers la religion, la *Bibliothèque* de Diodore de Sicile (Ier siècle de notre ère), dont une importante partie est consacrée à l'Égypte pharaonique et compte des écrits antérieurs (avec quelques notations personnelles), le livre XVII de la *Géographie* de Strabon (Ier siècle de notre ère), un esprit curieux qui a su enrichir ses notes de voyage dans l'Égypte romaine d'indications tirées de géographes ou d'ethnographes anciens, et enfin les *Histoires* d'Hérodote (Ve siècle avant Jésus-Christ). S'attachant à décrire l'Empire perse que les Grecs venaient de défaire, Hérodote s'attarde longuement sur une de ses provinces, l'Égypte, qu'il tient pour la plus étonnante (deuxième livre et une partie du troisième livre) ; il a écrit un véritable traité d'histoire culturelle nourri de diverses sources, auteurs antérieurs, mais aussi récits de dragomans qui l'avaient guidé lors de son voyage (dont la réalité est contestée par certains), observations personnelles ; tout n'est pas balivernes et billevesées, et d'autant moins qu'il rapporte des événements assez proches de son siècle ; un excellent égyptologue a même consacré une savante thèse à la valeur des informations qu'il avait fournies sur la XXVIe dynastie !

Dans l'ensemble, les sources classiques apportent des matériaux bien inégaux à l'histoire de l'Égypte pharaonique ; leur systématique déformation par l'*interpretatio graeca* (voire *romana*) requiert un tel travail critique que bien souvent c'est davantage l'égyptologie qui éclaire un récit ancien sur l'Égypte des pharaons que l'inverse !

3. L'archéologie

Sous l'impulsion des recherches préhistoriques, l'archéologie a montré combien elle pouvait apporter à l'histoire grâce aux techniques et aux méthodes qu'elle s'est forgées. Du même coup, les temps héroïques de l'archéologie pharaonique apparaissent, rétrospectivement, comme ceux de l'obscurantisme : c'est qu'alors les fouilleurs, obsédés par la quête des inscriptions ou des beaux objets, se souciaient fort peu de stratigraphie et éradiquaient allègrement tout ce qui n'avait pas l'heur d'être construit en pierre. Comme ils travaillaient sur des sites majeurs, la quantité d'informations ainsi perdues est considérable. Depuis, avec quelque retard sur une discipline voisine comme l'assyriologie, l'égyptologie s'est ouverte à l'archéologie, en dénonçant à juste titre, même si c'est parfois avec quelque complaisance, les méthodes et les mœurs du passé. Des typologies de la céramique s'élaborent, la stratigraphie n'a plus de secret, et on déploie l'arsenal des techniques modernes : photographies aériennes, magnétomètres à proton, thermoluminescence, etc. Les résultats suivent, certains spectaculaires : ainsi les fouilles modèles de M. Bietak sur le site d'Avaris ont permis de déterminer les différentes phases de l'implantation asiatique, bouleversant la vision traditionnelle de l'invasion hyksôs ; elles illuminent, par ailleurs, la géographie historique du Delta oriental et explique le choix du site de Pi-Ramsès, puis son abandon au profit de Tanis. On attend légitimement des fouilles modernes un nouvel apport d'informations à l'histoire égyptienne. Toutefois, qu'on n'en attende pas trop. Car s'il est aisé de dauber sur les premiers fouilleurs, les conditions particulières de l'archéologie égyptienne doivent être prises en compte : la grande majorité des sites ont été bouleversés depuis des millénaires par les pillards, les chercheurs de trésor, l'extraction de terre à brique ou *sebakh*, quand ils n'ont pas disparu sous les villes modernes. Aussi, même bien menées, les fouilles ne peuvent toujours donner les résultats théoriquement escomptés ; en particulier l'archéologie urbaine, une des plus informatives pour l'historien, se trouve handicapée, sans doute irrémédiablement, car rares demeurent les habitats civils porteurs d'espoir, comme la ville de l'Ancien Empire de Balat, dans l'oasis de Dakhla.

Cela posé, la réévaluation de l'archéologie a entraîné un renouveau d'intérêt pour le matériel non inscrit, les ustensiles et les objets de la vie quotidienne, voire l'architecture légère. Les inventaires, les descriptions, les classifications et les typologies exigent un travail de fourmi peu spectaculaire, mais susceptible, en fin de compte, d'apporter quelque peu à la chronologie ou à l'ethnologie historique.

Toutefois s'impose une évidence incontournable : aussi précieuse que s'affirme l'archéologie, elle ne sera jamais davantage, pour l'histoire de l'Égypte pharaonique, que le complément indispensable des sources écrites.

4. Les sources écrites

Ces sources écrites déconcertent, à première vue, par la variété de leur matérialité et de leur teneur. Toutefois, il s'avère pertinent de les répartir en deux groupes majeurs et qui correspondent aux statuts que leur assignaient les anciens Égyptiens : d'une part, les écrits d'usage purement profanes, le plus souvent en cursive et sur des matériaux périssables (papyrus, tablettes de bois, ostraca, c'est-à-dire éclats de pierre ou fragments de poteries comportant une surface suffisamment lisse pour servir de support d'écriture) ; d'autre part, les inscriptions sacralisées, le plus souvent en hiéroglyphes, sur des matériaux plus durables (pierre, métal, bois), précisément parce qu'elles étaient faites pour durer, et fixer ainsi la vision du monde qu'engageaient les monuments qui leur servaient de supports. Un même document, par exemple un décret royal, était susceptible d'être publié en deux versions : une version profane, destinée aux archives, conservant le texte intégral avec la diplomatique qui l'authentifiait, et une version sacralisée, érigée dans un lieu approprié, pourvue d'un apparat idéologique l'insérant dans une vision du monde (images divines, phraséologie) le plus souvent au détriment de la littéralité de l'acte original, lequel se trouvait abrégé, sinon réduit à l'essentiel. La reconnaissance de la dichotomie entre sources profanes et sources sacralisées s'impose au départ de tout travail critique documentaire.

A. Les sources profanes

Recense-t-on ce qui nous est parvenu de l'immense production profane de l'Égypte pharaonique que le bilan semble important quantitativement : lettres privées, correspondances administratives, comptabilités d'institutions, bordereaux d'état civil, registres fiscaux, contrats de vente ou de location de biens ou de personnes, minutes de procès, recueil de coutumes... l'inventaire complet serait fort long. Hélas, il suffit d'un examen plus attentif pour déchanter. Le nombre de documents, considérable à l'échelle du savant qui doit les interpréter, se révèle modeste pour plus de deux millénaires et demi d'histoire. Et d'autant plus que beaucoup sont lacunaires, mutilés, ou ne survivent que comme *membra disjecta* peu informatifs hors de l'ensemble où ils faisaient sens. Et que dire de leur répartition ? Pour des siècles entiers, silence absolu, ou quasiment. Le troisième millénaire n'a livré que les archives de Gébélein ou celles de deux temples funéraires de la Ve dynastie ; le Moyen Empire, seulement les archives d'un domaine privé géré par un certain Héqanakht, les dossiers d'un chantier de construction sis près d'Abydos, des agrégats de paperasseries provenant des villes de pyramide d'El-Lahoun, quelques pages d'une comptabilité de la cour de Thèbes sous Sébekhotep II et un registre d'écrou. Au Nouvel Empire, la situation s'améliore grâce à l'abondante documentation de Deir el-Médina : on peut suivre, enfin, avec quelque précision, le fonctionnement de l'institution de la tombe royale, la vie quotidienne de ses membres, administrateurs ou ouvriers ;

les indications chiffrées s'accumulent avec quelque consistance, au point qu'un éminent savant, J. Cerny, a réussi à esquisser des études quantitatives sur l'évolution des prix, impensables pour d'autres époques. Si la situation n'est guère brillante à la Troisième Période Intermédiaire non seulement parce que les sources sont rares, mais aussi parce qu'elles résistent encore au déchiffrement total, en revanche, avec la Basse Époque, surgit une assez abondante documentation écrite en démotique ; mais l'heure de sa synthèse n'a pas encore sonné.

Par-delà les inégalités dans la répartition des documents de la pratique administrative et juridique, l'historien butte sans cesse sur leur interprétation : ni les mécanismes de fonctionnement, ni surtout les statuts des institutions et des hommes ne se laissent clairement discerner. En particulier, la fiscalité, domaine si fécond pour l'histoire, demeure très obscure malgré un heureux cadeau du hasard, le papyrus Wilbour : c'est un cadastre de taxation de plus de 10 mètres de long, résultant du travail d'une commission d'arpenteurs, à l'œuvre sur 150 kilomètres en Moyenne-Égypte, sous Ramsès V. Qu'un tel document, pour une fois presque complet, soulève tant de difficultés marque bien le sort peu enviable de l'histoire économique et sociale — de l'histoire tout court de l'Égypte pharaonique.

Un autre type de sources profanes offre une maigre consolation : la littérature. Non que nous la connaissions bien, loin de là ! Mais beaucoup des œuvres qui nous sont parvenues se révèlent riches d'informations historiques, souvent parce qu'elles sont engagées ; les pharaons savaient en effet stipendier des écrivains pour faire passer un message politique ou de la propagande à travers des écrits attractifs : cas typique, le *Roman de Sinohé*, ou encore l'*Enseignement pour Mérikarê*. Même affranchies de telles finalités, nombre d'œuvres apportent une provende à l'historien parce qu'elles s'enracinent dans une expérience sociale explicite, évidemment le plus souvent celle de la classe dirigeante.

Cela posé, la littérature ne saurait, à elle seule, compenser les insuffisances des autres sources profanes. Force est donc d'exploiter au maximum les sources sacralisées.

B. Les sources sacralisées

Si elles abondent, c'est parce que la marque première de la sacralisation, c'est un support en matériau durable. On distinguera les sources privées et les sources royales.

a) Les sources privées

Tout Égyptien qui en avait les moyens cherchait à multiplier ses chances de survie *post mortem* non seulement en érigeant une tombe pourvue d'un abondant mobilier inscrit, mais aussi en dressant durant sa vie stèles, statues ou tables d'offrandes dans les sanctuaires. En conséquence, nous disposons d'une énorme quantité de documents privés, qui, même s'ils ne comportent, le plus souvent, qu'une formule religieuse, des noms et des titres, constituent de précieux auxiliaires de l'histoire. En effet, grâce à un minutieux travail de classement et d'inventaire, on parvient à élaborer des regroupements prosopographiques par région, par secteur d'activité ou par famille, en définitive riches d'enseignement ; en dressant des généalogies, on suit la transmission ou la perte des charges ou leur accumulation, les stratégies matrimoniales, les faveurs du prince ou sa disgrâce ; la facture des monuments funéraires permet d'apprécier l'aisance relative de leurs possesseurs. C'est sur ces méthodes que repose une partie de nos connaissances, l'essentiel même pour certaines époques. Elles permettent parfois d'entrevoir ne serait-ce que la crête des grandes vagues qui agitèrent la société égyptienne, et surtout sa classe dirigeante : transfert des hautes responsabilités hors de la famille royale sous la Ve dynastie ; montée d'une classe moyenne dans la seconde partie du Moyen Empire ; multiplication des parvenus et des *homines novi* au Nouvel Empire, etc.

Il arrive à tous ces monuments privés d'être quelque peu loquaces. Même quand elles ne font qu'aligner quelques clichés, les autobiographies se révèlent précieuses, car ces clichés reflètent, à tout le moins, l'esprit d'une époque. Lorsqu'elles sont étendues et détaillées, elles figurent alors parmi les sources fondamentales, leurs données recoupant souvent celles d'autres sources, comme les sources royales.

b) Les sources royales

Bien évidemment, les pharaons marquaient de leurs noms un grand nombre de monuments. D'abord parce que, comme les autres hommes, et plus encore qu'eux, ils entendaient assurer leur survie, et mettaient en œuvre à cette fin les énormes moyens que leur valait l'éminence de leur position. Ensuite, et surtout, parce que l'exercice même de la monarchie égyptienne impliquait de multiplier les monuments inscrits. En effet, en tant que successeur du démiurge, le pharaon en prolonge l'action en transformant l'histoire en manifestation de l'ordre la Première Fois institué. Cette activité hautement idéologique exige que chaque entreprise soit authentifiée par le nom du pharaon responsable, et que cette authentification soit fixée sur un support durable. Aubaine pour l'historien ? Ce serait trop dire ; mais il doit bien se contenter de ce dont il dispose. C'est-à-dire, le plus souvent, des cartouches ou de courtes inscriptions gravées dans les différentes parties des temples. Car l'un des premiers devoirs du pharaon est de construire ou de restaurer les sanctuaires des dieux. Et il est bien des rois pour lesquels l'essentiel de la documentation consiste en un inventaire des édifices religieux qu'il a érigés, agrandis, rebâtis, ou dans lesquels il a consacré des statues ou dressé un obélisque. Certes, l'activité monumentale reflète plus ou moins la puissance du pharaon et, par-delà, la situation politique ou économique de son époque, mais voilà bien un mode d'évaluation quelque peu grossier, d'autant plus que le hasard des destructions ou des préservations l'émousse encore davantage. Hélas, il faut nous résigner trop fréquemment.

Heureusement, il arrivait aux pharaons d'user avec volubilité de cette « parole créatrice » qui les traversait et de la fixer pour la postérité, égyptologues compris ! De là des versions monumentales de décrets, des longues énumérations des offrandes ou des avantages consentis aux divinités, des récits circonstanciés des campagnes militaires, des conquêtes, avec listes des régions et des peuplades soumises, des commémorations des cérémonies célébrées en grande pompe ou des entreprises de piété familiale ou ancestrale, etc. Alors les sources s'étoffent, et s'entrebâillent les portes au regard de l'historien. Regard souvent furtif, car l'ampleur rhétorique de ces inscriptions très idéologiques masque la maigreur de leur contenu informatif. Pourtant, des inscriptions royales nouvellement découvertes surgissent parfois de véritables révélations : ainsi, la stèle de Kamès, éclairant la situation politique de l'Égypte sous les Hyksôs.

Au terme de ce survol des sources de l'histoire pharaonique s'impose un constat quelque peu désenchanté : guère satisfaisant le lot de l'historien. La documentation est apparemment abondante, mais très inégalement répartie. Les époques anciennes sont desservies non seulement parce que le temps a davantage accompli son œuvre de destruction, mais aussi parce qu'elles étaient moins prolixes : plus l'Égypte avance dans son histoire, plus verbeusement elle la dit. Une répartition inégale, donc, mais une égale difficulté : peu de documents nous sont parvenus intacts, et quand bien même ils le sont, leur interprétation demeure délicate, car nous ne maîtrisons pas parfaitement l'écriture et la langue, nous ne possédons pas les connaissances implicites qu'ils présupposent. Enfin, les efforts qu'exige l'interprétation débouchent souvent sur la déception. Les anciens Égyptiens n'avaient pas assez lu nos traités de science historique ; ils s'entêtèrent, pendant trois millénaires, à rapporter leur vécu comme ils le voyaient, mais non comme nous aurions aimé qu'ils le vissent. Aussi l'égyptologue ne saurait pas même balbutier une réponse aux plus élémentaires questions qu'un spécialiste de l'histoire moderne commence par poser à ses sources. L'or de Toutânkhamon, Clio ne daigne s'en parer.

Donadoni S. (éd.), *Le Fonti indirette della storia egiziana* (Universita di Roma-Centro di Studi Semitici ; Studi Semitici, 7), Rome, 1963.

Weeks K. (éd.), *Egyptology and the Social Sciences*, The American University of Cairo Press, Le Caire, 1979.

SPORT

Le pharaon, chef de guerre, doit s'entraîner. Le roi sacré doit manifester sa vigueur et combattre les animaux maléfiques. Le maître du palais se divertit aux mêmes jeux que les nobles de sa cour. Il s'en va chasser la sauvagine et pêcher dans les marais du Fayoum, tirer les gazelles derrière Giza ou Héliopolis, les urus au Ouâdi-Natroun, les onagres en Syrie. Il combat de près le lion ou l'hippopotame. Il sait donc se servir de l'arc et de l'épieu. Le caractère rituel de certaines chasses aux fauves du dgébel ou des eaux, envoûtements traditionnels de bêtes incarnant le chaos, n'est pas niable, de même que la finalité religieuse de la « course avec le taureau Apis » et autres courses rituelles. Mais ces sports sont aussi un moyen de rappeler l'habileté infaillible et la vertu juvénile du souverain régnant. Thoutmosis III commémore une chasse au rhinocéros, rencontré dans les steppes soudanaises. Aménophis III consacre une émission de scarabées commémoratifs pour faire savoir qu'il tua cent deux lions en dix ans. Les plumes d'autruches plantées sur un éventail de Toutânkhamon avaient été rapportées par le roi adolescent d'une chasse faite à l'est d'Héliopolis. Un souverain témoigne que la culture physique faisait partie d'une éducation de prince. C'est Aménophis II qui médiatisa ostensiblement les performances dont il était capable dès l'âge de dix-huit ans, comme d'ailleurs il exhiba ses goûts violents en relatant ses coups de main personnels en Asie et ses représailles très brutales. Il s'agissait de justifications égotistes de sa prédisposition naturelle à la royauté (son insistance dans l'anecdote montre que les exploits accomplis n'étaient aucunement requis par un supposé « rituel d'initiation » ouvrant l'accès au trône). Le jeune Aménophis ne pouvait être rattrapé à la course à pied. Il avait testé en série les arcs les plus durs. Il manœuvrait tout seul une barque de parade, tandis que les deux cents rameurs se crevaient avant lui. Dressant lui-même ses chevaux, il les entraînait, attelés, en de longues randonnées. Lançant son char à toute vitesse, il transperçait immanquablement de ses flèches des cibles de métal épaisses de sept centimètres.

TACHOS, ou **TÉOS**
~361 ~359, XXXe DYNASTIE

Du deuxième pharaon de la XXXe dynastie sébennytique, le règne fut trop éphémère pour qu'il nous en reste beaucoup de monuments (rares fragments de décors de temples). Sa personnalité n'en est pas moins célèbre par ce que racontent les *Économiques* du Pseudo-Aristote et les *Stratagèmes* de Polyen. La guerre offensive contre l'Empire perse fut sa préoccupation et cette préoccupation eut des incidences financières et sociales énormes. Conseillé par le condottiere athénien Chabrias, le roi réquisitionne tout le métal précieux du pays et extorque presque tout le revenu des temples. Il lance quatre-vingt-dix mille hommes qui occupent la Syrie. Son frère, le régent Tchahapimou, qui gouverne l'Égypte en son absence, se retourne contre le souverain spoliateur des dieux et des notables et pousse sur le trône son propre fils Nectanébo II. Tachos s'en va mourir à la cour du Grand Roi, dont il avait, heureusement pour son successeur, disloqué la force de frappe. Du premier pharaon qui aurait frappé monnaie, il ne nous reste que l'image d'un financier cosmopolite, contrastant avec le style sacral traditionnel de son père et de son neveu.

Cf. Sébennytique (dynastie)

TAHARQA
~690 ~664, XXVe DYNASTIE

En -701, Jérusalem menacée par l'Assyrie avait été secourue par un frère du roi d'Égypte et de Kouch, l'héritier désigné, Taharqa. Les scribes juifs, par la suite, consignèrent au Livre des Rois que cette intervention était le fait du mémorable « Taharqa, roi de Kouch » lui-même. Anachronisme mineur, mais aucune erreur sur la personne ! Du Gébel Barkal à Tanis, de nombreux restes de bâtiments, des statues de grande qualité figurant le souverain coiffé des hautes plumes du dieu Onouris, et surtout une quantité exceptionnelle d'inscriptions, longues, diverses, circonstanciées, font encore reconnaître en Taharqa, prince né au Soudan mais couronné roi à Memphis, le plus fastueux des représentants de la XXVe dynastie, éthiopienne. Une immense colonne, dans la première cour de Karnak, rappelle au visiteur son œuvre gigantesque.

L'originalité de ses proclamations, forme comme contenu, semble classer Taharqa comme un « auteur » très personnel en matière de littérature officielle et dévote. Dans le programme politique et moral qu'il soumit à Amon de Karnak et dans bien d'autres textes, le « je » du roi s'exprime souvent, au-delà des formules habituelles, en détails vécus sur sa jeunesse, son rôle médiateur, ses initiatives passées ou présentes. Une proclamation fut diffusée partout pour tirer la leçon d'une terrifiante crue qui survint en l'an VI, pourtant suivie d'une saison agricole spécialement heureuse. Une stèle raconte comment le roi organisa pour son armée une course d'entraînement dans le désert memphite. Au Soudan, récits et inventaires détaillent les circonstances de la construction et de l'enrichissement des temples de Sanam et de Kawa. Taharqa se fit ériger une énorme pyramide sur le site vierge de Kourou, près de Napata, et une pyramide plus modeste à Sedeinga... Se greffant sans doute sur sa prolixe publicité épigraphique, diversifiée durant seize ans, la tradition le rangera parmi les pharaons conquérants. Pourtant, les treize années suivantes furent bien piteuses : les Assyriens envahirent l'Égypte jusqu'à Thèbes, portant des coups décisifs à l'Empire égypto-soudanais que le nom de Taharqa symbolise au premier chef.

Cf. Éthiopienne (dynastie), Kouch, Napata.

TAKELOT (LES)
XXIIe et XXIIIe DYNASTIES

Trois rois des XXIIe-XXIIIe dynasties ont porté ce nom libyen, tous trois aussi obscurs l'un que l'autre. Takelot I (~889 ~874) est juste un nom, entre les illustres Osorkon I et II. On n'en possède aucun monument personnel. Sous Takelot II (~886 ~840), dont le cercueil pillé a été retrouvé à Tanis, éclata une guerre civile qui marque le début de la dislocation du régime libyen et dont les épisodes sont narrés dans l'inscription que son fils aîné, le grand-prêtre Osorkon, fit graver à Karnak. Takelot III (~764 ~757) est l'avant-dernier roi connu d'une XXIIIe dynastie qui ne contrôlait plus que la moitié de la Haute-Egypte.

Cf. Troisième Période Intermédiaire.

TANIS

Situé vers le coin nord-est du Delta, le site, immense, porte encore son nom ancien, *Djânê*, devenu *Sân*. Haute butte de sable émergeant au milieu des limons récents, longée par la jeune branche tanitique, fréquentée seulement par de pauvres populations qui y enterrent leurs morts, il entre tardivement dans la grande histoire. À l'extrême fin de la XXe dynastie, un nommé Smendès s'y trouve établi, d'où il administre la Basse-Égypte comme mandataire du dieu Amon. Ce Smendès fonde, vers ~1069, la XXIe dynastie, tanite. Psousennès, Siamon, puis les rois de la XXIIe dynastie, libyenne, y aménagent de grands temples pour les dieux thébains, en utilisant pour les construire et les orner les pierres et monuments mobiliers enlevés de Pi-Ramsès. Après Smendès et au moins jusqu'à Chéchanq III, les souverains se font inhumer dans le temple d'Amon.

Bocchoris de Saïs et Taharqa l'Éthiopien s'y feront reconnaître à l'époque des conflits pour la réunification, cependant que de très obscurs roitelets dont le pouvoir ne dépassait pas le Delta oriental — l'Horus Séânkhtaouy (alias Sékhemkarê), Gemenefkhonsoubak et le prénommé Néferkarê — travaillent encore au temple de Khonsou. Tanis, qui avait fait figure de double septentrional de Thèbes, perd son rang de cité royale après Pétoubastis II, mais ses temples seront embellis par les pharaons postérieurs et refaits au temps des Ptolémées.

Yoyotte J., dans *Tanis. L'or des pharaons*, Paris, Grand-Palais, 1987, p. 25-48.

Cf. Chéchanq (les), Osorkon (les), Psousennès, Smendès, Troisième Période Intermédiaire.

TAOUSERT
~1192 ~1190, XIXe DYNASTIE

Son nom — *Tahoser* selon la transcription de Champollion — fut emprunté par Théophile Gautier pour baptiser la jolie momie de son roman. Pour extraordinaire qu'ait été sa destinée, la Taousert qu'entrevoient les historiens n'a rien de commun avec l'héroïne inventée. Grande épouse de Séthy II (~1204 ~1198), Taousert survit à son mari. Elle exerce d'abord une sorte de régence auprès de Siptah, né d'une épouse secondaire et que le grand trésorier Baï « maintient sur le trône de son père ». Puis elle succède à Siptah comme pharaon à part entière. Elle adopte un cartouche de couronnement et fonde à Thèbes son propre temple funéraire.

Une quinzaine d'années après la mort de Ramsès le Grand, la monarchie traverse donc une grave crise. Le pouvoir est tiraillé entre les protagonistes d'une bizarre triarchie qui, tous trois, firent creuser leur tombe dans la Vallée des Rois : un pharaon canonique, mineur et infirme, qui, signe d'un changement de programme, transforme son protocole en la IIe année de son règne (Ramsès-Siptah devient Merenptah-Siptah) ; un faiseur de roi qu'on a toutes raisons de croire d'origine étrangère, un de ces otages élevés à la cour de Ramsès II et devenus dignitaires palatins ; une douairière, sans doute de souche royale et assumant en tout cas, auprès du petit roi, la dimension féminine de la royauté, qui sera, pour finir, la quatrième « pharaone » de l'histoire. Son règne personnel, fort bref, marque la fin de la XIXe dynastie. Un vase au cartouche de Taousert a été retrouvé à Deir Alla en Jordanie. En fait, à l'époque, l'influence égyptienne a régressé en Asie, tandis que les courtisans d'ascendance asiatique et les recrues syriennes des factieux font la loi dans le pays. Martelages et surcharges seront, comme d'habitude, les manifestations, immédiates ou différées, de règlements de comptes. La tradition, sous la XXe dynastie, ignorera les règnes de Siptah et de Taousert.

Lalouette C., *La Gloire de Ramsès*, Paris, 1985, p. 290-294.

Cf. XIXe dynastie, Reines.

TEFNAKHT

« Grand chef des provinces occidentales » du Delta, ayant Saïs pour capitale, il coalisa les principautés de Basse-Égypte et entreprit, vers ~730, de reconquérir le Sud sur les Éthiopiens. Piyé refoula l'armée nordiste et fit passer les princes sous son obédience nominale, mais le récit qu'il a donné de sa campagne témoigne que le royaume saïte était solide et resta inviolé. On sait par Diodore de Sicile que Tefnakht eut pour fils Bocchoris qui devint pharaon.

Deux stèles de donation font connaître un roi de plein titre, un Tefnakht qui se dit « fils de Neith », déesse de Saïs. Il pourrait s'agir de l'adversaire de Piyé, couronné pharaon après le retrait des forces kouchites ou encore de Stéphinatès (à corriger en Téfinastès) que Manéthon recense au début de sa XXVIe dynastie, saïte, et qui dut régner vers ~700. Quoi qu'il en soit, à travers le témoignage même de l'Éthiopien, Tefnakht symbolise le dynamisme des Égyptiens de l'Ouest qui mirent trois quarts de siècle à refaire l'unité.

Cf. Piyé, Saïs, Saïtes (dynasties), Troisième Période Intermédiaire.

TEMPLES FUNÉRAIRES

À l'Ancien et au Moyen Empire, chaque pyramide est flanquée d'un temple composé d'un bâtiment haut et d'un bâtiment d'accueil. Le roi y est figuré servant les dieux, accomplissant les actes réels et/ou symboliques liés à sa fonction et recevant des offrandes. Des dotations foncières pourvoient ses autels et alimentent un nombreux clergé et les colons de la « ville de pyramide ». Ces monuments dits « funéraires » dont l'ampleur témoigne de la condition divine du souverain commencent à faire office du vivant de celui-ci. Autant que l'on sache, les sanctuaires des divinités locales, aux mêmes époques, étaient de bien moindres dimensions et il y a lieu de croire que les temples érigés pour les dieux sous le Nouvel Empire héritent pour beaucoup les formes architecturales et les mécanismes iconographiques par lesquels le roi, en son temple, communiquait jadis avec le divin, ici-bas et au-delà, pour maintenir l'ordre universel.

Pour l'Ancien Empire, les mieux connus des complexes dits « funéraires » sont ceux de Snéfrou (Dahchour), Chéphren (jouxtant le sphinx de Giza), Sahourê (Abousir), Ounas (Saqqara-Nord), Pépy I et Pépy II (Saqqara-Sud). De celui de Néferirkarê (Abousir) sont parvenus de nombreux lambeaux d'archives sur papyrus, faisant entrevoir le fonctionnement de ces institutions, lieux de culte principal du royaume et importantes cellules du développement économique de la région memphite. Figures en ronde bosse du souverain, défilés de divinités, scènes de jubilé, de chasse, de triomphe guerrier, parades terrestres et nautiques, processions des domaines personnifiés, statues représentant, ligotés, les peuples étrangers, les vestiges des temples funéraires constituent presque la seule source qui permette de tracer un tableau de ce que fut la royauté sacrale au temps des pyramides. Ils sont le lieu commun du permanent (le Roi) et de l'événementiel qui corrobore le permanent. On y relève la commémoration de faits exemplaires : venue de la flotte de Sahouré, retour d'Asie ; transport de colonnes palmiformes de granit apportées d'Assouan en bateau ou misère des Bédouins affamés chez Ounas. En revanche, la représentation d'un immémorial triomphe sur les princes libyens, répétée dans les mêmes détails sur les murs d'au moins quatre temples funéraires successifs, devient signe atemporel de l'efficacité conquérante du roi, au même titre que les tableaux de l'abattage des grappes d'ennemis ou du griffon attaquant les barbares.

Du Moyen Empire, les seuls ensembles funéraires bien connus sont ceux de Sésostris I, à Licht, et de Sésostris II, à

Illahoun, avec sa cité ouvrière. Le monument vaste et fort complexe qui desservait une des pyramides d'Amménémès III à Houara fut célèbre chez les voyageurs grecs sous le nom de Labyrinthe et classé parmi les merveilles du monde. Totalement rasé, il est aujourd'hui méconnaissable.

Dans la Thèbes du Nouvel Empire, le lieu d'inhumation du pharaon, niché dans la Vallée des Rois, et son lieu de culte posthume sont séparés. Chaque monarque érige à neuf, en avant des falaises, son « château de millions d'années dans la maison d'Amon à l'occident de Thèbes ». C'est avant tout un temple d'Amon-Rê, avec lequel le génie du souverain se fond plus ou moins. Le roi y possède sa chapelle et les dieux funèbres y sont présents, comme aussi une cour solaire. Chaque année, lors de la « fête de la Vallée », Amon quitte Karnak pour visiter les divers temples royaux. Le culte y fonctionne du vivant même du fondateur et il ne faut pas oublier que les grands Ramessides multiplièrent les « châteaux de millions d'années » à Memphis, « dans la maison de Ptah », et à Héliopolis, « dans la maison de Rê ». Ces temples d'éternité, très proches dans leur décoration et leur plan général des temples divins contemporains, sont donc beaucoup plus que des monuments funéraires. Ils diffèrent radicalement des chapelles qui desservaient les tombeaux des dignitaires. Comme chez les dieux, la vie d'ici-bas s'y réduit à la représentation des grandes panégyries que dirige Pharaon et à la commémoration exemplaire de ses exploits actuels (expédition envoyée par Hatchepsout au Pount, guerre des Ramsès). Administré par un prêtre-*sem*, le temple royal, flanqué d'un palais, d'ateliers, de magasins et de bureaux, pourvu de riches propriétés, forme une entreprise complète, fiscalement rattachée à la maison du dieu dont il relève théologiquement.

Les mieux conservés des temples funéraires thébains

sont ceux d'Hatchepsout (Deir el-Bahri), de Séthy I (Gourna), de Ramsès II (Ramesseum) et de Ramsès III (Médinet Habou). Du plus gigantesque d'entre eux, le château placé sous le patronage conjoint d'Amon-Rê et du dieu funèbre Sokar que construisit Aménophis III, ne subsistent plus que les « colosses de Memnon ». On se rappellera que, sur la rive droite, la salle hypostyle de Karnak était elle-même partie du « château de millions d'années » de Séthy I et que le temple latéral de Ramsès III et le reposoir de Séthy II qui la précèdent étaient classés dans la même catégorie de fondations perpétuelles.

Cf. Pyramides.

TEMPLES SOLAIRES

Sous la Ve dynastie, d'Ouserkaf à Menkaouhor, six rois successifs érigèrent en leur nom personnel, à proximité de leur temple funéraire, des sanctuaires au soleil Rê. Ces lieux de culte, presque entièrement à ciel ouvert, étaient dominés par un obélisque monumental. Du temple solaire de Néousérrê (Abou Gorab), le mieux étudié, subsistent notamment les vestiges d'une petite « Chambre du monde » où des bas-reliefs, représentant le cycle annuel, sans doute le plus ancien traité d'histoire naturelle, évoquent notamment le processus de la reproduction des mammifères, oiseaux et poissons.

Cf. V[e] dynastie.

TÉTI
~2321 ~2889, Ve DYNASTIE

Premier roi de la VIe dynastie, il mourut peut-être assassiné (au profit de l'usurpateur Ouserkarê ?). Il maintint durant son règne la traditionnelle politique de relations commerciales avec Byblos et commença à pousser plus profondément la pénétration égyptienne en Nubie. Il édifia sa pyramide au nord-est du complexe de Djoser, avec deux pyramides satellites pour les reines Ipout et Khouit ; comme celles d'Ounas et des pharaons de la VIe dynastie, les parois des appartements funéraires sont inscrites avec les *Textes des Pyramides*.

Cf. Kagemni, Ouni, VIe dynastie.

THÈBES

En égyptien *Ouaset*, « le spectre », capitale du quatrième nome de Haute-Égypte (nome du « trône »). Appelée, par la suite, *Nwt*, *No*, « la ville » (par excellence). Le nom « Thèbes » vient d'une remotivation grecque du terme *Djémé* qui désignait Médinet Habou.

Quoique son site ait déjà été occupé pendant la période prédynastique, Thèbes demeura une bourgade obscure pendant l'Ancien Empire, dont peu de monuments ont été retrouvés. Qui plus est, Hermonthis lui disputait la prééminence politique à l'intérieur même du nome. Son prodigieux destin, Thèbes le dut à un hasard de l'histoire ; par deux fois, en effet, l'unité nationale fut restaurée par des dynastes thébains : réunification de l'Égypte et avènement du Moyen Empire sous Montouhotep II (~2022), expulsion des Hyksôs et avènement du Nouvel Empire par Amosis (~1554).

À chaque fois, les pharaons entendirent favoriser leur ville d'origine, avant tout en accroissant le domaine et les biens d'Amon, qui s'était imposé comme son dieu principal, à la fin de la XIe dynastie, au détriment de Montou, pourtant adoré dans toute la région (Thèbes, mais aussi Hermonthis, Tôd, Médamoud).

Qui plus est, dès le Moyen Empire fut élaborée une doctrine de la suprématie de Thèbes : la ville, qualifiée de « victorieuse, régente de toutes les villes », était personnifiée sous les traits d'une divinité guerrière, armée de l'arc, de la massue, puis du cimeterre ; des mythes y situaient la création du monde. Ville dynastique au Moyen Empire et sous la XVIIIe dynastie, ville de la plus grande divinité nationale pendant le reste du Nouvel Empire, Thèbes, toutefois, n'avait guère une situation très favorable au rôle de capitale de l'Égypte, et encore moins de L'Empire égyptien, quand celui-ci se fut étendu en Asie, parce que très au sud de l'Égypte. Aussi les pharaons, s'ils y construisaient des palais, s'ils y résidaient à l'occasion des grandes fêtes, s'ils s'y faisaient enterrer (sauf à la XIIe dynastie), préféraient-ils gouverner depuis des villes moins excentrées, Licht au Moyen Empire, Memphis au Nouvel Empire, ou franchement tournées vers l'Asie (Pi-Ramsès sous les Ramessides). Avec la Troisième Période Intermédiaire, Thèbes devint la capitale du territoire de la théocratie d'Amon, qui comprenait la Haute et la Moyenne-Égypte jusqu'à El-Hiba, et qui fut considérée comme principauté autonome dans les chroniques assyriennes à la fin de la XXVe dynastie. À partir de l'Époque saïte, la Thébaïde, administrée par les services de la « divine adoratrice d'Amon », perdit son importance politique. À l'époque romaine, une partie du territoire même de Thèbes fut rattachée administrativement à Hermonthis, sa vieille rivale.

L'ensemble thébain se répartit sur les deux rives du Nil : sur la rive est, au nord le temple d'Amon de Karnak et ceux de Montou, de Khonsou, de Mout et d'autres divinités ; au sud, relié par une allée de plus de 3 kilomètres, le temple de l'Amon ithyphallique de Louqsor. Sur la rive ouest s'alignaient, le long de la bordure des terres cultivées, les grands temples funéraires, depuis celui de Séthy I (Gourna) à celui de Ramsès III (Médinet Habou), puis le palais d'Aménophis III à Malgata. Parallèlement, au pied de la falaise, les temples de Deir el-Bahri et les nécropoles de particuliers (Dra Abou'l Negga, Assassif, Khokha, Cheikh Abd el-Gourna, Gournet Marel). Enfin, dans les oueds de la montagne, la Vallée des Rois, la

Vallée des Reines, le village des ouvriers de Deir el-Médina. L'unité de l'ensemble était symboliquement réaffirmée à l'occasion des grandes fêtes où la barque d'Amon de Karnak quittait son sanctuaire pour rendre visite, en solennelle procession, à Amon de Louqsor, aux temples de Deir el-Bahri, ou encore aux sanctuaires des dieux primordiaux de Médinet Habou. Au Moyen Empire et à la XVIIIe dynastie, les centres politiques et administratifs étaient situés sur la rive est. Mais sous les Ramessides ils furent déplacés sur la rive ouest à Médinet Habou ; les massives enceintes du temple funéraire de Ramsès III assuraient en effet, comme celles d'autres temples (en particulier le Rammesseum), une protection efficace contre les brigands ou les Libyens surgis du désert. La rive orientale avait désormais son propre maire, et concentrait l'essentiel de l'activité économique.

Malgré des millénaires de destructions, à commencer par celles opérées par Akhenaton, puis contre Akhenaton, et de pillages, à commencer par ceux de la fin de l'Époque ramesside, Thèbes offre encore une accumulation étonnante de vestiges et de monuments toujours en place, malgré les aléas de l'histoire. Songeons que le temple de Louqsor fut tour à tour un sanctuaire égyptien, le cœur d'un camp romain, une basilique, avant d'accueillir une mosquée !

Kees H., *Ancient Egypt. A Cultural Topography*, Londres, 1961, chapitre X.
Nims C. F., *Thèbes des Pharaons*, Albin Michel, Paris, 1965.

THINITE (ÉPOQUE)

La période couverte par les deux premières dynasties (commençant vers ~3000 à ~2950) est ainsi désignée parce que Manéthon leur assigne This, près d'Abydos, en Haute-Égypte, comme lieu d'origine. De fait a été retrouvée à Abydos une série de sépultures très anciennes, dont beaucoup peuvent être attribuées à des pharaons précis de la Ire et de la IIe dynastie grâce aux stèles qui identifient leurs possesseurs. Mais à Saqqara (nécropole de Memphis), un archéologue anglais, Emery, mit au jour d'autres sépultures plus vastes, et datées de la même période par de nombreux scellés (mais non par des stèles). D'où un long débat : ces sépultures sont-elles des tombes de pharaons ? Et, dans ce cas, sont-elles des tombes réelles et les sépultures d'Abydos des cénotaphes (la coutume d'y ériger un cénotaphe est bien connue plus tard) ? À vrai dire, des objets au nom du même pharaon ont été découverts dans plusieurs tombes différentes de Saqqara ; d'autre part, d'autres tombes de dimensions semblables avaient été édifiées en d'autres sites (Naqada, Giza, Abou Roach, Tarkhan). Aussi est-on enclin à attribuer la plupart des tombes de Saqqara non à des pharaons des Ire et IIe dynasties, mais à leurs hauts fonctionnaires, courtisans, ou familiers (catégories qui se recoupent à l'époque).

Quoi qu'il en soit, leur présence sur un site où rien d'antérieur n'est connu n'est pas fortuite : elle correspond à la nouvelle politique mise en place par les premiers pharaons dignes de ce nom, c'est-à-dire régnant sur l'Égypte unifiée. En effet, la réunion de l'Égypte, qui ouvre la période historique, est moins l'assujettissement d'un royaume constitué à un autre royaume constitué que l'extension d'un État déjà fortement organisé, mais confiné en Haute-Égypte, aux régions plus ou moins organisées du Delta (et peut-être de la Moyenne-Égypte). Memphis fut fondée sous la pointe du Delta pour mieux permettre le contrôle des territoires nouvellement intégrés.

La liste des pharaons de la Ire dynastie (~2950 ~2780) comprend Nârmer/Ménès ; Âha (ou simplement Âha/Ménès) ; Djer ; Djet ; Den Ândjib ; Smerkhet ; Qa-â. Des événements politiques qui traversèrent leurs règnes, nous ne savons quasiment rien, si ce n'est que déjà les successions ne s'opéraient pas sans heurt : une reine, Meretneith, paraît bien avoir exercé une régence ; régence sans doute contestée, puisque son nom, ainsi que celui d'Ând-jib, ont été systématiquement effacés sur leurs vases récupérés dans la tombe de Semerkhet. Par ailleurs, avec le règne de Den se manifeste une évolution sensibles de l'apparat idéologique, traduction probable de réajustements politiques.

Ce sont probablement des conflits politiques, mais dont nous ignorons les tenants et les aboutissants, qui ont provoqué l'irruption d'une nouvelle dynastie, la IIe dynastie (~2780 ~2635) ; le changement s'effectua dans la violence, puisque les tombes de la Ire dynastie à Saqqara furent alors pillées et incendiées. Occupèrent le trône durant la IIe dynastie : Hétep-Sekhemouy, Rêneb (ou Nebirê), Nynétcher, Ouadjenès, Oueneg, Senedj, Noubnéfer, Néferka, Néferka-Sokar, Peribsen, Sékhemib, Khâsékhemouy.

Cette énumération linéaire pourrait tromper ; en fait, on n'est assuré ni de son exhaustivité ni, inversement, de sa non-redondance ; car il n'est pas exclu qu'un même souverain ait été enregistré sous deux noms différents. Plus encore, les déchirements ont provoqué la partition du pays en deux royaumes, et il est probable que Ouadjenès, Oueneg, Sénedj régnaient à Memphis, quand Peribsen et Sèkhemib avaient Abydos pour capitale. L'idéologie royale, au demeurant, a pris en charge en les codifiant ces conflits politiques dans lesquels on a voulu reconnaître l'ancien antagonisme entre une aristocratie enracinée dans la tradition des chasseurs nomades et une plèbe composée des descendants des peuplades paysannes de la vallée : certaines fluctuations dans les graphies des noms d'Horus des rois de la IIe dynastie pourraient être caractérisées par le processus thèse (Horus), antithèse (Seth), synthèse (Horus et Seth) ! Quoi qu'il en soit, Khâsekhemouy mit fin à ces dissensions en triomphant d'une révolte de la Basse-Égypte et en assurant à l'Égypte des conditions propices à un saut qualitatif dans le développement de sa civilisation.

Au-delà des avatars politiques, l'Égypte des deux premières dynasties est un État fortement organisé autour de la personne du pharaon. La collecte, l'élaboration et la gestion des biens de consommation sont assurées par différentes institutions : administration des greniers, trésor (pour les produits manufacturés), domaines royaux producteurs de vin ou d'huile dont les crus sont soigneusement datés et authentifiés par le nom du fonctionnaire responsable ; des recensements bi-annuels établissent l'inventaire de l'or et des terres cultivables ; selon une coutume probablement antérieure à la période historique, le roi effectue périodiquement un recouvrement itinérant des impôts dans les nomes ; la Basse-Égypte est plus particulièrement gérée par des fonctionnaires porteurs de son sceau (« scelleur du roi du Nord »). L'approvisionnement en certains produits précieux, absents de la vallée du Nil (or, bois de construction), est assurée par des expéditions économico-militaires (mines et carrières du désert) ou par des relations commerciales (Byblos). L'armée doit s'employer régulièrement à maintenir la sécurité des frontières contre les incursions ou les raids des Libyens, d'Asiatiques nomades, ou de peuplades nubiennes.

Liées à la personne physique du pharaon sont des institutions comme les palais (plusieurs pour un seul pharaon), le harem (qui a un rôle économique), et des services assurant son entretien personnel.

Cette organisation étatique a sa contrepartie symbolique dans un système idéologique très élaboré, dont le pharaon est la clef de voûte. Il représente la puissance suprême dans la hiérarchie autour de laquelle s'organise le monde. Toute sa personne, mais aussi tous les objets ou les êtres qui entrent en contact avec lui sont investis par lui-même d'une parcelle de cette puissance ; les institutions de l'État constituent, en quelque sorte, des hypostases du pharaon, et le personnel afférent exerce comme des officiants délégués à l'entretien d'une de ses multiples manifestations. Les événements qui affectent la société sont interprétés et codifiés à travers un répertoire fixé d'actions royales ; les annales enregistrent année par année ce qui est tenu pour significatif : érection de statues ou de temples aux dieux, rituels monarchiques (jubilé, course autour des murs, union des deux pays, réception de la Haute et de la Basse-Égypte), recensement bi-annuel, répression de révoltes, victoire sur les peuplades voisines. Les références chronologiques nécessaires à l'administration se fondent non sur la position numérique d'une année dans le règne, mais en la caractérisant à travers les principaux événements qui l'ont marquée. Bien entendu, cette codification idéologique demeure ouverte ; ainsi, le protocole des pharaons (l'ensemble de leurs différents noms et leurs apparats iconographiques) est encore en évolution. D'autre part, même si les documents contemporains se bornent à des inscriptions laconiques et formulaires, certains indices suggèrent que, sous l'impulsion des pharaons, s'élabore déjà à l'Époque thinite une littérature religieuse et magico-médicale. Ainsi, tout en maintenant certains traits éminemment archaïques (funérailles d'un haut personnage marquées par la mise à mort de ses familiers pour l'accompagner dans la tombe) à tout le moins en sa période initiale, l'Époque thinite a mis en place la plupart des éléments caractéristiques de la civilisation égyptienne.

Emery W.B., *Archaic Egypt* (Pelican Book A 464), Edimbourg, 1961.

Cf. Khâsekhemouy, Ménès, Peribsen, Nârmer.

THOUTMOSIS

Thoutmosis est la forme hellénisée d'un nom égyptien, *Djehoutymosé*, qui a été porté par quatre pharaons de la XVIIIe dynastie, et qui signifie « Thot est mis au monde ».

THOUTMOSIS I

~1493 ~1481, XVIIIe DYNASTIE

Troisième pharaon de la XVIIIe dynastie, fils d'une dame Séniseneb et d'un père dont le nom nous demeure inconnu ; apparemment donc, sans lien de sang avec son prédécesseur Aménophis I. Il épousa une Ahmès dont l'apparentement à la famille royale n'est pas assuré, et qui lui donna la future Hatchepsout ; d'un autre mariage avec une dénommée Moutnéfert naquit le futur Thoutmosis II. Durant ses onze ans et neuf mois de règne, Thoutmosis I mit en place les fondations de la politique suivie après lui par les autres pharaons de la XVIIIe dynastie. Dès le début de son règne, en l'an II, il remonta la vallée du Nil en Nubie pour châtier une révolte ; il fixa la frontière méridionale à la hauteur de la Troisième Cataracte, construisit une forteresse, divisa les territoires environnants en cinq principautés confiées à des Nubiens inféodés, et, au retour, dégagea le canal de Séhel, et prépara une nouvelle extension de la mouvance égyptienne au sud.

De même au nord. Au cours d'un long périple en Palestine et en Syrie qui le mena jusqu'à Karkémish et à l'Euphrate, le pharaon signifia les prétentions de l'Égypte sur ces régions, et se heurta pour la première fois au royaume de Mitanni, qui allait être, par la suite, le partenaire et l'adversaire principal de la politique égyptienne en Asie. Au retour, il chassa l'éléphant dans le territoire de Niya. L'Asie étant désormais l'objectif avoué de l'impérialisme égyptien, Thoutmosis I prépara l'avenir en faisant de Memphis une base de départ : aménagement d'un port fluvial tourné vers les pays du nord (Pérounéfer), fondation d'un palais, stationnement d'une armée équipée de chars, et dont le commandement était confié au prince héritier. C'est que l'antique résidence de l'Ancien Empire offrait, pour surveiller l'Asie, une plus avantageuse position que Thèbes, la ville dynastique.

Laquelle ne fut pas pour autant négligée. Le pharaon

commença l'agrandissement du temple d'Amon à Karnak en édifiant une salle hypostyle devant le sanctuaire de la barque, et en érigeant une paire d'obélisques devant le quatrième pylône, sans compter la clôture de l'enceinte par un mur. Tous ces travaux avaient été supervisés par l'architecte Inéni.

Cet architecte se chargea aussi de l'aménagement de la tombe du roi qui, pour la première fois, fut creusée dans la Vallée des Rois, et décorée et inscrite avec une nouvelle composition funéraire, *Le Livre de Am-Douat*. La momie de Thoutmosis I a été retrouvée dans la Cachette de Deir el-Bahri.

Lalouette C., *Textes sacrés et textes profanes de l'ancienne Égypte. Des Pharaons et des hommes*, Gallimard, Paris, 1984, p. 91-92.

Cf. Ahmès, fils d'Abana, Aménophis I, Hatchepsout, Thoutmosis II.

THOUTMOSIS II

~1481 ~1478, XVIIIe DYNASTIE

Quatrième pharaon de la XVIIIe dynastie ; troisième fils, et, après la mort des deux premiers (Ouadjmès et Amenmès), successeur de Thoutmosis I. Il épousa sa demi-sœur Hatchepsout, fille de Thoutmosis I et d'Ahmès (alors que lui avait été mis au monde par Moutnéfert), dont il eut Néfrourê. Iset, une autre épouse, lui donna le futur Thoutmosis III.

Son règne fut très court, probablement trois ans. Comme ses prédécesseurs, il eut à réprimer une révolte en Nubie ; l'expédition qu'il dépêcha semble avoir fait taire définitivement les prétentions des descendants des potentats nubiens qui avaient régné durant la Deuxième Période Intermédiaire. Par ailleurs, il mena une opération de police contre les Bédouins de Palestine.

Il put faire progresser assez sensiblement l'agrandissement et l'embellissement du temple de Karnak, érigeant en particulier une paire d'obélisques et une paire de colosses. En revanche, il n'eut pas le temps de terminer ni sa tombe ni son temple funéraire, situés au nord de Médinet Habou, et que Thoutmosis III acheva. Sa momie, retrouvée dans la Cachette de Deir el-Bahri, confirme qu'il mourut jeune (à 25 ou 30 ans).

Cf. Hatchepsout, Thoutmosis I, Thoutmosis III.

THOUTMOSIS III

~1478 ~1426, XVIIIe DYNASTIE

Cinquième pharaon de la XVIIIe dynastie, fils de Thoutmosis II et d'une concubine, Isis, désigné comme successeur par un oracle d'Amon ; régna cinquante-trois ans. Mais ce long règne ne fut pas sans partage, loin de là. En effet, Thoutmosis étant encore un tout jeune enfant lorsqu'il fut couronné, sa tante Hatchepsout, veuve de Thoutmosis II, exerça la régence qu'elle transforma bientôt en corégence, institutionnalisée par son propre couronnement comme pharaon. De ce fait, Thoutmosis, sans se trouver totalement évincé — les événements demeurant datés par ses années de règne —, restait quelque peu écarté de la réalité du pouvoir, surtout en politique intérieure. Au fur et à mesure qu'il mûrissait, Thoutmosis supportait de plus en plus impatiemment cette situation ; aussi, quand la mort d'Hatchepsout, vers l'an XXII de son règne, lui eut rendu la pleine souveraineté, il fit marteler les cartouches de la reine et leur fit substituer les siens ou ceux de son père et de son grand-père, Thoutmosis II et Thoutmosis I. À la fin de son règne, une nouvelle corégence, tout à fait voulue, celle-là, intervint avec son fils, Aménophis II, que lui avait donné une de ses épouses, Merytrê-Hatchepsout.

Thoutmosis III porta à son acmé l'impérialisme égyptien. En Nubie, d'abord, où il étendit son pouvoir sur la zone comprise entre la Troisième et la Quatrième Cataracte et commandée par la ville de Napata, tandis que les régions situées au-delà étaient placées sous attentive surveillance ; il dressa même une stèle frontière à Kourgous, à mi-chemin entre la Quatrième et la Cinquième Cataracte. En Asie, ensuite et surtout, Thoutmosis III confirma et consolida la suprématie égyptienne en Syro-Palestine, au prix d'une quinzaine de campagnes. La première fut menée pour écarter la grave menace que faisait peser une coalition de princes sytiens autour du prince de Qadesh, ville sise au débouché de la Beqaa ; en l'an XXIII, le pharaon, surgissant par un passage difficile devant Mégiddo, défit les coalisés qui l'attendaient au débouché de la meilleure route ; la ville elle-même tomba après un siège de sept mois. Le prince de Qadesh était-il vaincu que se dressait un nouvel opposant aux prétentions égyptiennes, le prince de Tounip ; plusieurs fois mis en déroute, il cessa de gêner quand sa ville fut mise à sac. Mais le plus dangereux rival de l'Égypte était le Mitanni (Naharin), un État à composante hourrite, mais dirigé par une aristocratie indo-européenne. Thoutmosis III le vainquit grâce à une stratégie astucieuse : des navires furent acheminés sur chariots de la côte libanaise à l'Euphrate dont le pharaon ravagea les rives ; il dressa une stèle frontière en témoignage de sa victoire, puis, sur le chemin du retour se donna un bon temps mérité en affrontant une horde de 120 éléphants. L'hégémonie égyptienne qu'avaient confortée ces brillantes campagnes fut concrétisée par l'établissement d'un système de contrôle : les cités de Syro-Palestine, bien que conservant une certaine autonomie, étaient assujetties à payer l'impôt à une administration égyptienne qui s'appuyait sur des garnisons placées aux endroits stratégiques ; des sanctuaires dédiés à des divinités égyptiennes constituaient le pendant symbolique de cette présence militaire ; enfin, les enfants des potentats locaux étaient emmenés comme otages en Égypte, où, au demeurant, ils recevaient une éducation soignée à l'intérieur du palais royal, avant de retourner, tout égyptianisés, dans leur pays pour succéder à leurs pères ; certains demeuraient en Égypte où ils faisaient carrière, et parfois brillante carrière.

Conséquence de l'impérialisme triomphant : un énorme afflux de richesses en Égypte, butin de guerre ou tributs réguliers. La majeure partie en était consacrée au domaine d'Amon, comme le montrent les *Annales de Thoutmosis III*, copiées près du saint des saints du temple de Karnak. Bien évidemment, le temple lui-même fut considérablement agrandi et embelli : remplacement des colonnes en bois par des colonnes en pierre, construction d'un nouveau sanctuaire de la barque divine, réfection de la cour du Moyen Empire pour l'édification de l'*akhmenou*, un temple jubilaire, addition d'un nouveau pylône, érection d'obélisques (dont celui de Constantinople), circonscription de l'aire sacrée par un nouveau mur d'enceinte, etc. Par ailleurs, l'activité architecturale de Thoutmosis III se manifesta dans la plupart des temples, de la Nubie jusqu'à Byblos, en passant par la Haute, la Moyenne et la Basse-Égypte : un « directeur des travaux dans les témenos des dieux de Haute et Basse-Égypte », Minmès, rapporte avoir œuvré dans 19 temples. Outre les bâtiments, les objets cultuels furent renouvelés et multipliés. Bien plus, Thoutmosis III pour être valeureux guerrier n'en était pas moins cultivé et ami des lettres ; ses enquêtes dans les archives sacrées l'amenèrent non seulement à faire recopier d'anciens textes religieux, à commencer par les *Textes des Pyramides*, mais aussi à établir de nouveaux rituels ou cérémoniaires qui demeuraient encore en usage à l'époque gréco-romaine.

Paradoxalement, le temple funéraire de Thoutmosis III n'a rien qui tranche sur la moyenne, à la différence de celui d'Hatchepsout ; sa tombe non plus, qui fut creusée, bien sûr, dans la Vallée des Rois. La momie du pharaon, retrouvée dans la Cachette de Deir el-Bahri, indique qu'il était de petite taille, comme beaucoup de grands hommes !

Car ce fut un grand homme, sans doute le plus grand pharaon de l'Égypte ancienne. La postérité ne s'y trompa point : le culte de Thoutmosis III se maintint encore dans la piété personnelle sous les Ptolémées ; son nom de « roi du Sud et du Nord », *Menkheperrê*, devint à lui seul un talisman et, comme tel, fut reproduit sur d'innombrables scarabées non seulement jusqu'à l'Époque Saïte, mais encore jusqu'aux manufactures égyptisantes, mais non plus égyptiennes, du bassin méditerranéen.

Lalouette C., *Textes sacrés et profanes de l'ancienne Égypte. Des pharaons et des hommes*, Gallimard, Paris, 1984, p. 93-108 ; id., *Thèbes ou la naissance d'un Empire*, Fayard, Paris, 1986, chapitre V.

Cf. Aménophis II, Hatchepsout, Rekhmirê, Thoutmosis II.

THOUTMOSIS IV

~1401 ~1391, XVIIIe DYNASTIE

Huitième pharaon de la XVIIIe dynastie, fils d'Aménophis II et de la reine Tiâa, régna neuf ans et huit mois ; d'après l'examen de sa momie, il serait mort autour de sa trentième année. En politique extérieure, son principal fait, outre quelques opérations de police contre les Bédouins et des peuplades nubiennes, fut le règlement pacifique du problème mitannien. Aménophis II n'avait obtenu qu'une trêve bien fragile. Thoutmosis IV, après une expédition militaire contre le Mitanni, conclut avec son roi, Artatama, un traité de paix, scellé par l'envoi d'une fille de ce roi dans le harem du pharaon, au terme de laborieuses négociations.

Des réalisations monumentales de Thoutmosis IV se détachent l'érection à Karnak d'un obélisque de Thoutmosis III, qui gisait inachevé depuis quarante-deux ans (Obélisque de Latran), et, surtout, le dégagement et la protection par un mur du grand sphinx de Giza. En effet, lorsqu'il se reposait, fourbu d'une de ses équipées adolescentes dans la nécropole de Memphis, Harmakhis, dont le sphinx était l'hypostase, lui était apparu en songe, lui promettant la royauté s'il le désensablait.

Le temple funéraire de Thoutmosis IV fut édifié au sud-ouest de celui de son père Aménophis II. Sa tombe de la Vallée des Rois nécessita réfection dès l'an VIII d'Horemheb, qui en chargea l'architecte Maya. Sa momie fut transportée dans la tombe d'Aménophis II sous la XXIe dynastie.

Cf. Aménophis II, Aménophis III.

TIYI

Originaire d'Akhmim (Panopolis), fille d'un prophète de Min, nommé Iouya, et d'une « supérieure du harem de Min », Touyou, Tiyi épousa Aménophis III dès le début de son règne. Elle lui survécut et ne mourut qu'après l'an VIII du règne de son fils Aménophis IV/Akhenaton. Depuis le début de la XVIIIe dynastie, certaines reines avaient tenu un rôle important. Mais la position de Tiyi fut encore plus éminente ; son époux l'associa à toutes les manifestations de son règne, lui attribuant une fonction d'officiante dans le cérémoniaire de son jubilé, ou en faisant l'hypostase de personnifications propres à l'idéologie, déesse Maât (représentant l'ordre du monde), ou même sphinx terrassant les ennemies ! Des temples furent consacrés au couple royal, comme celui de Sédeinga en Nubie ; au demeurant, le nom de Tiyi survit dans le toponyme nubien *Adeye* (de l'égyptien *Hout-Tiyi*, « le château de Tiyi »), et peut-être aussi dans un autre toponyme, *Tahta*, nom d'un village de la région de Panopolis. C'est qu'Aménophis III avait aménagé un grand bassin d'irrigation (*hod*) au nom de la reine, dans sa province natale, et fait commémorer l'événement par une émission de scarabées. L'importance de Tiyi n'est pas purement rituelle ou éponyme ; la correspondance d'Amarna révèle, en effet, qu'elle mena la diplomatie égyptienne quand la maladie diminua son époux à la fin de son règne, et exerça une régence de fait, sinon de droit. Parmi les portraits de Tiyi, le plus célèbre serait la tête d'ébène du musée de Berlin, qui lui est attribuée avec vraisemblance. Des pièces de mobilier funéraire de la reine ont été retrouvées, mais on discute encore l'identification de sa momie.

Cf. Aménophis III.

TOUTÂNKHAMON

~1335 ~1326, XVIIIe DYNASTIE

Le « fils royal Toutânkhaton » apparaît vers la fin du règne d'Aménophis IV/Akhenaton, sur un fragment de temple amarnien retrouvé à Hermopolis. La discussion concernant son ascendance est un peu apaisée. Il semble impossible d'y voir un enfant d'Aménophis III et de Tiyi ; les arguments pour ce faire, postulant une longue corégence des deux Aménophis, sont bien faibles en face de la masse des évidences contraires. Le plus simple reste d'y voir un fils d'Akhenaton, né d'une autre femme que Néfertiti. Il fut marié avec Ânkhesenpaaton, la troisième fille que cette dernière avait donnée au roi hérétique. C'est très jeune, vers neuf ans, qu'après la disparition de Semenekhkarê le couple accède au trône. Le culte exclusiviste du Disque règne encore dans Amarna, mais à Thèbes, et sans doute ailleurs, la restauration de l'ordre polythéiste est attendue et amorcée. Bientôt, Toutânkhaton (« Aton est complètement vivant ») devient Toutânkhamon. Ânkhesenpaaton (« Elle vit pour l'Aton ») devient Ânkhesenamon. Amarna est abandonnée par les services centraux. La cour fréquentera désormais Thèbes, Héliopolis (où va chasser le jeune roi) et surtout Memphis. Les hommes forts sont le « père divin » et futur pharaon Aï, un vieil atoniste repenti, le grand majordome et futur pharaon Horemheb et le trésorier Maya. Ces deux-là se construisent de vastes tombes à Saqqara, splendides illustrations d'une belle prospérité intérieure et coloniale et d'un nouveau style de bas-reliefs où l'amarnisme se fond au classicisme d'Aménophis III. En l'an IV, siégeant à Memphis, le roi ordonne la réfection des idoles et des barques divines, la reconstitution des personnels sacerdotaux ainsi que des moyens temporels dans tous les temples. L'impiété avait ruiné l'État et la nation, car les dieux délaissés s'étaient détournés des hommes. Toutânkhamon rétablit l'harmonie et le bonheur. On retourne au discours théologico-politique antérieur et à une gestion normale des relations entre monde terrestre et monde divin. Sommet, vingt ans plus tôt, de l'édifice surnaturel et des institutions religieuses, Amon retrouve sa prééminence. Une impressionnante colonnade est commencée à Karnak ; de belles statues sont modelées, donnant au roi des dieux, selon l'usage, le visage du souverain régnant. Un « château de millions d'années » (encore non localisé) est fondé sur la rive gauche de Thèbes. Mort vers l'âge de dix-huit ans, en sa X^{e} année de règne, Toutânkhamon est inhumé par Aï dans une minuscule tombe, creusée dans la Vallée des Rois, mais qui ne semble pas avoir été celle qu'il s'était préparée. Miraculeusement préservée, c'est la seule sépulture royale des temps fastueux du Nouvel Empire à avoir livré une sélection intégrale des objets sacrés qui assuraient l'éternité de Pharaon. Elle recelait en outre un échantillonnage prestigieux de meubles et d'ustensiles qui font revivre un luxe opulent servi par des arts raffinés. Ces trésors imposent l'image de ce qu'était un roi triomphant, dans sa vie et dans sa mort. Un épilogue fait ressortir la distance entre cette image et la triviale pratique du pouvoir : Ânkhesenamon, veuve, demanda au roi hittite de lui envoyer un de ses fils pour qu'elle en fasse son mari et le souverain de l'Égypte. Ce prince fut assassiné en chemin. L'œuvre restauratrice accomplie sous le roi adolescent ne fut pas retenue à son crédit. Horemheb substitua sur ses monuments sa signature à la sienne et la tradition biffa sa mémoire comme elle biffa celle d'Akhenaton et d'Aï, tous personnages, repentis ou non, de l'aventure amarnienne.

Desroches-Noblecourt C., *Vie et mort d'un pharaon*, Touthânkhamon, Paris, 1963.
Touthânkhamon et son temps (Exposition Petit-Palais), Paris, 1967.

XIIIe DYNASTIE

La XIIe dynastie s'éteint après le règne de Skémiophris, mais le changement dynastique n'entraîne guère de rupture apparente ni dans le fonctionnement des appareils étatiques ni dans le style des monuments et des inscriptions. Cependant, alors que la dynastie précédente constituait une unité familiale, il en va bien autrement de la XIIIe dynastie ; une soixantaine de pharaons se succèdent en un siècle et demi, la plupart n'occupant le trône que quelques années, voire quelques mois, bien peu parviennent à fonder une lignée, et, quand ils y parviennent, elles sont éphémères. Nombre de ces pharaons sont des roturiers, militaires, étrangers (Asiatiques), comme le montrent leurs noms originaux qu'ils érigent en nom de règne, ou juxtaposent à celui-ci dans le cartouche. C'est bien évidemment le principe de succession qui est en crise, la légitimité du pharaon régnant ne lui donnant plus un crédit suffisant pour que son fils ou un membre de sa famille s'impose comme successeur. Les raisons de cette crise nous échappent : élection de pharaons à titre temporaire par un collège de hauts dignitaires ? influence déterminante de certains corps d'armée qui font et défont les monarques, à la manière, plus tard, des prétoriens, grâce à leur mainmise sur la cour de Thèbes ?

Car c'est d'une origine thébaine que se réclament ces pharaons, et, de fait, l'annalistique égyptienne caractérise comme thébaine la XIIIe dynastie. Toutefois, la capitale administrative demeure Licht. Et, paradoxalement, alors que le trône est agité par d'incessants soubresauts, les appareils étatiques mis en place pendant la seconde moitié de la XIIe dynastie se maintiennent ; plus encore, les hauts fonctionnaires traversent sans s'émouvoir la succession des règnes éphémères, épousant au passage telle princesse du moment, et réussissant souvent à transmettre leurs fonctions à leur fils, ou, à tout le moins, à un de leurs familiers (ainsi, le vizir Ankhou). Grâce à cette stabilité administrative, les pharaons de la XIIIe dynastie remplissent leurs fonctions comme les autres ; ils bâtissent ou restaurent les temples, entretiennent ou accroissent leurs divines offrandes, érigent à leur bénéfice des statues et des pyramides (ainsi, Aouibrê, Khendjer, Mermechâ, Aï) ; et ce, parce qu'ils disposent encore, même de manière plus limitée, de l'organisation établie sur les biens et les hommes : la main-d'œuvre est solidement encadrée, des expéditions sont envoyées aux mines et carrières (Ouâdi Hammâmât, Ouâdi el Houdi), le système de forteresses protégeant la vallée du Nil en basse Nubie reste en place ; les roitelets égyptianisés de Byblos continuent à faire allégeance. Jusqu'aux confins de la Deuxième Période Intermédiaire, à tout le moins, la XIIIe dynastie prolonge directement la seconde moitié de la XIIe dynastie, au point que l'attribution de l'un plus qu'à l'autre de tel ou tel monument se révèle fort délicate.

Toutefois, hâtons-nous de nuancer ce tableau un peu trop idyllique. Progressivement, l'étendue des territoires contrôlés par l'administration de la XIIIe dynastie s'est trouvée réduite. Le démantèlement commença en Basse-Égypte : apparition d'un royaume indépendant (XIVe dynastie) à Xoïs, près de la frange marécageuse du nord-ouest du Delta ; apparition, vers ~1720, d'une autre dynastie (elle aussi englobée sous l'étiquette XIVe dynastie) à Avaris, le port fluvial tourné vers l'Asie et Byblos ; c'est en la supplantant que les Hyksôs commencèrent leur prise en main de l'Égypte que sanctionna la prise de Memphis, ouvrant vers ~1650 la Deuxième Période Intermédiaire. Cet affaiblissement des pharaons est imputable non seulement à leur instabilité, mais aussi à une multiplication démesurée des offices d'État qui tendent à être attribués comme purs bénéfices, épuisant ses ressources.

On ne saurait présenter une liste exhaustive des pharaons de la XIIIe dynastie ; trop d'entre eux sont mal connus, sinon complètement inconnus. Voici les points saillants :

— Après le premier pharaon de la XIIIe dynastie, Ougaf, se succèdent une quinzaine de rois peu significatifs, dont Aouibrê, Amménémès V, VI, VII, Sébekhotep I.

— La XIIIe dynastie culmine, si l'on peut dire, avec un groupe de pharaons d'où émergent Sébekhotep II, Khendjer, Sébekhotep III, Néferhotep I, Sébekhotep IV, Ibiyâou, Aï (~1750 ~1685).

— Avec un dernier groupe de pharaons, on entrevoit une sérieuse dégradation de la situation : Néferhotep-Iykhernofret se vante d'avoir sauvé Thèbes de la famine au cours des luttes qui l'opposaient à des Asiatiques et à leurs collaborateurs égyptiens ; il est clair que les Hyksôs se faisaient pressants. La chute de Memphis, centre des traditions culturelles et artistiques, vers ~1650, entraîne le déclin de la qualité des monuments et des inscriptions, si frappant sous les règnes des derniers pharaons de la XIIIe dynastie, à partir de Dedoumès. La XIIIe dynastie, exsangue, se recroqueville en Haute-Égypte, depuis Assiout jusqu'à Assouan.

Cf. Amménémès, Ankhou, Montouhotep, Néferhotep I, Sébekhotep.

XXXe DYNASTIE : voir SÉBENNYTIQUE (DYNASTIE)

IIIe DYNASTIE

Avec la IIIe dynastie commence l'Ancien Empire. Mais, d'un point de vue purement événementiel, le passage de la IIe dynastie à la IIIe paraît s'être effectué sans rupture ; le premier souverain dresse une statue à son prédécesseur ; bien plus, une reine, Nymaâthapy, appelée « mère des enfants royaux » sous Khâsékhemouy (IIe dynastie), est qualifiée de « mère du roi » sous Djoser, ce qui suggère que les liens familiaux unissaient les deux dynasties.

La liste des pharaons de la IIIe dynastie s'établit ainsi :

— Nebka (~2635 ~2617).

— Djoser, nom d'Horus : Netcherykhet (~2617 ~2599), le bâtisseur de la pyramide à degrés de Saqqara.

— Djoserty, nom d'Horus : Sékhemkhet (~2599 ~2594), dont le monument funéraire a été retrouvé, inachevé, au sud de celui de Djoser.

— Nebkarê (?), nom d'Horus : Sanakht (?) (~2594 ~2589 ?) ; lui aussi n'a pu mener la construction de son monument funéraire plus loin que le mur d'enceinte ; apparemment si insignifiant que l'annalistique égyptienne reconnaît avoir perdu son nom.

— Houni, nom d'Horus : Khâba (?) (~2583 ~2561) ; bâtisseur d'une forteresse sur l'île d'Éléphantine, et d'une pyramide à Zaouyet el-Aryan ; prédécesseur de Snéfrou.

— Un énigmatique pharaon, du nom d'Horus Zahedjet, attend d'être identifié à un des rois précédents.

Les pharaons de la IIIe dynastie régnèrent à Memphis et établirent les fondations de la civilisation égyptienne classique. L'utilisation monumentale de la pierre est désormais maîtrisée ; désormais aussi les ressources minières de la péninsule du Sinaï (cuivre, turquoise) sont régulièrement exploitées. À la perception itinérante des impôts, selon une tradition remontant au prédynastique, se substitue un inventaire bi-annuel des richesses qu'un appareil étatique amélioré tente de mieux contrôler (avec la IIIe dynastie apparaît le premier vizir connu, Menka) ; c'est surtout pour leur habilité à gérer l'organisation du travail artisanal et l'élaboration des produits manufacturés que réussissent les hauts fonctionnaires de l'époque. Les bas-reliefs d'Akhetâa ou les panneaux de bois sculptés de Hésyrê illustrent l'assise sociale de l'élite dirigeante.

Cf. Djoser, Imhotep, Pyramides.

TROISIÈME PÉRIODE INTERMÉDIAIRE

~1069 ~664

Une période mouvementée, durant plus de quatre siècles, sépare l'époque décadente des derniers Ramsès du jour où la réunification du pays par Psammétique I inaugure la belle renaissance saïte. Pendant longtemps, on qualifia cette période de « pré-saïte ». On a préconisé récemment de l'appeler Late New Kingdom, un « Bas-Nouvel Empire », assez peu « impérial » à vrai dire. La multiplication de pouvoirs régionaux se traduisant par la coexistence de plusieurs pharaons et l'affaiblissement de l'expansion conquérante de l'Égypte, qui subit infiltrations puis invasions étrangères, justifient, comme pour les deux « périodes intermédiaires » précédentes, l'emploi d'un terme neutre. Le terme se réfère, en effet, à un modèle géopolitique connu et signifie comment ces temps difficiles firent passer de la culture et des institutions ramessides aux institutions et à la culture « renaissante » qui prirent forme sous les Éthiopiens et les Saïtes.

Prédominance des guerriers libyens, insécurité et pillages des tombes, promotion envahissante du dieu Amon à travers ses prêtres, obscurité du gouvernement royal, la période intermédiaire commence sous les ultimes Ramsès mais il est convenu de la faire débuter vers ~1080 lorsque le général et pontife Herihor s'arroge à Thèbes un pouvoir quasi royal, tandis que Smendès, de Tanis, assure la gestion de la Basse-Égypte. Ce qui suit cet illusoire « renouvellement » (*ouhem-mesout*) se subdivise assez bien en quatre phases :

1. *La période des rois tanites et des « rois-prêtres » (~1069 ~945).* Smendès inaugure une XXIe dynastie dont le plus illustre représentant sera Psousennès I, fils du pontife et roi thébain Pinodjem. La lignée des grands-prêtres d'Amon gouverne le Sud. Les Libyens gangrènent la Basse et la Moyenne-Égypte.

2. *L'apogée des rois de souche libyenne (~945 ~850).* Chéchanq I fonde une XXIIe dynastie bubastite. Durant un siècle, l'Égypte retrouve quelque puissance à l'extérieur ; l'activité monumentale est relancée (Osorkon II). Des fils royaux sont apanagés comme grands-prêtres d'Amon et gouverneurs d'Héracléopolis.

3. *« L'anarchie libyenne », période de dislocations croissantes (~850 ~730).* Guerres intestines, compétitions entre les différentes lignées de princes apanagés, coexistence de deux pharaons, et finalement, vers ~780, scission entre la Basse et la Haute-Égypte. Au bout du compte, le pays se retrouve partagé entre cinq personnes prétendant au rang de roi, tandis que, dans les provinces du Nord, une bonne dizaine de « grands chefs » reconnaissent, au mieux, la suzeraineté sacrale d'un de ces pharaonicules.

4. *Le conflit pour la réunification (~730 ~656).* La dynastie éthiopienne s'annexe définitivement le Sud où se termine la « période intermédiaire ». Le pacificateur kouchite piétine dans le Nord. Les XXIVe et XXVIe dynasties de Saïs lui disputent avec acharnement Memphis et le Delta. Les invasions assyriennes refoulent brutalement les Éthiopiens. À la faveur du vide laissé par leur retraite et par la brusque décadence de l'Assyrie, le Saïte refait rapidement l'unité du pays que ses divisions n'avaient pas empêché d'amorcer une rénovation culturelle.

Formellement, au long de ces temps incertains, l'idéologie royale, gravée dans la pierre, se conserve, même lorsqu'on dénombre cinq « maîtres des Deux Terres ». Le palais — « la grande maison » (*per-âa*) — se confond toujours, dogmatiquement, avec le siège de l'imperium universel. C'est sous les Libyens que se fixe l'usage, devenu le nôtre, de faire de *per-âa* un titre qu'on place devant le nom de naissance du souverain (« le pharaon Osorkon »). Dans la réalité vécue, Pharaon fut sûrement moins auguste que les inscriptions et images ne le feraient accroire : des princes en viennent à dater leurs inscriptions de l'année d'un des rois concurrents en laissant le cartouche vide. Le dévot pharaon Piyé refusera de recevoir deux de ses petits collègues égyptiens qui ne respectaient pas les règles de pureté obligatoires dans la « maison du roi ». En dépit de l'idéologie théocratique que cultivent les « rois-prêtres », les grands Libyens et les Kouchites qui subordonnaient les affaires politiques à la volonté d'Amon, le ritualisme sacerdotal a su toutefois préserver le rôle fondamental du nom royal médiateur.

Dans l'histoire de la monarchie, on retiendra deux aspects saillants, et connexes : la suprématie médiatique accordée au pouvoir divin sur les pouvoirs humains et l'importance prise par les familles sacerdotales, responsables du culte et des biens des temples. Sous les Tanites et les Libyens, le recours à la sanction de l'oracle d'Amon se généralise pour régler les affaires publiques. Les chefs locaux, à la fois commandants des troupes et directeurs des prêtres, seront censés recevoir du dieu de leur ville leur puissance, et parfois la royauté. C'est aussi pendant la Troisième Période Intermédiaire qu'on voit apparaître ou se développer les traits de l'Égypte saïte : primauté des cités du Delta, culte des animaux sacrés, recours à des modèles antiques, spiritualisation solaire des pratiques funéraires, premières affirmations des théologies locales (« prêtres spécifiques »), popularité quotidienne d'Osiris, satanisation de Seth, ferveur pour les formes infantiles des dieux-fils (culte mammisiaque).

La période avait assuré, en dépit des conflits internes et des invasions, la conservation et l'enrichissement du patrimoine littéraire et artistique, sous des formes dont l'étude est tout juste amorcée. Au temps des « rois-prêtres », l'éradication en matière de théologie et de magies funéraires est approfondie dans les milieux sacerdotaux de Thèbes (collection des « chapitres supplémentaires » du *Livre des Morts* et compilation finale du papyrus Greenfield, vulgarisation de l'*Am-Douat*, etc.). Le hasard a conservé peu des œuvres littéraires appréciées ou créées par les scribes du temps : le *Récit d'Ounamon*, une édifiante aventure ; la *Lettre* dans laquelle le prêtre héliopolitain Ourmaï raconte ses malheurs ; l'*Onomasticon d'Aménopé*, une liste de mots dénombrant les réalités géographiques, sociales et économiques des temps ramessides. Les genres traditionnels de l'épigraphie se renouvellent (autobiographies du temps des Chéchanquides).

Kitchen K.A., *The Third Intermediate Period*, 2e ed., Warminster, 1986 (étude systématique).
Tanis. L'Or des pharaons, Paris, Grand-Palais, 1987.

Cf. Chéchanq, Éthiopienne (dynastie), Grand-prêtre d'Amon, Herihor, Libyens, Osorkon, Pétoubastis, Pinodjem, Psousennès, Saïtes (dynasties), Smendès, Tefnakht.

UNIFICATION

L'instauration de l'État pharaonique et la naissance, en apparence brusque, des traits de civilisation qui seront les siens, en d'autres termes le passage de la Préhistoire à l'Histoire, auront été longtemps racontées comme un événement : le moment qu'on situe aujourd'hui entre ~3200 et ~2900 où furent unifiées la Haute et la Basse-Égypte. Implantant la capitale à Memphis, Ménès, premier nom des listes royales du Nouvel Empire et, chez Manéthon, de la Ire dynastie humaine, aurait alors réalisé l'unité du pays, tout en jetant les bases des institutions, de l'économie et de la culture. À lui revenait même l'organisation d'un système général d'irrigation par bassins, la répartition des tribus en nomes, la mise en place d'une administration centrale usant de l'écriture.

Ce vieux discours dont les relents encombrent encore la problématique est né de la conjonction de deux sources. D'une part, les rapports qu'on lit à propos de Ménès dans des auteurs grecs, d'autre part les représentations égyptiennes qui conçoivent la monarchie comme duelle.

Selon Hérodote (vers ~450), « Min » aménage le sol où il bâtit Memphis et, à partir de ce moment, l'alluvionnement crée le Delta. Manéthon (vers ~290) caractérise Ménès comme l'auteur de conquêtes hors d'Égypte. Les récits et anecdotes gréco-égyptiennes transmises par Diodore en font un souverain qui imposa des lois écrites (attribuées fictivement par lui à Hermès-Thot), l'inventeur du confort matériel et l'instaurateur des rites sacrés et de cultes zoolâtriques.

La monarchie, dès les premières dynasties, est présentée selon les protocoles rituels ; les thèmes mythologiques et l'iconographie royale comme double, selon différentes images séparant et réunissant une Haute et une Basse-Égypte, la première prenant le pas sur la seconde : un terme pour dire « roi du Nord » est jumelé au terme pour dire « roi du Sud ». Seth (Sud) et Horus (Nord) s'unissent en la personne du souverain. Nekhbet d'El-Kab a pour pendant Ouadjyt de Bouto — respectivement maîtresses de la couronne blanche et de la couronne rouge, la première s'emboîtant dans la seconde pour former le pschent —, les puissances d'Hiérakonpolis ont les puissances de Bouto comme symétriques ; l'ordre accompli de l'État est symbolisé par la scène de l'« union des Deux Terres » — les tiges de la plante shema du Sud et celles du papyrus du Nord sont nouées ensemble, sous les pieds ou sur le siège du pharaon, autour du signe notant le verbe « unir » (*sema*).

Gravées sous l'Ancien Empire, les « annales » rétrospectives (dites « pierres de Palerme ») nommaient — là où l'historiographie du Nouvel Empire plaçait les « serviteurs d'Horus » ou « demi-dieux » — des rois coiffant la seule couronne rouge. L'égyptologie d'avant-guerre, s'appuyant en outre sur certains textes rituels, en vint à tenir pour assurée l'existence d'un royaume septentrional de Bouto dont la conquête par les rois sudistes d'Hiérakonpolis et El-Kâb aurait réalisé l'union des Deux Terres. Sur la lancée, étant constatées de nettes différences culturelles entre les sites prédynastiques de la pointe du Delta et ceux de la Haute-Égypte, une théorie fut un temps à la mode, qui racontait — fort arbitrairement — l'annexion d'un Nord « asiatique » et agricole par un Sud « africain » et pastoral.

Ces reconstructions devaient bientôt être remises en cause par les exégètes de la pensée pharaonique — tout symbolique, le thème de la dualité réunie ne pouvait commémorer un événement fondateur réellement historique. Supposée inhabitable (contre les évidences, d'ailleurs, de la paléogéographie), Bouto aurait été désignée comme pendant de Hiérakonpolis, les deux sites marquant idéalement les deux frontières du royaume... Les progrès des prospections archéologiques sont venus récemment changer radicalement une problématique procédant principalement de l'interprétation des textes et des images traditionnelles.

À considérer le parallélisme entre la séquence des rois attestés par les monuments de la Ire dynastie et les listes du Nouvel Empire, l'Horus Aha, dont le temps se signale — dans la région d'Abydos comme dans la nécropole memphite — par l'importance des monuments princiers et la richesse des mobiliers funéraires, paraît bien correspondre à Ménès. Mais il importe de ne plus chercher à authentifier les traits qu'un Diodore impute à celui-ci ; ceux, cumulés, d'un héros fontateur et législateur (traits qui sont prêtés par ailleurs au légendaire Séostris Sésoôsis ou à Osiris). Une telle figure a été empruntée par l'Égypte tardive à l'historiographie hellénique, alors que, selon la mythologie traditionnelle, les institutions avaient été créées dans leurs principes aux temps primordiaux des dieux : Rê a instauré l'ordre juste (Maât) ; Shou a organisé le territoire ; Thot fut le premier vizir, le créateur de l'écriture ; Horus et Seth se sont disputé le double pays et partagé les deux moitiés du monde ; le grain est né d'Osiris, etc.

La découverte à Bouto et dans deux lieux voisins d'établissements protohistoriques développés a rendu quelque consistance à l'idée qu'il exista au IVe millénaire un royaume septentrional dont les souverains du Sud auraient pris possession vers la fin de ce millénaire. Mais les fouilles, dans la vallée comme dans le Delta oriental, révèlent surtout de plus en plus comment l'expansion culturelle du Sud fut un long processus et que la marche qui aboutit à faire prévaloir une civilisation uniforme et le régime pharaonique s'accéléra au temps de la dynastie Zéro des Horus préménites. On dissociera désormais la gestation de l'État égyptien et l'union des Deux Terres qui en structura l'idéologie.

Cf. Dualité, Bouto, Hiérakonpolis, Memphis, Ménès.

URAEUS

Ce vocable du plus ancien jargon égyptologique est la latinisation de la forme grecque *ouraios* qui, selon les *Hieroglyphica* d'Horapollon, aurait désigné en égyptien le serpent basilic (*basiliscos*, « royal »). Ce n'était point, comme le croyait ce philosophe alexandrin, le gros reptile mâle qui symbolisait l'éternité cosmique, mais le cobra en éveil, entité féminine appelée iârat, qui représentait la force magique des couronnes et le feu brûlant du soleil. Cet être divin se confond avec Ouadjyt, génie de la coiffure du nord, mais aussi — étant « L'Œil de Rê » — avec plusieurs autres déesses, notamment Sekhmet à tête de lion. L'uraeus, simple ou dédoublé (comme les couronnes royales), est suspendu au disque solaire. Insigne caractéristique et exclusif de la fonction royale ici-bas, un cobra unique, à partir de la IVe dynastie, rampe dans l'axe de la coiffure du pharaon et dresse sa gorge gonflée au milieu de son front. Certaines princesses partagent ce privilège et, au Nouvel Empire, l'uraeus multiplié orne les couronnes de déesses et des reines. Dans les temples, le cobra dressé forme des frises protectrices en haut des parois.

Cf. Couronnes.

VALLÉE DES ROIS

Inhumés, selon l'usage, à l'occident de leur foyer dynastique, les rois thébains de la XVIIe dynastie s'étaient fait bâtir des pyramides, de taille médiocre au demeurant, au pied de la montagne en face de Karnak (Dra Abou'l Negga). Les fondateurs de la XVIIIe dynastie furent naturellement, à leur tour, enterrés sur la rive gauche de Thèbes (Amosis et Aménophis I ont été retrouvés dans la Cachette de Deir el-Bahri), mais leurs sépultures n'ont malheureusement pas été identifiées exactement. Ce serait sous Thoutmosis I que la décision fut prise de creuser pour le roi un hypogée à l'intérieur de la montagne. L'usage sera suivi par tous ses successeurs jusqu'à Ramsès XI. En contrebas de la cime d'apparence pyramidale qui domine le dgébel, les syringes de presque tous les représentants des trois dynasties du Nouvel Empire se retrouvent ainsi au pied des versants abrupts de deux oueds confluant en une vallée sèche : la Vallée des Rois proprement dite ou *Biban el-Molouk* (« les Portes des Rois » en arabe). Aménophis III et Aï furent installés plus loin, dans la vallée dite « des Singes » (Aménophis IV/Akhenaton, bien entendu, fit sa tombe dans la montagne orientale d'Amarna). Quelques privilégiés furent admis dans la Vallée des Rois : le prince Maherpra, puis les beaux-parents dAménophis III, Iouya et Touyou, sous la XVIIIe dynastie, l'abusif trésorier Baï, contemporain de Siptah et Taousert, sous la XIXe dynastie, le prince héritier Monthouherkhepchef, fils de Ramsès IX, sous la XXe dynastie. Épouses et mères royales, princesses et jeunes enfants du souverain étaient normalement enterrés dans un oued plus méridional, débouchant derrière Médinet Habou, « la Vallée des Reines » (ou *Biban el-Harim*).

Soixante et une tombes sont actuellement recensées dans la Vallée des Rois. La syringe typique consiste en une enfilade plus ou moins longue de couloirs, flanqués ou non de chambrettes latérales, et conduisant au caveau. Les parois sont exhaustivement décorées. Passages et piliers montrent la rencontre de l'Osiris-Roi et des dieux de l'Au-delà. Les longs murs reproduisent des compositions qui identifient la syringe aux tréfonds où le soleil s'enfonce le soir. Ces fantastiques illustrations commentées symbolisent les phases de la régénération de l'astre qui resurgit au matin. Elles forment le « Livre de la Salle Cachée » (ou *Am-Douat*), puis, au lendemain d'Amarna, le « Livre des Porches », ensuite le « Livre des Cavernes » et autres ouvrages cryptiques. Traduction de différentes approches du mystère de la régénération, ces bandes dessinées ésotériques décrivent la vie des bienheureux et l'extermination des réprouvés. Elles axent leur chronologie et leur topographie sur la navigation nocturne du soleil. Elles racontent la défaite de l'ennemi cosmique, Apopi, les métamorphoses du corps divin, la renaissance corollaire d'Osiris, le transfert du pouvoir entre mort et vivant. Ces traités confidentiels sont censés renfermer la connaissance totale des mécanismes immanents. Ils seront, jusqu'à la XXe dynastie, monopole des sépultures des rois. Sous Thoutmosis I avait été créé le corps des

« ouvriers de la Tombe » et le village (Deir el-Médina) où carriers et décorateurs chargés d'aménager les hypogées des rois et des reines étaient établis à proximité de leurs lieux de travail. Les monuments (tombes et chapelles) et les archives administratives ou personnelles en font connaître l'organisation technique, la vie quotidienne, la culture, la piété de ces gens et, indirectement, certaines difficultés économiques et politiques affectant Thèbes et le royaume. L'immensité et la perfection de certaines tombes royales, l'inachèvement ou l'usurpation de certaines autres illustrent la durée des règnes, les apogées et les crises du pouvoir.

Cerny J., *The Valley of the Kings*, Le Caire, 1973.
Valbelle D., « Les Ouvriers de la Tombe », Le Caire, 1985.
Bierbrier M., *Les Bâtisseurs de Pharaon*, Paris, 1986.

Cf. Cachettes royales.

XXVe DYNASTIE : voir ÉTHIOPIENNE (DYNASTIE)

XXIIe DYNASTIE : voir TROISIÈME PÉRIODE INTERMÉDIAIRE

XXIe DYNASTIE : voir TROISIÈME PÉRIODE INTERMÉDIAIRE

XXVIIIe DYNASTIE : voir SAÏTES (DYNASTIES)

XXe DYNASTIE

Sethnakht, ~1190 ~1187, patronné par Amon, met fin aux désordres où s'était perdue la XIXe dynastie et fonde la seconde lignée dite ramesside où l'on dénombre sept

Ramsès après lui. Tous les représentants de la lignée placeront leur tombe à Thèbes, dans la Vallée des Rois (celle de Ramsès VIII demeure inconnue). La dernière attestation de Pi-Ramsès, la capitale septentrionale que Ramsès III fréquenta encore beaucoup, date de Ramsès VIII. Le débit décroissant de la branche orientale du Delta allait finalement aboutir à la déchéance de cette résidence. En tout cas, il semble que les derniers Ramessides aient habituellement siégé dans le Nord, plutôt qu'à Thèbes. Ramsès III (~1187 ~1156), fils de Sethnakht, sauve l'Égypte des attaques lancées par les Libyens et par les Peuples de la Mer et maintient quelques positions en Canaan. Il copie ostensiblement le style de Ramsès II, mais accentue l'emprise morale et les revenus d'Amon. Cet apogée éphémère ne survit pas au pieux Ramsès IV (~1156 ~1150). Une longue phase de déclin va durer pendant trois quarts de siècle. Tout le Proche-Orient, sans doute touché par une dégradation climatique, sombre à l'époque dans les convulsions. Hébreux et Philistins se disputent la Palestine, les Araméens submergent la Syrie, les Empires d'Assyrie et de Babylone régressent. L'Égypte, qui maintient pourtant sa domination sur le Soudan, se rétracte du côté de l'Asie, ne mettant même plus les pieds dans le Sinaï après Ramsès VI. Dans les temples, l'activité monumentale est maigre : on grave les titulatures des Ramsès sur les marges blanches des décors existants, on sculpte quelques statues, élégantes au demeurant (Ramsès VI, Ramsès IX) ; vers la fin, sous Ramsès XI, est relancé le chantier du temple de Khonsou à Karnak. Par bonheur, les papyrus et ostraca de Deir el-Médina, le village où habitaient les ouvriers chargés de creuser et décorer les hypogées royaux, les dossiers thébains de plusieurs enquêtes judiciaires et les inscriptions que les grands-prêtres d'Amon ont laissées à Karnak font entrevoir les circonstances de cette période où la volonté politique et le rôle rituel du roi s'expriment plus vaguement dans le Sud que les décisions et initiatives des pontifes thébains. Des difficultés de subsistance (grèves) et des troubles affectant l'ordre public (conspiration à la cour, mouvements armés) sont apparus dès le règne de Ramsès III. Descendants des prisonniers de guerre reconvertis en soldats ou nouveaux venus poussés hors du Sahara par la famine, les Libyens finiront par submerger le Nord et par inquiéter le Sud. En Thébaïde, une famille en vient à cumuler, pendant plusieurs générations, la direction du clergé et du patrimoine d'Amon ; une caste sacerdotale qui dispose des temporels divins et approfondit la culture spirituelle affirme son autonomie et son aisance. Sous Ramsès IX, le grand-prêtre Amenhotep est le vrai gouvernant de Thèbes. Mais, du temps du même Ramsès IX aussi, nouveaux embarras frumentaires, nouvelles grèves. On pille les tombes, même celles des « grands dieux », les rois morts. Famine, nouvelles violations de tombes, éviction du grand-prêtre Amenhotep, apparition des Libyens, intervention militaire du vice-roi de Nubie qui va combattre jusqu'en Moyenne-Égypte, violences des troupes barbares, tout va encore plus mal sous Ramsès XI (~1098 ~1069). En l'an XIX est instaurée une ère dite du « renouvellement des enfantements » (*ouhem-mesout*) parallèle à l'ère royale, et qui prétend proclamer une renaissance de l'ordre cosmique (plutôt qu'une substitution d'ordre familial). Loin de Ramsès évanide qui subsiste dans le Nord, des pontifes thébains, condottierres nouveaux venus, Herihor, puis Piânkh gèrent souverainement la Haute-Égypte sous le couvert de l'oracle d'Amon, tandis qu'avec Smendès, le futur fondateur de la XXIe dynastie, Tanis supplante Pi-Ramsès. La fin du Nouvel Empire (qui n'en est plus un) porte en germe la Troisième Période Intermédiaire : affaiblissement de la présence morale du pharaon, promotion d'Amon-Rê, créateur transcendant, comme source du gouvernement comme des destinées individuelles, mise en place de deux pouvoirs ambitieux, celui des prêtres de ce dieu et celui des chefs libyens en cours d'égyptianisation.

Lalouette C., *L'Empire des Ramsès*, Paris, 1985, p. 298-363.

Cf. Grand-prêtre d'Amon, Herihor, Libyens, Ramessides, Ramsès III, Ramsès IV, Sethnakht.

XXIXe DYNASTIE : voir MENDÉSIENNE (DYNASTIE)

XXIVe DYNASTIE : voir SAÏTES (DYNASTIES)

XXVIIe DYNASTIE : voir PERSES

XXVe DYNASTIE : voir SAÏTES (DYNASTIES)

XXIIIe DYNASTIE : voir TROISIÈME PÉRIODE INTERMÉDIAIRE

VIZIR

Par convention, les égyptologues traduisent par « vizir » le titre égyptien *tchaty*, et cette convention doit être prise pour telle : elle suggère une analogie, mais évidemment pas une étroite ressemblance avec ce que recouvre le terme dans son emploi originel.

Dans l'Égypte ancienne, le vizir-*tchaty* est le plus haut dignitaire du pays, le chef des appareils à travers lesquels le pharaon gère le pays, une manière de premier ministre, comme on le répète souvent, avec plus de complaisance que d'exactitude. Cette gestion repose fondamentalement sur l'écriture ; aussi le vizir a-t-il avant tout à contrôler l'immense machine bureaucratique qui assure le maintien de l'ordre pharaonique ; on comprend alors que Thot, dieu des scribes, soit aussi le vizir des dieux ! De fait, le vizir scelle les « décrets » promulgués par le pharaon, et tient dans son office d'importantes archives : il conserve non seulement la copie des actes privés, en particulier les actes de « *imyper* », c'est-à-dire de transfert de biens, mais aussi les registres cadastraux des terres cultivables, auxquels on se réfère en cas de litige au moment de mesurer les superficies imposables. Le vizir a, bien entendu, droit d'accès aux archives des autres institutions, qui sont tenues de lui communiquer les documents exigés, selon des procédures très codifiées, et qui diffèrent selon qu'ils sont classés ou non « confidentiel ». C'est avant tout parce qu'il tient les archives que le vizir joue un important rôle que nous appelons judiciaire — mais le judiciaire, dans l'Égypte ancienne, ne se distingue guère nettement de l'exécutif —, il compulse les écrits pour apprécier le bien-fondé des requêtes, trancher en fonction des règlements, et appliquer les sanctions selon les « lois », qui constituent plus la substance normative des décrets et des coutumes que des principes généraux et abstraits.

Sur ces bases, le vizir contrôle la production. On lui annonce les phénomènes naturels qui rythment les cultures, lever héliaque de Sothis, arrivée de la crue, pluies épisodiques, et il donne l'ordre aux administrateurs locaux d'édifier les digues qui retiendront l'eau limoneuse dans les bassins d'irrigation, de préparer le sol arable. Il fixe les taxes sur les récoltes, calcule les arriérés, surveille l'acheminement et la répartition du gros bétail. En collaboration avec les « directeurs de ce qui est scellé », il veille à la conservation des produits précieux ; il en assure l'approvisionnement en dépêchant des expéditions aux mines et aux carrières, ou aux comptoirs lointains.

Il règle la circulation des biens et des forces productives en contrôlant les rotations des bateaux et le déplacement des milices là où le besoin se fait sentir, et en veillant à ce que l'offrande divine des temples soit fournie. Ces biens et ces forces productives, il les peut mobiliser pour des tâches spéciales : construction ou restauration d'édifices, cérémonies royales, préparation des monuments funéraires du pharaon. Il a droit de regard, enfin, sur les fonctions civiles ou religieuses.

Quoique esquissé à grands traits, ce tableau de la compétence vizirale suffit à suggérer l'importance de la fonction, si lourde, au demeurant, qu'elle fut dédoublée à la XVIIIe dynastie, sinon au Moyen Empire, entre un vizir du Sud, en charge à Thèbes, et un vizir du Nord, en charge dans la résidence septentrionale (Memphis, Pi-Ramsès, Licht). Faut-il souligner l'importance de ceux qui l'exercèrent ? Dans la première moitié de la XVIIIe dynastie, la lignée Âmtchou, Ouser (amon), Rekhmirê portent au plus haut une manière de tradition du vizirat, qui s'exprime à travers des représentations particulièrement gratifiantes pour son détenteur, et, surtout, à travers une littérature spécifique, représentée, d'une part, par *Les Devoirs du vizir*, énumération plus apologétique que systématique des tâches qui lui incombent, et *L'Installation du vizir*, qui vise à définir l'éthique de la fonction. Au début de l'Ancien Empire, les vizirs étaient des membres de la famille royale, mais à la Ve dynastie, leur recrutement commença à s'effectuer en dehors d'elle ; inversement, l'affaiblissement du pouvoir royal sous la VIe dynastie se marque dans le fait que Pépy I dut épouser les sœurs du vizir Djâou, membre d'une influente famille d'Abydos. Sous la XIIIe dynastie, alors que d'éphémères pharaons se succèdent à un rythme élevé sur le trône, la famille du vizir Ânkhou contrôle imperturbablement le marché des affaires. Parfois, l'importance de la fonction exacerbait les ambitions de son détenteur, jusqu'à l'inciter à viser au plus haut : tel Amménémès I, fondateur d'une nouvelle dynastie, la douzième, après avoir été vizir du dernier pharaon de la précédente, Montouhotep IV. L'avènement de la théocratie, à la Troisième Période Intermédiaire, en réduisant la souveraineté du pharaon, qui n'était plus immanente, mais soumise à l'oracle, provoqua par contrecoup l'affaiblissement de la fonction vizirale. Désormais, les vizirs paraissent de bien pâles figures face aux gestionnaires du domaine d'Amon, dont ils sont réduits, parfois, à n'être que l'émanation.

James T.G.H., *Pharaoh's People. Scenes from Life in Imperial Egypt*, Oxford, Melbourne, 1985, chapitre 2.

Cf. Ânkhou, Antefiqer, Herihor, Kagemni, Pthahhotep, Rekhmirê.

XOÏS

Ville du Delta septentrional, dont les vestiges subsistent près du village moderne de Sakha ; au demeurant, ce nom arabe vient du nom égyptien après métathèse. Jusqu'au Moyen Empire, Xoïs semble avoir été une ville de faible importance, à proximité de la frange de marais qui bordait le littoral du Delta ; l'emblème du nome dont elle est la capitale représente un taureau dans une fondrière (réinterprété, plus tard, comme un taureau des vallonnements désertiques). C'est durant la XIIIe dynastie que Xoïs rencontra l'histoire, devenant la résidence d'un royaume indépendant, qui n'a livré aucun monument. Au Nouvel Empire, Xoïs entre dans le rang, mais les mythes locaux, qui en font « la place des royautés de Rê », procèdent peut-être de son passé. Xoïs connaîtra une forte expansion à l'époque gréco-romaine.

Cf. XIVe dynastie.

ZÉRO (DYNASTIE)

Étrange dénomination, apparemment ! mais fort révélatrice des incertitudes qui pèsent sur les temps les plus anciens de l'Égypte pharaonique. Quand les égyptologues commencèrent à en reconstruire l'histoire, ils suivirent le classement en dynasties qu'avait établi Manéthon. Dans la première dynastie furent donc rangés les plus anciens pharaons qui avaient régné sur l'Égypte après qu'elle avait été unifiée par le premier d'entre eux, le mystérieux Ménès (Nârmer ou Âha, ou bien un pharaon fictif créé à partir d'eux par la tradition). Toutefois, plusieurs indications fournies et par des chroniques royales (pierre de Palerme), et par des objets inscrits donnaient à penser qu'avant Ménès, des potentats, pourvus de certains attributs propres par la suite aux pharaons, avaient régné sur des régions entières de l'Égypte. L'archéologue Flinders Petrie proposa de constituer avec eux une dynastie dite « zéro ». Guère d'écho chez ses collègues, qui ignorèrent sa suggestion. Un demi-siècle après, l'archéologie lui offrit une revanche posthume. En effet, les fouilles de l'Institut allemand dans la nécropole archaïque d'Abydos ont mis au jour les sépultures de plusieurs rois antérieurs à l'unification : Scorpion I (à distinguer de Scorpion II, le prédécesseur immédiat de Nârmer), Irihor (?), Ka (ou Sekhen). Elles comportaient un riche mobilier, entre autres des emblèmes royaux (sceptres), des jarres de vin importées de Palestine, et surtout beaucoup d'objets inscrits prouvant définitivement que l'écriture était déjà utilisée vers 3150 avant J.-C., avant donc le début de la période pharaonique. L'exploitation de ces trouvailles ne fait que commencer et toutes les conclusions ne sont pas encore tirées. À tout le moins, la notion de dynastie zéro a été ressuscitée pour regrouper ces rois et quelques autres connus par de petits objets, mais dont les tombes restent à découvrir. Une précision s'impose. Même s'ils régnèrent sur la Haute-Égypte et plus, peut-être, même s'ils sont culturellement liés à la première dynastie, ils ne sauraient être considérés comme des pharaons à part entière, dans la mesure où échappait à leur contrôle le royaume de Bouto dans le Delta. Ce sont leurs successeurs, et en premier lieu Ménès, qui opérèrent l'unification entre ~3000 et ~2950 avant J.-C. Le symbole de cette unification et, donc, du début de la période proprement pharaonique est la fondation de Memphis où ces premiers pharaons et/ou leurs hauts fonctionnaires édifièrent des complexes funéraires. Il demeure que la première dynastie émerge non du néant, mais du zéro ; on n'arrête pas le progrès !

Cf. Origines ; Thinite (époque) ; Ménès ; Nârmer ; Scorpion (les rois).

Bibliographie

Les orientations bibliographiques données, quand c'était possible, à la fin des articles ont été rigoureusement limitées en fonction d'un critère essentiel, celui de l'accessibilité ; seuls sont indiqués les ouvrages, en français ou en anglais, publiés dans des collections ou séries « grand public », et disponibles dans les grandes librairies. Cela suffira à satisfaire le lecteur cultivé, simplement curieux d'approfondir tel point particulier.

En revanche, qui voudrait affronter les données techniques de telle ou telle question devra accéder à la bibliographie proprement égyptologique, sans craindre les contributions en allemand, souvent fondamentales. Voici quelques indications susceptibles de lui ouvrir cet accès.

L'égyptologie possède désormais son encyclopédie scientifique, où tout l'univers de la civilisation égyptienne est répertorié par articles, classés alphabétiquement, et pourvus d'un riche apparat bibliographique renvoyant et aux synthèses et aux éditions de documents ; il s'agit du *Lexikon der Ägyptologie*, édité par W. Helck et E. Otto, puis par W. Helck et W. Westendorf, en six volumes, de 1972 à 1986, chez Harrassowitz (Wiesbaden). C'est de cette somme que doit partir toute recherche (beaucoup d'articles sont écrits en anglais ou en français ; index français des entrées dans le volume VIII).

L'information peut être mise à jour en suivant les parutions de l'*Annual Egyptological Bibliography. Bibliothèque égyptologique annuelle*, éditée désormais par L.M.J. Zonhoven chez Aris & Phillips Ltd, Teddington House, Warminster, Wilts (1947-1992), suivie et consultable par Internet : http://www.leidenuniv.nl/nino/aeb.html. Cette publication comporte une rubrique « History » qui ne doit pas être consultée exclusivement ; dans les autres rubriques sont en effet enregistrées des contributions touchant souvent à l'histoire, même si leur titre ne le spécifie pas.

On profitera encore des excellentes mises au point fournies par E. Hornung, *Einführung in die Ägyptologie*, Wissenschaftliche Buchgesellschaft, Darmstadt, 1967.

Parmi les ouvrages récents traitant de l'Égypte pharaonique, on retiendra :

Les origines :

MIDANT-REYNES, Béatrix, *Préhistoire de l'Égypte*, Paxco, Armand Colin, 1992.

HOFFMAN, Michael A., *Egypt before the Pharaohs, The Prehistoric Foundations of Egyptian Civilization*, Londres, Routledge & Kegan Paul, 1980.

SPENCER, E., *Early Egypt, the Birth of Civilization in the Nile Valley*, Londres, British Museum Press, 1993.

Histoire des pharaons :

Ancient Egypt. A Social History. B. J. KEMP, A. B. LLOYD, D. O'CONNOR et B. G. TRIGGER, Cambridge University Press, 1987.

The Cambridge Ancient History, 3e édition, Cambridge University Press, 1970-1975.

CLAYTON, Peter A., *Chronique des pharaons*, Casterman, 1995.

DUNAND, Françoise et ZIVIE-COCHE, Christiane, *Dieux et hommes en Égypte*, Armand Colin, Paris, 1991.

HUSSON, Geneviève et VALBELLE Dominique, *L'État et les institutions en Égypte des premiers pharaons aux empereurs romains*, Armand Colin, Paris, 1992.

GRIMAL, Nicolas, *Histoire de l'Égypte ancienne*, Fayard, Paris, 1988.

VALBELLE, Dominique, *Les Neuf Arcs*, Armand Colin, Paris, 1990.

VANDERSLEYEN, Claude, *L'Égypte et la vallée du Nil.* II. *De la fin de l'Ancien Empire à la fin du Nouvel Empire*, PUF, Paris, 1995. [En dépit de quelques paradoxes géographiques aberrants.]

VERCOUTTER, Jean, *L'Égypte et la vallée du Nil.* I. *Des origines à la fin de l'Ancien Empire*, PUF, Paris, 1992.

Rois et périodes :

Aménophis III, le Pharaon-Soleil, Réunion des musées nationaux, Paris, 1993.

DESROCHES-NOBLECOURT, Christiane, *Ramsès II, la véritable histoire*, Pygmalion-Gérard Watelet, Paris, 1996.

GRANDET, Pierre, *Ramsès III, histoire d'un règne*, Pygmalion-Gérard Watelet, Paris, 1993.

KITCHEN, K. A., *The Third Intermediate Period in Egypt*, Aris & Phillips Ltd, Warminster, England, 1986.

REDFORD, Donald B., *Akhenaton, the Heretic King*, Princeton University Press, Princeton, N. J., 1984.

SCHNEIDER, Thomas, *Lexikon der Pharaonen*, Artemis und Winkler, 1994.

WELSBY Derek A., *The Kingdom of Kush. The Napatan and Meroitic Empires*, Londres, British Museum Press, 1996.

Aspects de la culture pharaonique :

L'Homme égyptien, sous la direction de Sergio Donadoni, Le Seuil, Paris, 1992.

L'Égypte ancienne, présentation par Pierre GRANDET, Le Seuil, Paris, 1996.

BAINES, John et MALEK, Jaromir, *Atlas de l'Égypte ancienne*, Le Fanal, 1990.

BONHEME, Marie-Ange et FORGEAU, Annie, *Pharaon, les secrets du pouvoir*, Armand Colin, Paris, 1988.

Quirk, Stephen and SPENCER J., *The British Museum Book of Ancient Egypt*, British Museum Press, Londres, 1992.

ROMER, John, *Histoire de la Vallée des Rois*, Vernal-Philippe Lebaud, 1991.

SHAW, Ian et NICHOLSON, Paul, *British Museum Dictionary of Ancient Egypt*, British Museum Press, Londres, 1995.

VERNUS, Pascal, *Affaires et scandales sous les Ramsès*, Pygmalion-Gérard Watelet, Paris, 1993.

VERNUS, Pascal, *Essai sur la conscience de l'histoire dans l'Égypte pharaonique*, Bibliothèque de l'École des hautes études en sciences historiques et philologiques, Librairie Honoré Champion Éditeur, Paris, 1995.

LE DELTA ET LA MOYENNE-ÉGYPTE

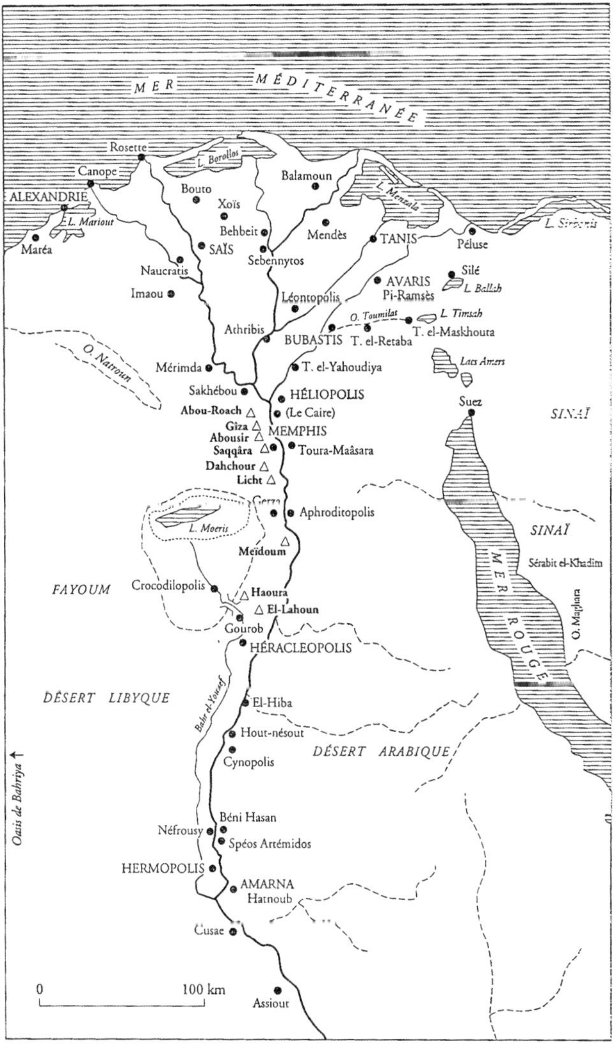

HAUTE-ÉGYPTE ET BASSE NUBIE

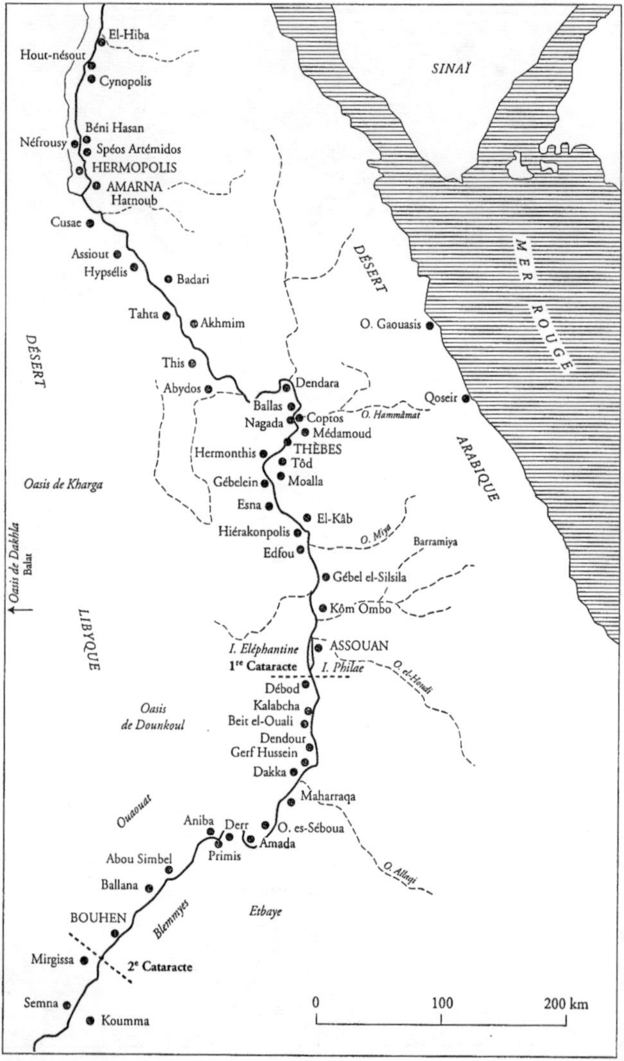

LA HAUTE NUBIE

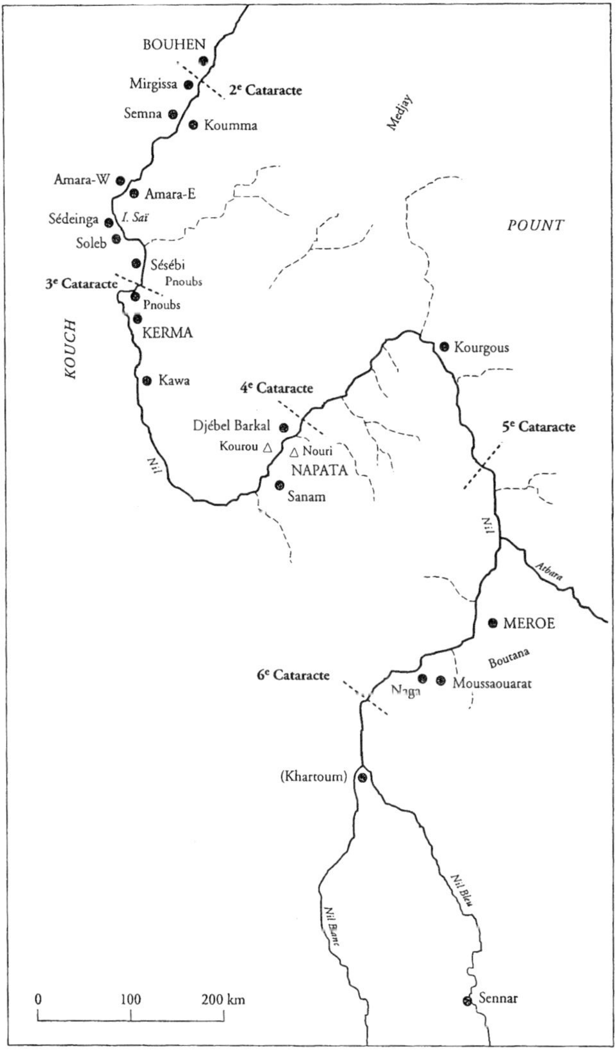

		Env. -3500 -3000	LA DYNASTIE ZÉRO
- 2950	ÉPOQUE PRÉDYNASTIQUE	Vers - 3000	LES ROIS SCORPION, L'HORUS NÂRMER
	ÉPOQUE THINITE Ire DYNASTIE	- 2950 - 2780	LES HORUS ÂHA (MÉNÈS DE LA TRADITION), DJET, DEN
	IIe DYNASTIE	- 2780 - 2635	LES HORUS HÉTEPSÉKHEMOUY ET NINETCHER, LE SETH PERIBSEN, HORUS-SETH KHÂSÉKHEMOUY
	ANCIEN EMPIRE IIIe DYNASTIE	- 2635 - 2561	DJOSER, L'HORUS, SÉKHEMKHET, HOUNI
	IVe DYNASTIE	- 2561 - 2450	SNÉFROU, CHÉOPS, CHÉPHREN, MYKÉRINOS
	Ve DYNASTIE	- 2450 - 2321	SAHOURÊ, NÉFERIRKARÊ, NÉOUSERRÊ, OUNAS
	VIe DYNASTIE	- 2321 -2140	TÉTI, PÉPY I, PÉPY II, LA REINE NITOKRIS
- 2140	Crise de pouvoir : VIIe DYNASTIE PREMIÈRE PÉRIODE INTERMÉDIAIRE VIIIe DYNASTIE MEMPHITE	- 2140 - 2130	

- 2130	Division du pays – Basse et Moyenne-Égypte : IXe DYNASTIE HÉRACLÉOPOLITAINE Xe DYNASTIE HÉRACLÉOPOLITAINE – Haute-Égypte : XIe DYNASTIE	 ~ 2130 ~ 2090 ~ 2090 ~ 2022 ~ 2130	 CHÉTY MÉRYKARÊ LES ANTEF
- 2022	Réunification du pays par Montouhotep II MOYEN EMPIRE		
	XIe DYNASTIE (suite)	~1191	MONTOUHOTEP II, MONTOUHOTEP III, MONTOUHOTEP IV
	XIIe DYNASTIE	~ 1191 ~ 1784	LES AMNÉNÉMÈS (I À IV), LES SÉSOSTRIS (I À III), LA REINE SKÉMIOPHRIS
	XIIIe DYNASTIE	~ 1784	LES SÉBEKHOTEP, KHENDJER, NÉFERHOTEP I
- 1720	Apparition des pouvoirs régionaux – Vallée : XIIIe DYNASTIE (suite)		 NÉFERHOTEP - IYKHERNOFRET

	– Delta		
	XIVe DYNASTIE : rois de Xoïs, rois d'Avaris	-1750 -1650	NÉHESY
- 1650	Prise de Memphis par les Hyksôs		SALITIS
	DEUXIÈME PÉRIODE INTERMÉDIAIRE		
	– Suzeraineté hyksôs sur toute l'Égypte		
	XVe DYNASTIE	-1650 -1550	KHYAN, APOPHIS
	Basse et Moyenne-Égypte		
	XVIe DYNASTIE : chefferies asiatiques et princes vassaux	-1650 -1539	
	– Haute-Égypte		
	XIIIe DYNASTIE (fin)	-1650	DEDOUMÈS
	XVIIe DYNASTIE	-1630 -1539	ANTEF V, SÉBEKEMSAF II, SÉQENENRÊ, KAMÈS
- 1539	Expulsion des Hyksôs par Amosis		
	NOUVEL EMPIRE		
	XVIIIe DYNASTIE	-1539 -1293	AMOSIS, LES AMÉNOPHIS, LES THOUTMOSIS AVEC HATCHEPSOUT
- 1353	Avènement d'Aménophis IV		
	Période atoniste	-1353 -1335	AMÉNOPHIS IV / AKHENATON, SÉMENEKHKARÊ

- 1335	Restauration de la religion traditionnelle		
	Période post-amarnienne	-1335 -1293	TOUTÂNKHAMON, AÏ, HOREMHEB
	XIXe DYNASTIE	-1293 -1190	SÉTHY I, RAMSÈS II, MERNEPTAH, LA REINE TAOUSERT
	XXe DYNASTIE	-1190 -1069	RAMSÈS III, LES RAMSÈS DE IV À IX
- 1080	Ère de la renaissance		LE GRAND-PRÊTRE HERIHOR
	TROISIÈME PÉRIODE INTERMÉDIAIRE		
	XXIe DYNASTIE TANITE	-1069 -945	SMENDÈS, PSOUSENNÈS, SIAMON
	XXIIe DYNASTIE BUBASTITE ou CHECHANQUIDE	-945	CHÉCHANQ I, OSORKON I, OSORKON II, TAKELOT II, CHÉCHANQ III
- 818	Avènement de Pétoubastis I		
	XXIIe DYNASTIE (suite)		CHÉCHANQ III
	Division du pays		
	– Delta et Memphis		
	XXIIe DYNASTIE (suite)	-773	PAMY, CHÉCHANQ V
	– Haute-Égypte		
	XXIIIe DYNASTIE	-787 -750	OSORKON III, TAKELOT III

- 750	Annexion de la Haute-Égypte par les Éthiopiens XXIIe-XXIIIe DYNASTIES (quatre pharaons locaux) XXIVe DYNASTIE SAÏTE	 -720 -720 -715	PIYÉ DE NAPATA NAMART, PAYTCHAOUEMÂOUYBASTET, IOUPOUT II, OSORKON II BOCCHORIS
- 715	Conquête de la Basse-Égypte par Chabaka – Suzeraineté éthiopienne sur toute l'Égypte XXVe DYNASTIE ÉTHIOPIENNE ou KOUCHITE	-715 -656	CHABAKA, TAHARQA
	– Basse-Égypte XXIIe DYNASTIE (ultimes épigones) XXVIe DYNASTIE SAÏTE	-660 -700	GEMENEFKHONSOUBAK LE LÉGENDAIRE NÉCHEPSO
- 656	Annexion de la Haute-Égypte par Psammétique I BASSE ÉPOQUE XXVIe DYNASTIE (suite et fin)	-525	LES PSAMMÉTIQUE (I À III), NÉCHAO, APRIÈS, AMASIS
- 525	Conquête de l'Égypte par Cambyse XXVIIe DYNASTIE PERSE (Première domination perse) – Dans le Delta XXVIIIe DYNASTIE SAÏTE	-525 -398 -404 -398	CAMBYSE, DARIUS I AMYRTÉE

- 398	Libération totale du pays par Néphéritès I		
	XXIXe DYNASTIE MENDÉSIENNE	-398 -378	LES NÉPHÉRITÈS, HAKORIS
	XXXe DYNASTIE SÉBENNYTIQUE	-378 -341	LES NECTANÉBO, TACHOS
- 341	Reconquête de l'Égypte par Artaxerxès III		
	Seconde domination perse	-341 -330	ARTAXERXÈS III, KHABBACH, DARIUS III
- 330	Conquête de l'Égypte par Alexandre le Grand		
	ÉPOQUE GRECQUE		
	DYNASTIE MACÉDONIENNE	-330 -323	ALEXANDRE LE GRAND
	DYNASTIE PTOLÉMAÏQUE OU LAGIDE	-323 -30	PTOLÉMÉE I SÔTER, PTOLÉMÉE II PHILADELPHE, ... CLÉOPÂTRE VII
- 30	Conquête de l'Égypte par Octave		
	ÉPOQUE ROMAINE		
	Les Césars comme pharaons	-30 313	D'AUGUSTE À MAXIMIN DAÏA
	Le christianisme, religion de l'empereur	vers 320	
	Fermeture des temples païens	392	

Antérieurement à 700 avant J.-C., les dates indiquées ne prétendent fixer que des ordres de grandeur plausibles.

Index

collection tempus
Perrin

Déjà paru

1. *Histoire des femmes en Occident* (dir. Michelle Perrot, Georges Duby), *L'Antiquité* (dir. Pauline Schmitt Pantel).
2. *Histoire des femmes en Occident* (dir. Michelle Perrot, Georges Duby), *Le Moyen Âge* (dir. Christiane Klapisch-Zuber).
3. *Histoire des femmes en Occident* (dir. Michelle Perrot, Georges Duby), *XVIe-XVIIIe siècle* (dir. Natalie Zemon Davis, Arlette Farge).
4. *Histoire des femmes en Occident* (dir. Michelle Perrot, Georges Duby), *Le XIXe siècle* (dir. Michelle Perrot, Geneviève Fraisse).
5. *Histoire des femmes en Occident* (dir. Michelle Perrot, Georges Duby), *Le XXe siècle* (dir. Françoise Thébaud).
6. *L'épopée des croisades* – René Grousset.
7. *La bataille d'Alger* – Pierre Pellissier.
8. *Louis XIV* – Jean-Christian Petitfils.
9. *Les soldats de la Grande Armée* – Jean-Claude Damamme.
10. *Histoire de la Milice* – Pierre Giolitto.
11. *La régression démocratique* – Alain-Gérard Slama.
12. *La première croisade* – Jacques Heers.
13. *Histoire de l'armée française* – Philippe Masson.
14. *Histoire de Byzance* – John Julius Norwich.
15. *Les chevaliers teutoniques* – Henry Bogdan.
16. *Mémoires, Les champs de braises* – Hélie de Saint Marc.
17. *Histoire des cathares* – Michel Roquebert.
18. *Franco* – Bartolomé Bennassar.
19. *Trois tentations dans l'Église* – Alain Besançon.
20. *Le monde d'Homère* – Pierre Vidal-Naquet.
21. *La guerre à l'Est* – August von Kageneck.
22. *Histoire du gaullisme* – Serge Berstein.
23. *Les Cent-Jours* – Dominique de Villepin.
24. *Nouvelle histoire de la France*, tome I – Jacques Marseille.
25. *Nouvelle histoire de la France*, tome II – Jacques Marseille.
26. *Histoire de la Restauration* – Emmanuel de Waresquiel et Benoît Yvert.
27. *La Grande Guerre des Français* – Jean-Baptiste Duroselle.
28. *Histoire de l'Italie* – Catherine Brice.
29. *La civilisation de l'Europe à la Renaissance* – John Hale.
30. *Histoire du Consulat et de l'Empire* – Jacques-Olivier Boudon.
31. *Les Templiers* – Laurent Daillez.

32. *Madame de Pompadour* – Évelyne Lever.
33. *La guerre en Indochine* – Georges Fleury.
34. *De Gaulle et Churchill* – François Kersaudy.
35. *Le passé d'une discorde* – Michel Abitbol.
36. *Louis XV* – François Bluche.
37. *Histoire de Vichy* – Jean-Paul Cointet.
38. *La bataille de Waterloo* – Jean-Claude Damamme.
39. *Pour comprendre la guerre d'Algérie* – Jacques Duquesne.
40. *Louis XI* – Jacques Heers.
41. *La bête du Gévaudan* – Michel Louis.
42. *Histoire de Versailles* – Jean-François Solnon.
43. *Voyager au Moyen Âge* – Jean Verdon.
44. *La Belle Époque* – Michel Winock.
45. *Les manuscrits de la mer Morte* – Michael Wise, Martin Abegg Jr. & Edward Cook.
46. *Histoire de l'éducation,* tome I – Michel Rouche.
47. *Histoire de l'éducation,* tome II – François Lebrun, Marc Venard, Jean Quéniart.
48. *Les derniers jours de Hitler* – Joachim Fest.
49. *Zita impératrice courage* – Jean Sévillia.
50. *Histoire de l'Allemagne* – Henry Bogdan.
51. *Lieutenant de panzers* – August von Kageneck.
52. *Les hommes de Dien Bien Phu* – Roger Bruge.
53. *Histoire des Français venus d'ailleurs* – Vincent Viet.
54. *La France qui tombe* – Nicolas Baverez.
55. *Histoire du climat* – Pascal Acot.
56. *Charles Quint* – Philippe Erlanger.
57. *Le terrorisme intellectuel* – Jean Sévillia.
58. *La place des bonnes* – Anne Martin-Fugier.
59. *Les grands jours de l'Europe* – Jean-Michel Gaillard.
60. *Georges Pompidou* – Eric Roussel.
61. *Les États-Unis d'aujourd'hui* – André Kaspi.
62. *Le masque de fer* – Jean-Christian Petitfils.
63. *Le voyage d'Italie* – Dominique Fernandez.
64. *1789, l'année sans pareille* – Michel Winock.
65. *Les Français du Jour J* – Georges Fleury.
66. *Padre Pio* – Yves Chiron.
67. *Naissance et mort des Empires.*
68. *Vichy 1940-1944* – Jean-Pierre Azéma, Olivier Wieviorka.
69. *L'Arabie Saoudite en guerre* – Antoine Basbous.
70. *Histoire de l'éducation,* tome III – Françoise Mayeur.
71. *Histoire de l'éducation,* tome IV – Antoine Prost.
72. *La bataille de la Marne* – Pierre Miquel.
73. *Les intellectuels en France* – Pascal Ory, Jean-François Sirinelli.
74. *Dictionnaire des pharaons* – Pascal Vernus, Jean Yoyotte.

À paraître

Voyage dans l'Égypte des Pharaons – Christian Jacq.
Histoire de la Grande-Bretagne – Roland Marx, Philippe Chassaigne.
Histoire de la Hongrie – Miklós Molnar.
La Révolution américaine – Bernard Cottret.

Impression réalisée sur Presse Offset par

BRODARD & TAUPIN

GROUPE CPI

La Flèche (Sarthe), le 18-04-2006
pour le compte des Éditions Perrin
76, rue Bonaparte
Paris 6e
N° d'édition : 1920 – N° d'impression : 35368
Dépôt légal : août 2004
Imprimé en France